『メディア法研究』創刊にあたって

2018年8月

鈴木　秀美

　日本国憲法の下，表現の自由は，民主政の基盤をなし，国民の基本的人権のうちでもとりわけ重要なものと位置付けられている。憲法学はこれまで，アメリカをはじめ，ドイツやフランスの議論を参考に，表現の自由を支える原理の普遍性を探究してきた。マス・メディアは，表現の自由を享受し，飛躍的な発展を遂げた。新聞・雑誌などの活字メディアに加えて，ラジオやテレビも広く普及し，日本放送協会と民間放送の併存体制が確立された。

　こうしたなか，情報を伝達するメディアに着目して法的問題を研究するメディア法という法分野が発展した。メディアという場合，電話のような通信媒体もそこには含まれるが，メディア法の関心は，主としてマス・メディアに向けられてきた。なぜなら，インターネットの登場まで，社会で流通する大量の情報のほとんどは，マス・メディアによって生産され，社会に送り出されていたからである。それゆえ，一方では，マス・メディアの活動の法的限界をめぐる議論が展開され，他方では，マス・メディアに期待される権力監視の役割を保護するための特別な保障のあり方が問題にされてきた。ただし，21世紀になって，メディア法の射程は，大きく拡大している。情報公開法・個人情報保護法を抜きにメディア法を語ることはできないし，すでに私たちの生活の一部となったインターネットは，社会における情報流通のあり方を大きく変え，新しい，さまざまな法的問題を生起させている。メディア法の取り組むべき課題は山積している，といっても過言ではない。

　そのような問題意識をもち，さまざまな法分野の研究者だけでなく，法曹，メディア企業の法務担当者，政策立案担当者などが一堂に会するメディア法研究のフォーラムを創設したいと思っていたところ，信山社から雑誌『メディア法研究』創刊というご提案をいただいた。前述したフォーラム創設の足掛かりとして願ってもないチャンスであり，本誌の編集をお引き受けすることした。『メディア法研究』が，多くの皆様のご協力を得て，号を重ね，メディア法研究の一層の発展とともに，この分野における理論と実務の架橋にも寄与することを念願している。

メディア法研究 創刊第 1 号

はしがき

　新聞・雑誌・書籍，放送・通信，インターネットなど情報を伝達するメディアに関する法を広く多角的視点から研究することを企図して，ここに『メデイア法研究』が創刊の運びとなった。

　本誌は，創刊に際し，慶應義塾大学の「メディア法研究会」を足がかりとしてスタートしたものではあるが，今後の展望としては，メディア法に関心を持っている多様な人々の賛同・協力を得て，より骨太で力強い大樹に育て上げることを目標として掲げるものである。

　創刊第 1 号は，2017年 1 月22日（日）に開催された「『メディア法研究会』発足記念公開シンポジウム」の成果を中心に構成されている。第 1 部には「メディア法の回顧と展望」という総合テーマの下，「メディア法」，「表現の自由」，「ジャーナリズム法」，「放送法」，「インターネット法」の各分野についての論説を集めた。第 2 部には「放送法の過去・現在・未来」というテーマについての「基調講演」と「パネルディスカッション」の記録を掲載した。

　「メディア法の回顧と展望」についての特集は，本誌創刊記念として，第 2 次世界大戦後の日本におけるメディア法の発展を俯瞰するとともに，今後の課題を明らかにすることを目指している。この特集は，メディア法についての鈴木秀美の論文，「表現の自由」論についての横大道聡の論文，ジャーナリズム法（言論法）についての山田健太の論文，放送法についての西土彰一郎の論文，インターネット法についての成原慧の論文からなる。なお，2017年の上記シンポジウムの折には，準備等の都合により「表現の自由」論についての報告は行われなかったが，幸いにも横大道論文の寄稿を得た。

　各論文の内容を簡単に紹介すると，鈴木論文は，「メディア法研究会」発足の経緯に簡単にふれた後，広義のメディア法の中から名誉毀損法，ジャーナリズム法，放送法という 3 つの法分野を取り上げて，法解釈や立法によって解決されるべき課題を示す。横大道論文は，日本における「表現の自由」論の構築・展開の過程を，判例と学説の関係，それに対するアメリカの影響という 2 つの補助線を引きながら回顧・展望する。山田論文は，ジャーナリズム法（言論法）について，戦後70年を振り返った上で，近年，ジャーナリズムを支える法社会制度が機能不全に陥っている要因を分析し，その解決策を模索する。西土論文は，放送法 4 条

の番組編集準則を観察の定点とする放送法の回顧を踏まえて，その未来を考察する。成原論文は，1990年代から今日に至るインターネット法の歴史を外国も視野に入れて回顧した上で，インターネット法の今後の行方の展望を試みる。

　これに対し，「特別企画：放送法の過去・現在・未来」の「基調講演」では，前東京大学総長で，放送倫理・番組向上機構（BPO）理事長である濱田純一が，憲法研究者としての立場から，「『放送の自由と規制』論は越えられるか？」というテーマの下，放送には規制があって当たり前という感覚を乗り越えた議論の必要性を説く。これに続くパネルディスカッションでは，「基調講演」を行った濱田に，宍戸常寿，曽我部真裕，本橋春紀が加わって，放送制度の特徴とその背景，放送と行政権の関係，デジタル時代における公共放送のあり方などについて意見を交わす。宍戸と曽我部が憲法研究者として放送制度や放送政策に関与しているのに対し，本橋は日本民間放送連盟の現役職員であると同時に，BPOの元理事・事務局長でもある。山田健太の巧みな司会により，それぞれのバックグラウンドに裏打ちされた登壇者たちの的確で鋭い分析や問題提起が引き出されており，編者としても一読に値すると自負している。

　創刊号にはさらに2つの【海外動向】と1つの【立法動向】が掲載されている。【海外動向】は，鈴木秀美「ドイツ連邦憲法裁判所の放送負担金判決」と石塚壮太郎「ドイツ連邦大臣によるAfD公式批判に『レッドカード』──ヴァンカ事件」であり，【立法動向】は，水谷瑛嗣郎「欧州連合におけるフェイクニュース対策の現在」である。いずれもドイツや欧州連合におけるメディア法の最新動向を簡潔に紹介するものとなっている。

　この度の創刊号の刊行により，メディア法研究のフォーラム創設に向けてまた一歩前進できたことは編者にとって大きな喜びである。本誌がこの創刊号を礎として，メディア法研究に関心を寄せる人々の共有財産となることを希望してやまない。

　　2018年8月

　　　　　　　　　　　　　　　　　　　　　　　　　　鈴　木　秀　美

『メディア法研究』創刊第1号　目次

創刊にあたって（鈴木秀美）

はしがき（鈴木秀美）

〈特集〉　メディア法の回顧と展望

1　メディア法の主要課題 …………………………………鈴木秀美…1
Ⅰ　はじめに（1）
Ⅱ　名誉毀損法（7）
Ⅲ　ジャーナリズム法（13）
Ⅳ　放　送　法（21）
Ⅴ　おわりに（29）

2　「表現の自由」論の軌跡
　　── 判例・学説・アメリカ ……………………………横大道　聡…31
Ⅰ　はじめに（31）
Ⅱ　表現の自由論の萌芽（32）
Ⅲ　表現の自由論の展開（40）
Ⅳ　表現の自由論の転機 ── 猥褻型審査基準論との対決（46）
Ⅴ　表現の自由論の現在 ── 比較衡量論の復権と学説の動向（57）
Ⅵ　表現の自由の今後 ── むすびにかえて（68）

3　ジャーナリズム法（言論法）の現状と課題 …………山田健太…73
Ⅰ　ジャーナリズム活動を支える法・社会制度（73）
Ⅱ　蝕まれる言論の自由の現状（80）
Ⅲ　自由闊達で豊かな言論公共空間の提供（87）

4　放送法の思考形式 …………………………………西土彰一郎…95
Ⅰ　はじめに（95）
Ⅱ　放送法の回顧 ── 放送法の番組編集準則と電波法の
　　「運用停止」処分の結合（96）

Ⅲ　二つの思考モデル（*105*）
　　Ⅳ　将来の展望 ── モデルの選択（*109*）
　　Ⅴ　「社会的権力 vs. 個人」から「プロ vs. アマチュア」へ（*111*）
　　Ⅵ　おわりに（*113*）

5　**インターネット法の形成と展開**……………………成 原　　慧…*115*
　　Ⅰ　はじめに（*115*）
　　Ⅱ　インターネット法の回顧（*116*）
　　Ⅲ　インターネット法の展望：現実空間とサイバースペース
　　　　── 自由の空間の解体と再編（*134*）

[特別企画]　**放送法の過去・現在・未来**

【基調講演】
　「放送の自由と規制」論は越えられるか？…………濱 田 純 一…*137*
　　はじめに（*137*）
　　1　「放送の自由と規制」論 ──「放送制度」論は越えられるか？（*137*）
　　2　社会的機能を含みこんだ放送の自由論の可能性（*139*）
　　3　放送の自由の要素としての社会環境（*141*）
　　むすび ── 放送制度論，その先へ（*143*）

【パネルディスカッション】
　放送法の過去・現在・未来………………………………………*145*
　　　◆　濱田純一，宍戸常寿，曽我部真裕，本橋春紀，山田健太　◆
　　Ⅰ　はじめに（*145*）
　　Ⅱ　日本の放送制度の特徴（*146*）
　　Ⅲ　特徴の背景と時代変遷（*151*）
　　Ⅳ　行政権との関係（*157*）
　　Ⅴ　デジタル時代を迎えて ── 公共放送を中心に（*168*）
　　Ⅵ　おわりに ── 今後の課題（*174*）

[メディア法研究 創刊第1号(2018.9)]

海外動向
ドイツ連邦憲法裁判所の放送負担金判決………鈴木秀美… *179*
- Ⅰ　はじめに（*179*）
- Ⅱ　事件のあらまし（*180*）
- Ⅲ　放送負担金判決（*181*）
- Ⅳ　インターネット時代の公共放送の役割（*183*）

海外動向
ドイツ連邦大臣によるAfD公式批判に「レッドカード」
── ヴァンカ事件………石塚壮太郎… *187*
- Ⅰ　はじめに（*187*）
- Ⅱ　事件のあらまし（*187*）
- Ⅲ　ヴァンカ判決（*189*）
- Ⅳ　本件判決の位置づけ（*191*）
- Ⅴ　おわりに（*192*）

立法動向
欧州連合におけるフェイク・ニュース対策の現在
………水谷瑛嗣郎… *193*
- 1　背　　景（*193*）
- 2　報告書概要（*194*）
- 3　示　　唆（*198*）

執筆者紹介
(掲載順)

鈴木秀美(すずき ひでみ)

慶應義塾大学メディア・コミュニケーション研究所教授，大阪大学名誉教授
慶應義塾大学大学院法学研究科後期博士課程単位取得退学，博士（法学）
〈主要著作〉『放送の自由〔増補第2版〕』(信山社，2017年)，『放送制度概論』(共編著，商事法務，2017年)，『インターネット法』(共編著，有斐閣，2015年)，『憲法の規範力とメディア法』(共編著，信山社，2015年)，『よくわかるメディア法』(共編著，ミネルヴァ書房・2011年)，『表現の自由Ⅰ── 状況へ』・『表現の自由Ⅱ── 状況から』(共編著，尚学社，2011年)，『放送法を読みとく』(共編著，商事法務，2009年)

横大道　聡(よこだいどう さとし)

慶應義塾大学大学院法務研究科教授
慶應義塾大学大学院法学研究科後期博士課程単位取得退学，博士（法学）
〈主要著作〉『現代国家における表現の自由』(弘文堂，2013年)，『憲法Ⅰ・Ⅱ』(共著，日本評論社，2016年)，『憲法判例の射程』(編著，弘文堂，2017年)，『変容するテロリズムと法』(共編著，弘文堂，2017年)

山田健太(やまだ けんた)

専修大学文学部教授
青山学院大学法学部卒業
〈主要著作〉『法とジャーナリズム〔第3版〕』(学陽書房，2014年)，『放送法と権力』(田畑書店，2016年)，『言論の自由』(ミネルヴァ書房，2012年)，『現代ジャーナリズム事典』(監修，三省堂，2014年)

西土彰一郎(にしど しょういちろう)

成城大学法学部教授
神戸大学大学院法学研究科博士課程後期課程修了，博士（法学）
〈主要著作〉『放送の自由の基層』(信山社，2011年)，「デジタル基本権の位相」鈴木秀美編『憲法の規範力とメディア法』(信山社，2015年)，「トランスナショナル憲法の可能性」門田孝＝井上典之編『憲法理論とその展開』(信山社，2017年)

成原　慧(なりはら さとし)

九州大学法学研究院准教授
東京大学大学院学際情報学府博士課程単位修得退学
〈主要著作〉成原慧『表現の自由とアーキテクチャ』(勁草書房，2016年)

濱田純一(はまだ じゅんいち)

東京大学名誉教授
東京大学大学院法学政治学研究科博士課程単位取得退学，法学博士
〈主要著作〉『メディアの法理』(日本評論社，1990年)，『情報法』(有斐閣，1993年)，「メディアの自由・自律と第三者機関」論究ジュリスト25号（2018年）

宍戸常寿（ししど　じょうじ）
東京大学法大大学院法学政治学研究科教授
東京大学法学部卒業
〈主要著作〉『憲法裁判権の動態』（弘文堂，2005年），『憲法 解釈論の応用と展開〔第2版〕』（日本評論社，2014年），『判例プラクティス憲法（増補版）』（共編著，信山社，2014年），『ビッグデータ時代のライフログ —— ICT社会の"人の記憶"』（共著，東洋経済新報社，2012年）

曽我部真裕（そがべ　まさひろ）
京都大学大学院法学研究科教授
京都大学大学院法学研究科修士課程修了
〈主要著作〉『情報法概説』（共著，弘文堂，2016年），『古典で読む憲法』（共編著，有斐閣，2016年），『憲法Ⅰ 総論・統治機構』・『憲法Ⅱ 人権』（共著，日本評論社，2016年），『判例プラクティス憲法（増補版）』（共編著，信山社，2014年）

本橋春紀（もとはし　はるき）
一般社団法人日本民間放送連盟職員
成蹊大学文学部卒業。元放送倫理・番組向上機構（BPO）理事・事務局長。日本大学芸術学部放送学科非常勤講師
〈主要著作〉『放送制度概論』（共著，商事法務，2017年），『表現の自由Ⅱ —— 状況から』（共著，尚学社，2011年），『メディアリテラシー・ワークショップ』（共著，東京大学出版会，2009年）

石塚壮太郎（いしづか　そうたろう）
北九州市立大学法学部専任講師
慶應義塾大学大学院法学研究科後期博士課程単位取得退学
〈主要著作〉「『健康権』の法的性質 —— ニコラウス決定と基本権ドグマーティクの揺らぎ」法学研究91巻1号（2018年），「国家目標規定の憲法理論的意義 —— 『憲法理論』との対話／具体化法との接続」比較憲法学研究29号（2017年），「『生存権』の法的性質 —— 主観的権利としての成立とその意義」法学政治学論究110号（2016年）

水谷瑛嗣郎（みずたに　えいじろう）
帝京大学法学部助教
慶應義塾大学大学院法学研究科後期博士課程単位取得退学
〈主要著作〉「『プレスの自由』条項の現在 —— ポストデジタル革命時代における『プレス識別』に関するS・ウェストの所説を参考に」法学政治学論究103号（2014年），「ネットワークにつながる自由とプレスの自由の『共存』」メディア・コミュニケーション68号（2018年），『憲法学のこれから』別冊法学セミナー（共著，日本評論社，2017年），『AIと憲法』（共著，日本経済新聞出版社，2018年）

〈特集〉メディア法の回顧と展望

1 メディア法の主要課題

鈴木秀美

Ⅰ　はじめに
Ⅱ　名誉毀損法
Ⅲ　ジャーナリズム法
Ⅳ　放　送　法
Ⅴ　おわりに

Ⅰ　はじめに

「メディア法」という言葉は，情報媒体としてのメディアに関する法の総称として用いられている[1]。メディア法の代わりに，「言論法」[2]，「マスコミ法」[3]，「マス・メディア法」[4]，「ジャーナリズム法」[5]，「情報法」[6]，「情報メディア法」[7]などの名称が用いられることもある。

一口に「メディア」といっても，パーソナル・メディアとマス・メディアの区別がある。このうち，メディア法が主として関心を向けてきたのは，20世紀末にインターネットが登場するまではマス・メディアだった。社会で流通する大量の情

---

[1] 鈴木秀美＝山田健太編著『よくわかるメディア法』（ミネルヴァ書房，2011年）2頁参照。その他に，浜田純一『メディアの法理』（日本評論社，1990年），立山紘毅『現代メディア法研究』（日本評論社，1996年），田島泰彦＝服部孝章＝右崎正博編『現代メディアと法』（三省堂，1998年），大石泰彦『メディアの法と倫理』（嵯峨野書院，2004年）などがある。
[2] 例えば，清水英夫『言論法研究』（学陽書房，1979年），石村善治『言論法教材』（信山社，1993年），同『言論法研究Ⅰ～Ⅳ』（信山社，1992年～1993年）などがある。
[3] 例えば，石村善治編『現代マスコミ法入門』（法律文化社，1993年，新版1998年）などがある。
[4] 例えば，松井茂記『マス・メディア法入門』（日本評論社，初版1994年，第5版2013年），榎原猛編『世界のマス・メディア法』（嵯峨野書院，1996年），大石泰彦『フランスのマス・メディア法』（現代人文社，1999年）などがある。
[5] 例えば，奥平康弘『ジャーナリズムと法』（新世社，1997年），駒村圭吾『ジャーナリズムの法理』（嵯峨野書院，2001年），山田健太『法とジャーナリズム』（学陽書房，初版2004年，第3版2014年）などがある。

報のほとんどは，マス・メディアによって生産され，社会に送り出されてきたからである。マス・メディアは，社会的出来事についての報道，解説，論評などといった社会的活動を通じて，民主主義社会において主権者たる国民に政治的な判断を下すための情報を提供し，国民の知る権利に奉仕してきた。このようなジャーナリズムとしての役割を果たすため，マス・メディアは，時として法制度における特別扱いを必要とする。その典型例が，記者が取材源を秘匿するための証言拒絶権である。そこで，ジャーナリズムが社会的役割を果たしていることを前提として，その活動の限界とともに，マス・メディアの特別扱いが認められるか，認められるとしたらその主体の範囲や特別扱いの程度はどのようなものかをめぐって議論がなされてきた[8]。また，放送の場合，活字メディアにはない特殊な法的規律が存在するため，「放送法」[9]のあり方が問われてきたし，絶え間ない技術革新を背景にして，あらためて「放送」とは何かを考えなければならない状況が生まれている[10]。

　さらに，20世紀の末以来，インターネットの急速な普及を背景として，「インターネット法」[11]についての議論も高まっている。インターネットは，電子メールによるパーソナルなコミュニケーションだけでなく，文字，音声，動画などによるマス・コミュニケーションも可能なメディアである。誰でも簡単に情報を発信

（6）例えば，浜田純一『情報法』（有斐閣，1993年），石村善治＝堀部政男編『情報法入門』（法律文化社，1999年），小向太郎『情報法入門』（NTT出版，初版2008年，第4版2018年），山口いつ子『情報法の構造』（東京大学出版会，2010年），宇賀克也＝長谷部恭男編著『情報法』（有斐閣，2012年），松井修視編『レクチャー情報法』（法律文化社，2012年），林紘一郎『情報法のリーガル・マインド』（勁草書房，2017年）などがある。なお，曽我部真裕・林秀弥・栗田昌裕『情報法概説』（弘文堂，2016年）2頁注1）は，「独自の法分野としての『情報法』の確立を早くから（1980年前後から）唱えていた論者としては奥平康弘，堀部政男などがいるが，単行本という形で体系的な叙述を行った」最初のものは，1993年刊行の浜田・前掲書であると思われると指摘している。

　　なお，2016年12月に「情報法制学会」が創立され，2017年には同学会の機関誌『情報法制研究』が創刊された。
（7）例えば，林紘一郎『情報メディア法』（東京大学出版会，2005年）がある。
（8）ジャーナリズム法については，本号掲載の山田健太の論文も参照。
（9）例えば，塩野宏『放送法制の課題』（有斐閣，1989年），金澤薫『放送法逐条解説〔改訂版〕』（情報通信振興会，2012年），鈴木秀美＝山田健太＝砂川浩慶編著『放送法を読みとく』（商事法務，2009年），鈴木秀美＝山田健太編著『放送制度概論』（商事法務，2017年）がある。
（10）放送法については，本号掲載の西土彰一郎の論文と「特別企画：放送法の過去・現在・未来」も参照。
（11）例えば，松井茂記＝高橋和之編著『インターネットと法』（有斐閣，初版1999年，第4版2010年），松井茂記＝鈴木秀美＝山口いつ子編著『インターネット法』（有斐閣，2015年），堀部政男編著『インターネット社会と法』（新世社，初版2003年，第2版2006年）がある。

したり，収集したりすることができるインターネットの登場により，既存の法制度の見直しや新たな法制度の構築が必要になっている[12]。

なお，第 2 次世界大戦後，「情報」の社会における意義が飛躍的に高まったことから，社会の様々なレベルにおける情報の流通に関係する法が「情報法」と呼ばれるようになった。情報法は，「情報の生産・流通・処理ないし消費の各レベルを総合的に対象とする法分野」のことだと説明されている[13]。情報法というコンセプトが登場した背景には，資本主義の高度化，社会の複雑化などにより，情報の偏在という問題が意識されるようになったことや，「知る権利」についての議論の高まりがあった。筆者は，メディア法という言葉を，言論法や情報法と置き換えることが可能な，広い意味で用いており，情報公開法や個人情報保護法もメディア法に含めて考えている。知る権利は，マス・メディアの報道の自由を強化するという作用を超えて，国民が直接に政府に対して情報の開示を請求する権利としての性格も認められ，それを根拠として「情報公開法」が各国で制定されている[14]。また，これと並行して，政府や大企業がコンピュータを用いて，大量の個人情報を取り扱うようになり，自分に関する情報が，知らないうちに政府や企業によって収集され，マッチングされることによるプライバシー侵害に対する懸念も広がった。これに伴い，プライバシーの権利は，自己に関する情報をコントロールする権利として理解されるようになり，それを具体化するための「個人情報保護法」の整備も進んでいる[15]。

ところで，メディア法の基礎となるのは表現の自由論である[16]。第 2 次世界大戦の敗戦までの日本では，治安維持法などによる厳しい言論弾圧が行われた。戦後，日本国憲法が，基本的人権として表現の自由を保障すると，憲法研究者は，アメリカ，ドイツ，フランスなどの議論を参照しつつ，表現の自由を支える原理の普遍性を探求してきた。その際，とくに参照されたのが日本国憲法に大きな影響を与えたアメリカの議論である[17]。日本国憲法における人権の限界である「公共の福祉」の解釈に，アメリカの判例によって形成された「二重の基準論」を応用することで，学説は，人権，とりわけ表現の自由の限界を画するための基準の

---

(12) インターネット法については，本号掲載の成原慧の論文を参照。
(13) 石村ほか・前掲注(6)35頁以下〔浜田純一〕。
(14) 情報公開法について，例えば，松井茂記『情報公開法』（有斐閣，初版2001年，第 2 版2003年），宇賀克也『情報公開法の逐条解説』（有斐閣，初版1999年，第 7 版2016年），右崎正博＝多賀谷一照＝田島泰彦＝三宅弘編『情報公開法・個人情報保護法・公文書管理法』別冊法学セミナー224号（2013年）。
(15) 例えば，宇賀克也『個人情報保護法の逐条解説』（有斐閣，初版2004年，第 5 版2016年）。
(16) 表現の自由論については，本号掲載の横大道聡の論文を参照。

整理に多くの努力を費やした。このような学説に対し、判例も表現の自由について、北方ジャーナル事件判決にみられるように、主権が国民に属する民主制国家において「特に重要な憲法上の権利」であることを認めている（最大判昭和61年6月11日民集40巻4号872頁）。ただし、二重の基準論の考え方は、表現の自由を規制する立法の合憲性を判定する基準としては、判例理論において「必ずしも十分に具体化されていない」という大きな問題がある、と指摘されている[18]。

例えば、公職選挙法による戸別訪問の禁止（最判昭和56年7月21日刑集35巻5号568頁）や、国家公務員法による公務員の政治活動に対する一律的な制限（最判平成24年12月7日刑集66巻12号1337頁）について、学説では違憲論も唱えられているのに対し、判例はこれを合憲としてきた。最高裁は、屋外広告物の規制（最判昭和43年12月18日刑集22巻13号1549頁、最判昭和62年3月3日刑集41巻2号15頁）や集合住宅へのビラ投函を邸宅侵入罪で処罰することも合憲とする（最判平成20年4月11日刑集62巻5号1217頁）など、表現規制の分野で違憲判決を下すことにはきわめて慎重である。

なお、表現の自由論との関連では、学説はこれまで、表現規制の合憲性をどのように判定するかに関心を寄せてきたが、近年、政府言論（ガバメントスピーチ）をめぐる議論が高まっている[19]。例えば、憲法改正のための国民投票法がすでに制定されているが、その際、「国民投票広報協議会」が行うことになる憲法改正案の広報のあり方は、今後議論になるであろう。

本稿では、「メディア法の主要課題」というタイトルの下、メディア法の中で筆者がとりわけ関心を寄せている3つの分野、名誉毀損法、ジャーナリズム法、放送法について論じることにしたい[20]。以下では、それに先立ち、筆者が「メディア法研究会」を2017年1月に発足させることになった経緯をまず明らかにしておく。

メディア法研究会発足の直接のきっかけは、信山社の袖山貴社長から、筆者の

---

(17) ここでは、奥平康弘『表現の自由1～3』（有斐閣、1983年～84年）、同『「表現の自由」を求めて』（岩波書店、1999年）、芦部信喜『憲法学Ⅲ〔増補版〕』（有斐閣、2000年）235頁以下、松井茂記『二重の基準論』（有斐閣、1994年）、市川正人『表現の自由の法理』（日本評論社、2003年）、毛利透『表現の自由――その公共性ともろさについて』（岩波書店、2008年）をあげておくことにする。
(18) 芦部信喜・高橋和之補訂『憲法〔第6版〕』（岩波書店、2015年）105頁。
(19) 横大道聡『現代国家における表現の自由』（弘文堂、2013年）参照。
(20) 筆者は、ジュリスト1334号（2007年）の「日本国憲法60年 現状と展望」という特集の中で、「情報法制――現状と展望」（144頁以下）を分担執筆したことがある。本稿の論述には、そこで論じたことと一部重複する内容があることをお断りしておく。

責任編集で雑誌『メディア法研究』を創刊させたいというご提案をいただいたことである。筆者はかねてより、メディア法について議論するフォーラムとして研究会を組織したいと考えており、2007年6月10日、熊本学園大学で開催された「日本マス・コミュニケーション学会」春季研究発表会のシンポジウムで行った問題提起の中で、日本でもメディア法研究を活性化させるため、メディア法のフォーラムを発展させる必要があると述べたことがあった[21]。このシンポジウムは、「『メディア法』はどこへゆくのか——メディア法研究者の認識」というテーマの下に開催された。同学会は、学際的な学会で、政治学や社会学の研究者が会員の多数を占めており、法学を専門とする会員は少ない。このシンポジウムの趣旨説明には、「現在、『メディア法学会』、『メディア法学界』はいまだ存在していない、また、メディア法専業では研究者として、社会的に認知されることが難しい現況では、メディア法研究者がこのように一堂に会することもあまりない」と記されている[22]。このシンポジウムでは、メディア法の現状が確認され、メディア法が直面している問題を克服するためには、どのような努力が必要であるかが検討された。筆者の提案は、メディア法のフォーラムの創設だった。それから9年と数か月を経て、2017年1月、筆者は「メディア法研究会」を発足させ、ようやく当時の提案を実現したことになる[23]。

なお、この春季研究発表会の折、数名の会員の間で、放送法の解説書を出版しようという話しが持ち上がり、それが、2009年の『放送法を読みとく』の出版につながった。2017年1月に出版された『放送制度概論——新・放送法を読みとく』はその姉妹本である。「メディア法研究会」発足記念公開シンポジウムでは、第2部において同書の出版を記念して、「放送法の過去・現在・未来」というテー

---

[21] 鈴木秀美「『メディア法』はどこへゆくのか」マス・コミュニケーション研究72号（2008年）23頁以下。
[22] マス・コミュニケーション研究72号（2008年）2頁。
[23] この他にも、筆者が参加していた、メディア法研究会の前身ともいえるいくつかの共同研究があった。そのひとつが、1990年代に活動していた、いわゆるロス疑惑の当事者である三浦和義氏の名誉毀損訴訟についての研究会である。この研究会のメンバーは、研究者（奥平康弘、山田健太、秋吉健次、筆者）と弁護士（弘中惇一郎、喜田村洋一、坂井眞、飯田正剛）だった。また、筆者は、それとほぼ同じ時期に、研究者（紙谷雅子、浜田純一、戸波江二、服部孝章、田島泰彦、右崎正博、長谷部恭男、松井茂記、阪口正二郎、山口いつ子）で組織する「メディア判例研究会」にも参加していた。この研究会の成果は、法律時報に原則として隔月で連載されることになっていた（「連載開始にあたって」法律時報69巻1号（1997年）124頁以下）。同研究会5周年企画"表現の自由"の探究」が法律時報74巻1号（2002年）に掲載されている。この他、1995年4月から、2〜3か月に1回の頻度で「メディアと法」研究会も開催されている。この研究会は現在も続いている。

マを設定した。『放送制度概論』の執筆者は、「放送法研究会」として活動してきた13人（稲葉一将，岩崎貞明，笹田佳宏，宍戸常寿，杉原周治，鈴木秀美，砂川浩慶，曽我部真裕，西土彰一郎，丸山敦裕，本橋春紀，山田健太，山本龍彦）である。「メディア法研究会」とは別に，「放送研究会」は今後も活動を続けていく予定である。

　この他にも，2011年に出版された論文集として，駒村圭吾＝鈴木秀美編著『表現の自由Ⅰ——状況へ』，『表現の自由Ⅱ——状況から』(尚学社)がある。また，2015年には，ドイツ憲法判例研究会編(鈴木秀美編集代表)『憲法の規範力とメディア法〔講座　憲法の規範力　第4巻〕』(信山社)も出版されている。今後，「メディア法研究会」の活動成果は，本誌『メディア法研究』で公表されるが，筆者としては，上記のような論文集の刊行も研究会の目標のひとつとしていきたいと考えている。

　ところで，「メディア法研究会」の創設を着想したきっかけとして，筆者がここ10年来，ほぼ毎年参加しているドイツの「プレス法・プレスの自由研究会」(Studienkreis für Presserecht und Pressefreiheit)にも言及しておきたい[24]。この研究会は，1956年に発足して以来，毎年，春と秋に開催されている。その成果は，2か月に1回発行される Archiv für Presserecht (AfP) という雑誌に掲載される。この学会の設立者は，マルティン・レフラーという弁護士である。彼は，戦後間もない西ドイツにおいて，プレスの自由を制約しようとするすべての試みに対抗するため，研究者と実務家に呼びかけてこの学会を設立した。この学会には，研究者だけでなく，弁護士，裁判官，検察官，メディア企業や官公庁の法務担当者も参加しており，毎回，1泊2日で開催される研究会が，メディア法の分野で理論と実務を架橋する，まさにフォーラムとして機能している。筆者は，この学会を通じて，メディア法研究者だけでなく，メディア法の分野で活躍している弁護士や裁判官，メディア企業の法務担当者と知り合い，彼らから，書籍からは決して得られない，多くの示唆を受けてきた。「メディア法研究会」も，メディア法の諸問題について，理論と実務の架橋を目標に，さまざまな立場から忌憚なく議論のできるフォーラムとなることを期待している。

---

(24) 2006年11月にベルリンで開催された第100回大会の概要について，鈴木・前掲注(21)23頁以下参照。この学会の歴史について，*E. H. Burkhardt*, 50 Jahre Studienkreis für Presserecht und Pressefreiheit e. V., AfP-Sonderheft 2007, 1 f.

II 名誉毀損法

1 名誉毀損法の概要

　名誉毀損は，検閲やわいせつな表現の問題とともに，メディア法における古典的なテーマのひとつである。名誉は古くから法的保護の対象とされ，時代によっては命よりも尊いものと考えられていた。現代では名誉は個人的な法益と考えられているが，かつては名誉毀損が社会秩序を乱す犯罪と位置付けられていた[25]。時の権力者が名誉毀損を口実に政敵に制裁を加えるということもあった。日本でも名誉毀損罪が刑法に定められてきたことから，名誉毀損的表現は憲法で保障された表現には含まれないと考えられていた時代もあった。しかし，現在では，名誉毀損的表現も「表現の自由に含まれると解したうえで，最大限保護の及ぶ表現の範囲を画定していくという立場」[26]が学説・判例によって採用されている。

　表現の自由が憲法21条によって明文で保障されているのに対し，憲法には名誉権についての明文規定はない。しかし，名誉権は，憲法13条の幸福追求権を根拠とする憲法上の権利であると解釈されている[27]。そして，表現の自由と名誉権が対立した場合，両者はどちらかが常に一方的に優位する関係にはなく，両者の対立は原則として等価値的な利益衡量によって調整すべきという説明がなされる[28]。いずれを優位させるかは，個別的事案の事情によって決せられることになるが，その際にも公共性のある事柄については，公表価値があると考えられている。この説明を表現の自由の観点から構成し直せば，公共性のある事柄についてなされた名誉毀損の場合には，原則として表現の自由が名誉権に優位する，との説明も可能となろう。

　そもそも刑法230条は，名誉毀損罪の成立には摘示された事実の真否を問わないものとしているが，1947年の改正で230条の2を新設し，第1項で「真実の摘示」

---

[25] 松井茂記（『表現の自由と名誉毀損』（有斐閣，2013年）243頁）は，「名誉毀損罪は，本来治安を維持するための犯罪だった」と指摘した上で，アメリカと異なり，「日本では，どうもこの点についての意識が乏しいように思われる。名誉毀損法は，本来，政府批判を封じるためのものであり，その本質は，民事の名誉毀損の場合でも失われていない」ので，名誉毀損法を表現の自由の観点から再検討すべきだと主張している。
[26] 芦部・前掲注(18)189頁。
[27] 佐藤幸治『日本国憲法論』（成文堂，2011年）179頁以下参照。
[28] 佐藤幸治『憲法〔第3版〕』（青林書院，1995年）456頁。ただし，佐藤・前掲注(27)265頁以下では，興味深いことに，名誉権・プライバシー権と表現の自由との調整について，このような説明はなされていない。

を不処罰にすることにより，表現の自由と名誉権の対立の調整が図られた。ただし，戦前の新聞紙法45条にも類似の規定があり，出版法31条にも同じような規定があった(29)。このため，これらの法律が妥当していた時代でも，名誉毀損についてはこれらの規定が認める範囲内で真実性の証明によって法的責任を問われないことになっていた。ところが，第2次世界大戦後，新聞紙法と出版法は廃止され，それに代わって刑法230条の2が新設された。刑法230条の2の新設については，一般に，日本国憲法による表現の自由の保障を受けてはじめて実現したと説明される傾向がある。なるほど，同条には，新聞紙法と出版法に含まれていた限定がなく，表現の自由により有利になった面はある。しかし，この規定を新設した立法者の意識は，新聞紙法と出版法の廃止に伴う「旧法律規定の積みかえという意識だった」（強調は原著による）にすぎず，表現の自由のために「戦前にはなかったなにかを積極的に新しく創設するという意欲を持っていたとは思えない」という指摘もある(30)。このような経緯で新設された刑法230条の2の第1項については，いわゆる定義づけ衡量の考え方を法文に具体化しようという姿勢を示したとみることができる点では評価に値するものの，「真実性の証明をそのまま要求すれば，表現の自由に著しく不利になる」(31)という問題があった。

　最高裁は，1959年の判決において，刑事名誉毀損について，被告人の摘示した事実につき真実の証明がない以上，真実と誤信していたとしても，故意を阻却せず，名誉毀損罪の刑責を免れることはできないとしていた（最判昭和34年5月7日刑集13巻5号641頁）。ただし，下級審では，この最高裁判決よりも前だけでなく，その後にも，誤信について相当の理由がある場合は故意を阻却するとして処罰を否定した判決がいくつかあった（例えば，東京高判昭和36年12月14日下刑集3巻11・12号1019頁）。

　名誉毀損事件の場合，法廷における真実性の証明は難しいことが多いため，真実性の誤信も処罰されることになると，行為者は，真実性の証明の失敗をおそれて表現行為を差し控えることになり，表現の自由に萎縮効果を及ぼす。これに対し，誤信したことについて相当の理由の有無を問わずに誤信を無罪にすると，行為者が軽率に誤信した場合も無罪となるので名誉権の保護の観点から問題がある。そこで，真実であると誤信したことに相当の理由がある場合に限り無罪とするという見解が支持を得るに至る。

---

(29) 奥平康弘『憲法裁判の可能性』（岩波書店，1995年）167頁以下参照。
(30) 奥平・前掲注(29)168頁。
(31) 芦部・前掲注(17)351頁。

最高裁も,「夕刊和歌山時事」事件についての1969年の大法廷判決（最大判昭和44年6月25日刑集23巻7号975頁）によって，明確に判例を変更し，この見解を採用した（ただし，この考え方をどのように理由づけるかについて刑法学では激しい意見の対立がある）。この判決によれば，刑事名誉毀損の事件では，「真実であることの証明がない場合でも，行為者がその事実を真実であると誤信し，その誤信したことについて，確実な資料，根拠に照らし相当の理由があるときは，犯罪の故意がなく，名誉毀損の罪は成立しないものと解するのが相当である」。この考え方は，「相当の理由」論とか真実相当性と呼ばれており，最高裁は，民事上の不法行為となる名誉毀損についても同様に，次のような判例を確立している。「その行為が公共の利害に関する事実に係り，もっぱら公益を図る目的に出た場合には，摘示された事実が真実であることが証明されたときは，右行為には違法性がなく，不法行為は成立しないものと解するのが相当であり，もし，右事実が真実であることが証明されなくても，その行為者においてその事実を真実であると信ずるについて相当の理由があるときには，右行為には故意もしくは過失がなく，結局，不法行為は成立しないものと解するのが相当である（このことは，刑法230条の2の規定の趣旨からも十分窺うことができる。）」（最判昭和41年6月13日民集20巻5号1118頁）。

2　名誉毀損法の合憲性

　前述の通り，名誉毀損法においては，刑事・民事のいずれの場合も，名誉毀損的表現であっても，①公共の利害に関わる事実について，②もっぱら公益を図る目的でなされた表現行為については，③摘示された事実の真実性の証明がなされた場合，又は，④表現者が表現行為をする際にそれを真実と誤信する相当な理由が存在したことの証明がなされた場合，表現者に法的責任を問わないことで，表現の自由と名誉権の対立を解決するという考え方がとられている。このうち①から③の要件は，刑法230条の2に明文化されている。④の要件は，最高裁が採用した判例法理である。

　通説は，この考え方によって表現の自由と名誉権が対立する事案において両者の調整が合憲的に行われているとみているが，筆者は，判例が具体的事案において相当の理由の有無を厳格に判断しており，近年，その傾向が強まっている点に表現の自由の観点からみてさらなる検討を要する問題があると考えている。学説の中には，たとえ真実と誤信する相当な根拠があっても，事実の公共性又は目的の公益性がないとされると免責されない点と，摘示した事実を真実と誤信する相当な根拠があったことの証明を表現者の側に負わせている点で，「現在の名誉毀

損法は明らかに憲法21条に反している」という指摘もある[32]。

ところで，判例によれば，「相当の理由」の存在が認められるためには，例えば，犯罪報道の場合，捜査当局がまだ公式発表をしていない段階では，捜査員から取材した場合にも，さらに裏づけ取材と本人取材が要求される（最判昭和47年11月16日民集26巻9号1633頁，最判昭和55年10月30日判時986号41頁）。刑事事件についての表現の場合，刑事事件の第1審判決において罪となるべき事実として示された犯罪事実，量刑の理由として示された量刑に関する事実，その他判決理由中において認定された事実について，この判決を資料として認定事実と同一性のある事実を真実と信じて摘示した場合は，判決の認定に疑いを入れるべき特段の事情がない限り，後に控訴審においてこれと異なる認定判断がされたとしても，相当の理由が認められる（最判平成11年10月26日判時1692号59頁）。

これに対し，ロス疑惑事件に関連して，逮捕されたばかりの被疑者の大麻疑惑を報道した通信社の配信記事自体が名誉毀損により不法行為となる場合について，その配信記事をそのまま掲載した地方紙やスポーツ紙の民事責任も争われた事件で，最高裁は，いわゆる「配信サービスの抗弁」を次のような理由で否定し，「相当の理由」があるとは認められないと判断した。「社会の関心と興味をひく私人の犯罪行為やスキャンダルないしこれに関連する事実を内容とする分野における報道」においては，「取材のための人的物的体制が整備され，一般的にはその報道内容に一定の信頼性を有しているとされる通信社からの配信記事であっても，我が国においては当該配信記事に摘示された事実の真実性について高い信頼性が確立しているということはできない」（最判平成14年1月29日民集56巻1号185頁）。

筆者は，報道機関が権力監視をはじめとする期待される役割を果たすためには，配信記事に基づく報道システムが報道の自由に資することを考慮に入れて，真実相当性の有無を判断するという手法を採用すべきではないかと考えている。配信サービスの抗弁が認められないのは，「社会の関心と興味をひく私人の犯罪行為やスキャンダルないしこれに関連する事実を内容とする分野における報道」についてであると限定的にとらえるべきであろう。なお，最高裁も，医療過誤事件についての通信社の配信記事による名誉毀損が争われた事件において，配信記事に「相当の理由」がある場合，配信記事に基づく報道システムが地方の報道機関に世界的・全国的事件等の報道を可能にし，報道の自由に資するものであることから，「定評のある通信社の配信ニュースに基づいて，新聞等の報道機関が新聞記

---

[32] 松井・前掲注(25)229頁。

事を作成して掲載する場合，その配信ニュース内容が社会通念上不合理なもの，あるいはその他の情報に鑑みてこれを虚偽であると疑うべき事情がない限り，その真実性を確認するために裏付け取材をする注意義務はないものと解すべきであり，仮に，右配信されたニュースが真実に反し，特定人の名誉や信用を害する結果となっても，報道機関には，配信ニュースが真実を伝えるものであると信ずるについて相当な理由があり，過失がない」と判示している（最判平成23年4月28日民集65巻3号1499頁）。

このように，判例は一部の例外を除いて，「相当の理由」の有無を厳格に審査している。しかし，これでは日本の報道機関は，警察の犯罪捜査や，裁判所の事実認定のような確かさがなければ，ある事実について報道することができなくなってしまう。例えば，エイズ薬害事件報道による名誉毀損が争われた事件では，第2審が，「相当の理由」の有無を取材資料ごとに個別に詳しく検討し，国会審議資料以外の資料（そこには検察官が証拠に基づき指摘している事実も含まれていた）には「高い信頼性がない」とか，「伝聞である」などとして真実相当性を否定した（東京高判平成15年2月26日判時1824号43頁）。この事件の原告は，血液学を専門とする医学者であり，1983年に設置された厚生省エイズ研究班の班長であった。被告は，フリーのジャーナリストで，月刊誌に掲載された記事をもとに単行本『エイズ犯罪　血友病患者の悲劇』を出版した桜井よしこであった[33]。第2審で敗訴した被告側は，最高裁に上告し，高裁判決がジャーナリストに対し検察官以上の情報収集能力と厳密な事実認定能力を求めており，これでは強制的な捜査権限を持たないジャーナリストによる報道・評論に萎縮効果を及ぼすと主張した。最高裁は，被告が取材を通じて集めた情報を確認し，それに基づき摘示したいくつかの事実について，真実性は証明されていないが，真実であると信じたことには相当の理由があったと結論付けた（最決平成17年6月16日判例時報1904号74頁）。相当の理由があるとされた根拠についての詳しい説明はなかったが，この事件で「相当の理由」の有無が争われた事実は，いずれもエイズ薬害事件で犯罪事実として認定された事実ではなかったが，それにもかかわらず「相当の理由」があったとされたことは注目に値する[34]。

3　「現実の悪意」の法理

最高裁の「相当の理由」論は，学説でも肯定的な評価を受けたが，それでも「表

---

(33) この事件について，松井・前掲注(25)298頁以下参照。
(34) 松井・前掲注(25)301頁も同旨。

現の自由の保護になお不十分」であるとの指摘もみられた(35)。日本の名誉毀損法によれば，アメリカ合衆国最高裁が1964年にニューヨーク・タイムズ対サリバン事件において採用した「現実の悪意」の法理と異なり，表現者の側が真実だと誤信した相当の理由を証明しなければならないからである。ニューヨーク・タイムズ紙が，警察を監督する立場にある市理事サリバンから，市民的権利擁護運動支持を呼び掛けた意見広告に含まれていた警察についての表現を理由に，名誉毀損の責任を問われた事件で，合衆国最高裁は，「公職者がその公的職務に関して名誉毀損訴訟によって損害賠償を得るためには，表現者が虚偽であることを知っていたか，虚偽かどうかを不遜にも無視したこと，つまり『現実的悪意』（actual malice）を持っていたことを証明しなければならないというルール」(36)を示した。この考え方が，「現実の悪意」の法理とか，ニューヨーク・タイムズ判決の法理と呼ばれている。

　アメリカの場合，現実の悪意について挙証責任を負うのは公職者の側である。現実の悪意の有無は報道機関の側の主観によって判定される。報道機関が不注意によってある事実を真実であると誤信した場合でも，主観的にはそれを真実であると信じていたことになるから，現実の悪意の存在は否定される。アメリカの報道機関は，不法行為における名誉毀損を表現の自由の観点から捉えなおしたこの判決以降，公職者に対する批判記事については，名誉毀損の損害賠償をおそれることなく，自らが真実だと信じた内容の記事を公表することができるようになった。この法理は，その後の判例によって公職者に限らず公的人物にも及ぶことが認められている。ウォーターゲート事件でワシントン・ポスト紙がニクソン大統領を辞任に追い込むことができたのも，この法理のおかげであり，「ニューヨーク・タイムズ判決は，アメリカの歴史を変えた」(37)とまでいわれている。

　「現実の悪意」の法理は，日本でも，サンケイ新聞事件の下級審判決（東京地判昭和52年7月13日民集41巻3号570頁，東京高判昭和55年9月30日民集41巻3号667頁）や，北方ジャーナル事件判決（最大判昭和61年6月11日民集40巻4号872頁）の谷口裁判官の意見などにその影響がみられるが，そこでも挙証責任は表現者側が負うものとされていた。そこで，「現実の悪意」の法理を日本にも導入し，挙証責任を刑事事件では検察，民事事件では原告に負わせるべきだという主張がある。具体的には，名誉毀損の被害者が公人と私人の場合を区別した上で，公人が原告と

---

(35) 渡辺康行・宍戸常寿・松本和彦・工藤達朗著『憲法Ⅰ』（日本評論社，2016年）226頁〔宍戸常寿〕。
(36) 松井茂記『アメリカ憲法入門〔第8版〕』（有斐閣，2018年）261頁。
(37) 喜田村洋一『報道被害者と報道の自由』（白水社，1999年）46頁。

なって名誉毀損を争う場合には，免責要件のうち事実の公共性の要件は充足されるとし，残る目的の公益性と事実の真実性又は真実と誤信した「相当の理由」については，問題となっている名誉毀損的表現がこれらの要件のうちのいずれかを欠いていたことを原告側が立証しなければならないという実務家からの提言がある(38)。学説にも，公人の場合，表現が虚偽であることに加えて，被告に「現実の悪意」があったことを原告が証明できた場合に限って，原告が勝訴すると考えるべきだとの主張もある(39)。この他，この法理が日本の法体系になじむかという問題があるものの，「少なくとも，真実性の挙証責任を表現者側に負わせている現行法制は見直す必要がある」(40)という指摘もある。

なお，インターネット上の個人利用者による刑事の名誉毀損事件において，高裁・最高裁で否定されたとはいえ，東京地裁が「相当の理由」について，「現実の悪意」の法理を想起させるような新しい判断を示して注目を集めた（東京地判平成20年2月29日刑集64巻2号59頁，東京高判平成21年1月30日刑集64巻2号93頁，最判平成22年3月15日刑集64巻2号1頁）(41)。インターネットの登場は，このように従来の判例を見直す必要性を生じさせることにより，表現の自由とは何かについての考察を活性化させる機能があり，さらに，その考察を通じて，現行法に内在している問題点を明確にし，従来の判例法理を今日的観点から問い直す契機を与えるという波及効果がある(42)。名誉毀損法の判例法理についても表現の自由の観点からの問い直しが必要である。

Ⅲ　ジャーナリズム法

1　取材の自由と報道の自由

日本国憲法21条は，言論，出版その他一切の表現の自由を保障している。表現の自由は，18世紀末の近代市民革命とともに誕生した人権宣言の中で，思想や情

---

(38) 喜田村・前掲注(37)193頁。
(39) 松井・前掲注(25)230頁。山田隆司『公人とマス・メディア』(信山社，2008年) も参照。
(40) 長岡徹「表現の自由と名誉毀損」大石眞＝石川健治編『憲法の争点』(有斐閣，2008年) 128頁。駒村・前掲注(5)205頁も参照。
(41) 筆者はこの判決について検討を加えたことがある。鈴木秀美「名誉毀損罪と表現の自由——憲法の視点から（平成20.2.29東京地判，平成21.1.30東京高判，平成22.3.15最高一小決）（特集　刑罰からの自由」の現代的意義——各論(2)個人による表現と名誉毀損罪)」判例時報82巻9号（2010年）22頁以下，同「『ネット告発』と名誉毀損」（特集　サイバー・ローの現在）ジュリスト1411号（2010年）22頁以下。
(42) 山口いつ子『情報法の構造』(東京大学出版会，2010年) 169頁参照。

報を発表し，伝達する自由として保障された。表現の自由は，本来，思想や情報の「受け手」の存在を前提としていたが，19世紀の市民社会までは，送り手の自由を保障しておけば，受け手の自由をとくに問題にする必要はなかった。ところが，20世紀になってマス・メディアが発達すると，大量の情報を一方的に流すマス・メディアと，その受け手である一般国民との分離が顕著になった。そのうえ，社会において情報がもつ意義も飛躍的に増大した。そこで，表現の自由を情報の受け手の側から再構成し，表現の受け手の自由（聞く自由，読む自由，視る自由）を保障するため，それを「知る権利」として捉える必要があると考えられるようになった。

20世紀末からインターネットが急速に普及したことで，現在では，インターネットを利用すれば，誰でも手軽に情報を発信することが可能になり，マス・メディアと受け手の分離という問題は，ある程度は解消されたとみることもできる。とはいえ，インターネットによる情報発信は，世論形成という観点からみると，マス・メディアにとって代わる存在にまではなっていないといえよう。

報道機関の取材の自由と報道の自由にとっては，博多駅事件の最高裁決定が重要である（最大決昭和44年11月26日刑集23巻11号1490頁）[43]。最高裁は，「報道機関の報道は，民主主義社会において，国民が国政に関与するにつき，重要な判断の資料を提供し，国民の『知る権利』に奉仕するものである。したがって，思想の表明の自由とならんで，事実の報道の自由は，表現の自由を規定した憲法21条の保障のもとにあることはいうまでもない」と述べ，報道の自由が憲法21条の保障に含まれることをはっきりと認めた。これに対し，取材の自由については，「このような報道機関の報道が正しい内容をもつためには，報道の自由とともに，報道のための取材の自由も，憲法21条の精神に照らし，十分尊重に値するものと言わなければならない」とされた。

この事件では，1968年1月，アメリカ原子力空母の佐世保港寄港反対運動に参加するため，博多駅に降り立った約300名の学生らを機動隊が強制的に排除しようとして衝突が生じた。学生側は，機動隊員の行為は特別公務員暴行陵虐罪にあたるとして告発したが，不起訴になったので，それを不服として不審判請求を行った。福岡地裁は，被告人を特定するため，福岡の4つのテレビ局に対し事件の状況を撮影した取材フィルムの提出を命じたが，テレビ局側が取材の自由の侵害だ

---

[43] この最高裁決定の後，福岡地裁は2度にわたってテレビ局にテレビフィルムの提出を求めたが，4つのテレビ局ともにこれを拒否したため，1970年3月4日，福岡地裁がテレビ局を捜索し，放映済みのテレビフィルムのみを差し押さえたという後日談が伝えられている。山田隆司『戦後史で読む憲法判例』（日本評論社，2016年）18頁。

として最高裁まで争った。最高裁は，取材の自由が憲法21条の精神に照らし，十分尊重に値するとしても，公正な裁判の実現という憲法上の要請がある時は，ある程度の制約を受けることがあると述べた上で，この事件の取材フィルム提出命令は憲法21条に違反しないと結論付けた。この決定について学説には，対立する利益を具体的に衡量するアプローチを採り，取材フィルムが被疑者らの罪責の有無を判断するために「ほとんど必須のもの」であるとして，厳格な基準で判断したことは十分評価に値するものの，「報道機関の蒙る不利益をやや矮小化して捉えているのではないかという問題がある」という指摘もある[44]。

　学説では，報道は，取材・編集・発表という一連の行為により成立するものであり，取材は報道にとって不可欠の前提であるから，取材の自由も報道の自由の一環として憲法21条によって保障されているという考え方が支配的である。ところが，最高裁は，取材の自由について，報道の自由と異なり，「十分尊重に値する」と述べているにすぎない。これまで取材の自由に対する制約が争われた事件で，最高裁が，問題とされた制約を合憲と判断することが多かったこともあり[45]，最高裁にとっては，報道の自由と取材の自由の保障の程度に差異があり，後者の保護の程度は前者より弱いと考えているとみられている[46]。

　取材の自由に関連して筆者が注目しているのが，日本の法廷におけるカメラ取材の制限の問題である。民事訴訟規則77条と刑事訴訟規則215条により，法廷に

---

[44]　芦部・前掲注[17]287頁以下。
[45]　最高裁は，テレビ局が撮影した映像の犯罪捜査のための証拠としての利用を認めてきた（日本テレビビデオテープ押収事件の最決平成元年1月30日刑集43巻1号19頁，TBSビデオテープ差押事件の最決平成2年7月9日刑集44巻5号421頁）。ただし，鹿児島県警の警察官に制圧された男性が窒息死した事件では，男性の両親が県に国家賠償を求めた裁判において，テレビ番組のための取材で警察官に同行し，この事件の一部始終を撮影した映像を証拠として採用することが裁判で争われ，鹿児島地裁は証拠採用を認めたが，福岡高裁宮崎支部は，テレビ局又は制作会社の報道の自由ないし取材の自由を侵害するおそれがあるなどとして，地裁決定を取り消し，最高裁も特別抗告を棄却した（鹿児島地決平成28年12月7日，福岡高宮崎支決平成29年3月30日，最決平成29年7月25日）。この事件では，その映像が録画されたDVDを警察が差し押え，それを地検に送付しており，地裁は地検にDVDの提出を命じた。筆者は，一般論としてはテレビ局の映像素材の目的外利用に賛成できないが，公正な刑事裁判の実現やそのための適正迅速な捜査の遂行を，報道機関のこうむる不利益よりも重視してきた判例が，本件において報道の自由・取材の自由を公正な民事裁判の実現よりも尊重したことについて，先例とのバランスを欠くし，理由づけにも問題があると考えている。鈴木秀美「公正な刑事司法vs. 公正な民事司法」論究ジュリスト25号（2018年）76頁以下参照。
[46]　渋谷秀樹・赤坂正浩『憲法Ⅰ人権〔第6版〕』（有斐閣，2016年）178頁は，「『精神に照らし』という微妙ないいまわしは，『取材の自由』が『報道（狭義）の自由』に比してより低いレベルの保障を受けるに過ぎないことを示唆している」とみている。

おける写真の撮影、録音、放送のためには裁判所の許可を得る必要がある。最高裁は、許可条件に違反して審理中の法廷で写真を撮影した記者に、法廷等の秩序維持に関する法律に基づき過料を科すことを合憲としている（最大決昭和33年2月17日刑集12巻2号253頁）。この決定については、「決定の結論は妥当であるとしても、自由なプレスと公正な裁判（free press-fair trial）との衡量を、あたかも常に後者が優越するかのように論じている点には、問題があろう」との指摘がある[47]。

最高裁と日本新聞協会は、1987年に「法廷内カメラ取材の標準的な運用基準」を取り決めた。現在、1991年に見直されたいわゆる「新運用基準」が妥当している。それによると、法廷内カメラ取材は代表取材とされ、「撮影は、裁判官の入廷開始時からとし、裁判官全員の着席後開廷宣告前の間の2分以内」に限られ、「刑事事件においては、被告人の在廷しない状態で行う」と定められている。その他、撮影機材、撮影要員、撮影位置、撮影対象などについても制限がある。

筆者は、法廷の秩序維持や訴訟関係者の権利保護の観点から、審理中の法廷内カメラ取材が制限されることはやむをえないとしても、審理が行われていない法廷における現行の制限には過剰な部分があり、取材の自由の制約として憲法違反の疑いがあると考えている。例えば、重大な刑事事件の場合であれば、顔や腰縄の部分にモザイク処理をするなどの条件の下、開廷前の時間帯に被告人の姿の撮影を認めるべきではないかと思う。筆者がそのように考えているのは、ドイツにおける法廷内カメラ取材をめぐる議論において、法廷の秩序維持や訴訟関係者の権利保護と、報道機関、とりわけテレビ局の取材の自由について、比例原則による具体的な衡量が行われ、審理が行われていない限り、法廷内カメラ取材が原則として認められていることとの比較においてである[48]。ドイツでは、開廷中の法廷については、放送のためのカメラ取材は裁判所構成法により原則として禁止されているが[49]、審理が行われていない時間帯については原則としてカメラ取材を認めるべきだと考えられている。憲法判例[50]によれば、①審理が行われて

---

(47) 芦部・前掲注(17)287頁。芦部は、「法廷秩序と訴訟関係人の利益を侵害しない範囲内では、一定限度の写真撮影を認めることが要請されると解すべき」だと説いている。

(48) 鈴木秀美「ドイツにおける裁判テレビ中継と裁判の公開」法学研究91巻1号（2018年）71頁以下。

(49) 連邦憲法裁判所を除いて審理中のテレビカメラ取材は一律に禁止されていたが、2017年に裁判所構成法が改正され、最高裁レベルの裁判所の特別な事件の判決言渡しについては、裁判所が認めればテレビカメラ取材ができることになった。鈴木・前掲注(48)86頁以下参照。

(50) BVerfGE 119, 309. 鈴木・前掲注(48)75頁以下参照。

いない法廷内カメラ取材に対する制限は、報道機関の取材の自由に対する制限であり、それが合憲となるためには比例原則に適っている必要があり、②裁判長が法廷内カメラ取材を禁止又は制限する場合には、関係する重要な考慮要素をすべて考慮に入れたうえでの措置であることを報道機関に伝えるため、その理由を明らかにしなければならない。ただし、③刑事事件の場合には、被告人が犯人視されないための配慮として、被告人の顔をモザイク処理等で隠すことが条件とされる。

このようなドイツの議論と比べると、日本の場合、法廷内カメラ取材は、審理が行われていない時間帯についても、裁判所又は裁判長の許可についての判断に委ねられ、その判断については広い裁量の余地が認められている。裁判は公開とされているが、法廷の傍聴席には数に限りがあることを考えれば、社会の関心が高い事件や、訴訟関係者の承諾がある場合など、個別の事情を考慮に入れて法廷内カメラ取材の制限を緩和すべき場合もあると思われる。

2　ジャーナリズムの特別扱い

最高裁は、報道機関の取材・報道の自由、言い換えればジャーナリズムの果たす公共的役割に配慮して、報道関係者に一般国民とは異なる特別扱いを認めている。

国家公務員の守秘義務と取材の自由の関係が争われた沖縄密約事件決定（最決昭和53年5月31日刑集32巻3号457頁）[51]において、最高裁は、秘密漏洩そそのかしの罪で記者を有罪としたが、一般論として、記者が公務員に職務上の秘密について取材することについて、「真に報道の目的からでたものであり、その手段・方法が法秩序全体の精神に照らし相当なものとして社会観念上是認されるものである限り」、取材行為は「実質的に違法性を欠き正当な業務行為というべきである」という解釈を示した。

---

(51) 1972年3月、衆議院予算委員会で、野党議員が沖縄返還をめぐる日米交渉に関する秘密の電信文案を暴露、日米間で密約が結ばれていたと内閣を追及した。この電信文案は、新聞記者が外務省の女性事務官から入手したものだった。この議員の追及がきっかけとなり、女性事務官は秘密漏洩罪、記者は同教唆で起訴された。東京地裁は、女性事務官を有罪、記者を無罪とした。検察の控訴を受けて、東京高裁は記者を有罪とし、最高裁も記者が男女関係を利用し、「個人としての人格の尊厳を著しく蹂躙した」と認定し、記者の有罪が確定した。ただし、この結論については批判が強い。

なお、2000年になって、アメリカで発見された文書により、事件当時問題とされた密約が本当に結ばれていたことが明らかにされた。外務省も、2010年3月に「広義の密約」としてその存在を認めた。

裁判所が，法廷でメモをとることを傍聴人に対して原則として禁止していたことが争われた事件では，メモをとることを禁止された弁護士が，司法記者クラブの記者に例外としてメモが許されていたこととの関係で法の下の平等を保障する憲法14条に違反すると主張した。これに対して最高裁は，報道機関による裁判報道について，「公共性の高い重要な意義」を認めて，記者にメモを許していたことには合理的な理由があり，憲法14条に反しないとした（最大判平成元年3月8日民集43巻2号89頁）(52)。

最高裁はその後，民事事件において報道関係者が取材源を秘匿するため証言を拒絶することを，民事訴訟法上の「職業の秘密」についての証言拒絶を認める規定（197条1項3号）に基づいて原則として認めた（最決平成18年10月3日民集60巻8号2647頁）(53)。その際，取材の自由の意義に照らせば，「取材源の秘密は，取材の自由を確保するために必要なものとして，重要な社会的価値を有する」とされた。ただし，証言拒絶のためには，「当該報道が公共の利益に関するもの」であることが必要とされた。

筆者は，報道関係者が取材源を秘匿するための法廷における証言拒絶について，ドイツの刑事訴訟法の明文規定との比較により検討を加えたことがある(54)。取材の自由との関係で，証言拒絶が認められる報道関係者の範囲や，開示を拒絶しうる情報の範囲（取材源の身元を割り出せない範囲に限るか，自己取材資料も含むか），例外事由をどうするかなどについては，本来，裁判所ではなく，立法者が解決すべき問題である。

ドイツの刑事訴訟法と民事訴訟法には報道関係者の証言拒絶についての明文規定があり，アメリカでも，32の州とコロンビア特別区で報道関係者に証言拒絶権を認めるシールド法が制定されている(55)。アメリカでは連邦シールド法は制定されていないが，「司法省ガイドライン」において，民事・刑事のすべての事案で，報道機関の構成員に対する召喚令状を請求する前に，他から情報を得るためのあ

---

(52) メモを禁止されたアメリカ人弁護士は，国に対して国家賠償法1条1項に基づく損害賠償を請求した。最高裁は，法廷メモが，傍聴人が「見聞する裁判を認識，記憶するためになされるものであり限り，尊重に値し，故なく妨げられてはならない」という考え方を示した。ただし，弁護士にメモを認めなかったことは裁判長の法廷警察権の行使として違法ではなかったとして，弁護士は結論においては敗訴した。
(53) アメリカの健康食品関連会社についての報道をめぐる民事訴訟に関連して証言を求められたNHK記者が，その報道の取材源の特定に関する証言を拒絶した。最高裁は，取材源の秘密が民事訴訟法197条1項3号の「職業の秘密」にあたるとしてNHK記者の証言拒絶を認めた。
(54) 鈴木秀美「取材・報道の自由」駒村圭吾＝鈴木秀美『表現の自由 I ── 状況へ』（尚学社，2011年）242頁以下。

らゆる合理的な試みを行うべきことや，原則として司法長官の明示の許可が必要になることなどが定められている。

　日本では第2次世界大戦後，それまでの言論弾圧という歴史的事情もあって，報道関係者は，取材・報道について法律で規律されることに対する強い警戒感をもっており，取材・報道の自由を法律によって保護するという考え方を拒否する傾向が強かった。1996年の民事訴訟法全面改正の際，報道関係者の証言拒絶権の明文化が検討されたが，報道関係者は民事訴訟法に証言拒絶権が限定的に規定されることにより取材の自由が制約されることをおそれて，明文化を受け入れなかった[56]。取材・報道の自由を保護するための規定が法律の中に初めて設けられたのは，2003年に制定された個人情報保護法である（2005年施行）。同法50条1項において，「報道機関」や「報道を業として行う個人」の適用除外が明文化された。さらに，同条2項には，「報道」について，「不特定かつ多数の者に対して客観的事実を事実として知らせること（これに基づいて意見又は見解を述べることを含む。）」という定義が設けられた（この規定はその後の改正で，現行法では76条になっている）。

3　特定秘密保護法と取材の自由

　前述した沖縄密約事件の最高裁決定は，2013年に成立した「特定秘密の保護に関する法律」（以下では，「特定秘密保護法」）の22条2項に「出版又は報道の業務に従事する者の取材行為については，専ら公益を図る目的を有し，かつ，法令違反又は著しく不当な方法によるものと認められない限りは」，正当業務行為とするという規定が設けられる根拠となった。政府は，同条において，第1項で，この法律の適用にあたって，「知る権利の保障に資する報道又は取材の自由に十分に配慮しなければならない」と定めたうえで，前記の第2項を設けたことで，特定秘密の保護と報道機関の取材・報道の自由の保障の対立は解決されたと説明している。

　しかし，筆者は，このような規定を設けることで，特定秘密保護法によって知る権利や取材・報道の自由が脅かされるという懸念が払拭されたといえるのか，大いに疑問だと考えている[57]。なぜなら，日本の刑事訴訟法には，報道関係者

---

(55) ドイツとアメリカにおける報道関係者の証言拒絶権や報道機関に対する強制捜査の制限についての研究として，上口裕『刑事司法における取材・報道の自由』（成文堂，1989年），池田公博『報道の自由と刑事手続』（有斐閣，2008年）がある。
(56) 飯室勝彦「改正民訴法から消えたメディアの証言拒絶権」法学セミナー501号（1996年）18頁以下。

が取材源を秘匿するための証言拒絶権もなければ、取材源の身元が割り出されないようにするために、編集部に対する捜索や取材資料の差押えを禁止する規定もないからである。今もなお妥当するか否かについては議論の余地があるとはいえ、刑事事件における記者の証言拒絶権を否定した判例もある（最大判昭和27年8月6日刑集6巻8号974頁）。報道関係者の取材源秘匿権を保護するための証言拒絶権、編集資料の差押え禁止が法制度に盛り込まれていなければ、取材の自由が実質的に保障されたとみることは難しい。

例えば、草薙厚子『僕はパパを殺すことに決めた』（講談社）に家族が焼死する放火事件を起こした少年の供述証書が引用されたことに関連して、2007年9月14日、奈良地検は、著者（フリー・ジャーナリスト）の自宅のほか、少年の精神鑑定を行った医師の自宅と勤務先を家宅捜索した。この医師は、供述調書をこの著者に見せたとして、秘密漏示罪の容疑で逮捕された後、起訴され、執行猶予付きとはいえ有罪（懲役4か月、執行猶予3年）となった（最決平成24年2月13日刑集66巻4号405頁）。著者についても共犯で立件される可能性があったが、通常の取材の範囲を超えた金銭の受け渡しや違法行為がなかったことから、立件は難しいとの判断で、不起訴となったと報道されている[58]。沖縄密約事件の最高裁決定に著者は救われたことになる。

この事件では、取材源を確認するために著者の自宅の家宅捜索が行われた。取材源を割り出されるようなかたちで単行本を出版した著者や出版社にも大きな問題があったが、奈良地検による強制捜査が行われたことには、取材源の秘匿による報道関係者と取材源の信頼関係を損なうものとして、取材の自由の観点から重大な問題があった。このようなことが繰り返されれば、取材源が萎縮してしまい、報道関係者による調査報道は困難になる。

筆者は、このような問題意識から、報道関係者が取材源を秘匿するための証言拒絶権を刑事訴訟法と民事訴訟法に規定することを検討してみるべきであると考えている[59]。少なくとも特定秘密との関係において、その手厚い保護に対抗できるよう、報道関係者が取材源を秘匿するための証言拒絶権を法律に明記する必要があるだろう。

---

(57) 鈴木秀美「取材源秘匿権と特定秘密」松本和彦編著『日独公法学の挑戦』（日本評論社、2014年）173頁以下、同「表現の自由と民主主義の維持――取材の自由や知る権利をめぐる問題を中心として」憲法問題27号（2016年）42頁以下参照。
(58) 朝日新聞2007年10月11日朝刊35頁。
(59) 池田・前掲注(55)279頁も同旨。

Ⅳ 放　送　法

1　放送法4条と電波法76条の関係

　放送法は，筆者にとって，研究者を目指したころから取り組んでき法分野である。ドイツの憲法判例を手がかりとした比較法的研究[60]，日本公法学会での部会報告[61]，そして日本の放送法制についての解説書[62]の編集など，放送の自由とその具体化としての放送法制のあり方については，すでに何度も論じてきた。なお，この法分野には憲法判例がわずかしかなかったが，2017年，日本放送協会（以下では，「NHK」）の受信料制度の合憲性について最高裁大法廷判決（最大判平成29年12月6日民集71巻10号1817頁）が下され，受信料制度の合憲性とその前提となる二元体制の存在意義が認められた[63]。「放送は，憲法21条が規定する表現の自由の保障の下で，国民の知る権利を実質的に充足し，健全な民主主義の発達に寄与するものとして，国民に広く普及されるべきものである」と判示されたことも重要である。

　筆者は，放送事業者が放送する番組に「政治的公平」や「報道は事実をまげない」ことを要求している放送法4条1項の番組編集準則について，近年，政治や行政が放送に圧力をかけるための道具となっているとしたら，廃止も視野に入れて法改正を検討しなければならないと考えている[64]。ただし，これは，公共放送と民間放送の二元体制の下，放送事業者が自主・自律を図るために設立した放送倫理・番組向上機構（以下では，「BPO」）が存在することを前提とした放送法4条見直しの提案である。ところが，2018年春，政府の規制改革推進会議を舞台に，放送法4条だけでなく，さまざまな放送規制を緩和し，法制度において民間放送を「放送」として扱うことをやめるという，まさに大胆な改革案が浮上した。そこで以下では，放送法4条について，あらためて筆者の考えを示したうえで，2018年の政府改革案の問題点を明らかにしてみたい。

　日本の放送法制は，放送業務（ソフト）について規律する「放送法」と放送の

---

(60) 鈴木秀美『放送の自由〔増補版〕』（信山社，2017年）。
(61) 鈴木秀美「放送法制」公法研究60号（1998年）75頁以下。
(62) 鈴木ほか・前掲注(9)『放送法を読みとく』，同『放送制度概論』。
(63) 筆者はこの判決について検討したことがある。鈴木秀美「NHK受信料判決と放送法［最高裁2017.12.6］」Journalism 336号（2018年）60頁以下。
(64) 鈴木秀美「放送事業者の表現の自由と視聴者の知る権利」法学セミナー738号（2016年）27頁以下〔鈴木・前掲注(60)増19頁以下所収〕。本稿の論述には，そこで論じたことと一部重複する内容があることをお断りしておく。

ための電波利用の免許（ハード）について規律する「電波法」，さらに，それらを具体化している政令・省令によって構成されている。放送法は，放送による表現の自由の確保を目的の一つとしており（1条），「放送番組は，法律に定める権限に基づく場合でなければ，何人からも干渉され，又は規律されることがない」（3条）と規定して放送番組編集の自由を保障している。ただし，放送法には，番組編集にあたって，「公安及び善良な風俗を害しない」，「政治的に公平」，「報道は事実をまげない」，「意見が対立している問題については，できるだけ多くの角度から論点を明らかにする」という番組編集準則が定められている（4条1項）。日本では，2010年，通信・放送を支える技術の急速な進展を背景として，通信・放送に関係する法制度の全般的な見直しにより，1950年の放送法・電波法の制定から60年ぶりの大きな法改正が行われた。「放送」の定義も変更され，「公衆によって直接受信されることを目的とする電気通信の送信」となった。また，放送に「基幹放送」と「一般放送」という区別が導入された。ところが，番組編集準則による放送事業者に対する規制はそのまま維持された。

番組編集準則のような表現の内容に対する規制は，表現の自由の観点からみると新聞や雑誌だけでなくインターネット上の表現にも，およそ許されないものである。そのせいからか，放送法には番組編集準則違反に対する直接の制裁は規定されていない。しかし，電波法76条1項によれば，「総務大臣は，免許人等がこの法律，放送法若しくはこれらの法律に基づく命令又はこれらに基づく処分に違反したときは，3箇月以内の期間を定めて無線局の運用の停止を命じ，又は期間を定めて運用許容時間，周波数若しくは空中線電力を制限することができる」。ここで「無線局の運用の停止」とは，放送事業者にとって放送のために利用する電波の停止を意味する。地上波により放送を行っている既存の事業者は，放送局の「免許」を総務大臣から受けることにより（電波法4条），同時に放送業務を行うことができる，いわゆるハード・ソフト一致の事業形態を採用しており，電波法における「免許人等」にあたる。

これに関連して議論されているのが，政治的に偏った内容の放送や，いわゆる「やらせ」などのため事実と異なる内容の放送がなされたとき，放送事業者が番組編集準則に違反したという理由で，総務大臣が電波法76条を放送事業者に適用できるか否かである。これについて学説では，放送事業者の表現の自由に照らせば，番組編集準則に違反したことを理由に放送事業者に電波停止や免許停止を命じることはできないという考え方が支持されている[65]。ところが，総務省は，

---

(65) 長谷部恭男『テレビの憲法理論』（弘文堂，1992年）168頁参照。

次のような例外的な場合には，電波法76条に基づいて電波停止を命じることができるとしている。それは，①番組が番組編集準則に違反したことが明らかで，②その番組の放送が公益を害し，電波法の目的に反するので将来に向けて阻止する必要があり，③同じ事業者が同様の事態を繰り返し，再発防止の措置が十分ではなく，事業者の自主規制に期待することはできないと認められることである（ただし，これまで放送事業者が電波停止を命じられたことはない）[66]。また，総務省は，行政処分の前段階として，事前措置にあたる行政指導を行っている。電波法76条の適用は慎重に行う必要があり，事前措置としての行政指導も，度重なる警告にもかかわらず違反が繰り返され，自主規制に期待できない等，業務停止に該当するほどのものであるときにはじめて行われるべきだと解説されているが，実際の運用を見ると，自主規制に期待できないとまではいえないような軽微な違反の場合にも総務省による行政指導が行われている，という問題がある[67]。

2　放送事業者の自律の尊重

放送法は放送事業者の自律を尊重しており（1条），番組編集準則に適った番組が放送されることを放送事業者の自律によって確保しようとしている。最高裁も訂正放送制度についての判決において，そういう放送法の趣旨を確認している（最判平成16年11月25日民集58巻8号2326頁）。

具体的な仕組みをみると，まず，放送事業者は，番組編集準則を具体化するため，「番組基準」の策定を義務づけられている（放送法5条）。この番組基準を策定するのは放送事業者であるが，その際，放送法によって設置を義務づけられた放送番組審議機関（以下では，「番審」）に諮問しなければならない（放送法6条，7条）。学識経験者によって構成される番審の役割は，放送番組の適正化を図ることである。番審の委員は放送事業者が任命する。番審は，視聴者に代わって，放送事業者に対する批判機関となることを期待されており，その活動が公表されることにより，番組のあり方を公衆の批判に委ねるという仕組みになっている[68]。このように法律によって自主規制を促す手法を，「規律された自主規制」[69]

---

(66) 金澤・前掲注（9）58頁以下。
(67) 金澤・前掲注（9）57頁。鈴木ほか・前掲注（9）『放送法を読みとく』83頁以下，同『放送制度概論』366頁以下に，番組内容に関する主な行政指導の一覧表が掲載されている。
(68) 鈴木秀美「放送法における表現の自由と知る権利」ドイツ憲法判例研究会編・鈴木秀美編集代表『憲法の規範力とメディア法〔講座 憲法の規範力 第4巻〕』（信山社，2015年）287頁以下参照〔鈴木・前掲注(60)増41頁以下所収〕。
(69) 「規律された自主規制」は，自主規制を法律による規律によって促す手法で，環境保護や個人情報保護の分野等で活用されている。

という。青少年保護のための番組規律が，法律ではなく，放送事業者が策定する番組基準によっているなど，放送法の番組規律は，国家の介入の程度がかなり低い点で先進国の中でも際立っており，放送番組規律の「日本モデル」と呼ばれている[70]。

それもあって，放送業界は，番審による批判機能を補い，自主・自律を図るためにBPOを設立している[71]。BPOには，「放送人権委員会」，「青少年委員会」，「放送倫理検証委員会」（以下では，「検証委」）が設けられている。このうち，2007年，関西テレビの番組不祥事をきっかけに設立された検証委は，「放送倫理上問題がある」と指摘された番組についての「審議」と，「内容の一部に虚偽がある」と指摘された番組の「審理」を行っている。検証委には，放送事業者の合意に基づき，他の2つの委員会よりも強い調査権限が与えられている。このため，検証委の発足時，総務省の代行機関になるという懸念もあったが，発足後10年間の活動を通じて，その懸念は払拭されたといってよい。なぜなら，BPOの検証委は，政治や行政による放送介入を批判する姿勢を明確にしてきたからである[72]。前述の通り，総務省の見解とは異なり，学説では番組編集準則に違反したことを理由に，電波法76条による運用停止や免許取消はできないし，行政指導も許されないと考えられている。通説によれば，番組編集準則は，放送事業者の自律のための訓示的・倫理的規定であり，法的拘束力をもたない。2015年11月6日，BPOの検証委も，いわゆる出家詐欺を取り上げたNHKの番組「クローズアップ現代」についての意見の中で，通説に依拠して総務大臣がNHKに対して行った行政指導を厳しく批判した[73]。

総務省の前身である旧郵政省も，かつては番組編集準則の遵守は放送事業者の自律によると説明していた。ところが，郵政省は1993年の椿発言事件（テレビ朝日報道局長が総選挙の報道にあたって，非自民政権が生まれるよう報道せよと指示したと発言し，放送法違反ではないかが問われた事件）に関連して，それまでとは異なり，

---

(70) 曽我部真裕「放送番組規律の『日本モデル』の形成と展開」曽我部真裕＝赤坂幸一編『憲法改革の理念と展開（下巻）』（信山社，2012年）374頁。放送法の規制が放送事業者や放送番組に与えた影響についての研究として，村上聖一『戦後日本の放送規制』（日本評論社，2016年）がある。

(71) BPOの存在意義について，三宅弘・小町谷育子『BPOと放送の自由』（日本評論社，2016年）2頁以下，鈴木秀美「放送法の『番組編集準則』と表現の自由」世界877号（2016年）125頁以下〔鈴木・前掲注(60)増7頁以下所収〕。

(72) 放送倫理・番組向上機構［BPO］編『放送倫理検証委員会10周年記念誌 ―― 放送の自由と自律，そしてBPOの役割』（2018年）6頁以下参照。

(73) 鈴木・前掲注(71)122頁以下〔鈴木・前掲注(60)増3頁以下所収〕参照。

番組編集準則に法的拘束力があるとの解釈をとるようになった[74]。その後，とくに第1次安倍晋三政権の下，番組編集準則違反を理由とする行政指導が繰り返された。2007年，関西テレビの番組不祥事の際には，不祥事が再発した場合は電波法76条が適用されるという意味での「警告」が行われた。行政指導に強制力はないが，総務大臣から免許を受けている放送事業者にとって事実上の強い拘束力がある。総務省は，行政指導に際し，放送事業者に再発防止のための具体的措置やその実施状況についての報告を求めることもあり，実質的には改善命令になっていると批判されている[75]。総務大臣の免許権限を背景に，総務省が放送法4条に関連して行う放送事業者に対する行政指導は，放送事業者の自律を尊重している放送法の趣旨に反するものである。

3 番組編集準則の合憲性と法改正の可能性

放送の場合，これまでは，「多元的な情報源（報道機関）の間に自由競争の原則を支配させるだけで，国民の知る権利に応える情報多様性が確保されるという保障は必ずしもない」[76]という理由から，「周波数の希少性」と「放送の社会的影響力」を主たる根拠として，また，番組編集準則が倫理的規定であることも考慮に入れて，番組編集準則を合憲とする見解が支持されてきた。

筆者は，番組編集準則の合憲性を検討するにあたって，総務大臣が放送事業者を監督するという日本固有の仕組みに内在する憲法上の問題を無視することはできないと考えている。報道の最も重要な役割は権力監視であるはずなのに，報道機関でもある放送事業者が，その監視の対象である総務大臣による直接の監督に服し，総務大臣が番組編集準則を手がかりに個々の放送番組に介入できるとしたら，放送に権力監視の役割を期待することは難しい。だからこそ，欧米先進国では，通常，放送の国家からの自由に配慮して，放送分野の規制機関は政府から独立した合議制の組織となっている。そのような規制機関として，アメリカには連邦通信委員会（以下では，「FCC」）が，イギリスにはオフコムがある[77]。

放送法と電波法が制定された1950年，アメリカのFCCを参考に，日本でも「電波監理委員会」が設置された。ところが，この委員会は2年後に廃止され，郵政大臣がその権限を引き継いだ（電波監理委員会に代わって郵政省に電波監理審議会

---

[74] 田島泰彦「テレビ朝日問題と放送の自由」法学セミナー468号（1993年）4頁以下参照。
[75] 山本博史「『あるある大事典』捏造と行政介入――『総務省対テレビ局』をめぐる制度的深層」世界763号（2007年）58頁。
[76] 芦部・前掲注(17)303頁。
[77] 鈴木ほか・前掲注(9)『放送法を読みとく』156頁以下参照〔曽我部真裕〕。

が設置された)。2001年の省庁再編によって、郵政省は総務省に統合された。それ以来、総務大臣の下、総務省が情報通信政策の一環として放送法と電波法を所管している。電波監理委員会が廃止されて以来、放送行政の公正さを確保するためには、規制機関を独立性のある合議制の委員会に戻すべきだという意見も根強く[78]、民主党政権ではある時期、総務省においてその可能性が現実味をもって検討された。しかし、結果においてそのような制度改革は実現せず、現在に至っている。

「政治的公平」や「報道は事実をまげない」など、番組編集準則が用いている概念が不明確であるのに、その判断基準は放送法以下の法令によって設定されておらず、それを認定する手続も法定されていない。2016年2月、国会において高市早苗総務大臣（当時）が、放送法4条違反の場合、大臣は電波法76条に基づき放送局に停波を命じることができるという考え方を示し、その直後に「政治的公平」についての政府統一見解が公表された[79]。そこでは、国論を二分するような政治課題について、一方の見解のみを支持する内容を「相当の時間にわたり繰り返す番組」は一つの番組のみでも政治的に公平とはいえないと例示された。しかし、総務大臣が、不明確な概念により、個々の番組の番組編集準則適合性を認定することになれば、恣意的判断がなされる危険があるし、放送に対して強い萎縮効果を及ぼすことになる[80]。放送行政が総務大臣の権限とされているという問題に照らせば、放送事業者の自律のための倫理的規定だと解釈しない限り、番組編集準則の合憲性を認めることは難しい。近年では、番組編集準則を違憲とする学説も有力になりつつある[81]。前述した合憲説も、その多くは番組編集準則が倫理的規定であることを前提としており、「一種の合憲限定解釈」[82]といえる。裏を返せば、番組編集準則に法的拘束力があり、その適合性を大臣が認定するというのなら、番組編集準則は違憲であり[83]、廃止されなければならないという考え方が学説では多数を占めているとさえいえるだろう。

---

(78) 村上聖一「電波監理委員会をめぐる議論の軌跡」放送研究と調査60巻3号（2010年）14頁以下参照。
(79) 高市総務大臣（当時）の電波停止発言についての批判的検討として、山田健太『放送法と権力』（田畑書店、2016年）235頁以下、阪口正二郎「法曹実務にとっての近代立憲主義（第4回）」判例時報2284号（2016年）9頁以下参照。
(80) 市川正人『ケースメソッド憲法〔第2版〕』（日本評論社、2009年）157頁。
(81) 違憲説として、松井茂記『マス・メディア法入門〔第5版〕』（日本評論社、2013年）290頁以下、渋谷秀樹『憲法〔第3版〕』（有斐閣、2017年）393頁、阪本昌成『憲法理論Ⅲ』（成文堂、1995年）112頁以下。
(82) 立山・前掲注（1）185頁。

視聴者の知る権利に応える情報多様性を確保するため，倫理的規定とはいえ，放送事業者の表現の自由を規制してきた番組編集準則は，近年では，政治や行政が放送に圧力をかけるための道具となっている。これまでのところ，番組編集準則違反を理由として電波法76条が放送事業者に適用されたことはないものの，総務省の解釈や行政指導の運用が見直されないとしたら，番組編集準則の廃止も視野に入れて法改正を検討しなければならない。例えば，民間放送については，放送法の改正により4条を適用しないことにして，BPOによる自主規制に委ねるという方法も考えられる[84]。それが放送事業者の自律を重視している放送法の趣旨にも適っているといえるだろう。

2018年1月末，安倍晋三首相は，放送法の改革に言及するようになり，規制改革推進会議での議論を促した。同会議では，これを受けて改革のための検討が進められ，3月に入って放送法4条撤廃を含む改革案が浮上した。ただし，この時期に検討された政府改革案は，前述した筆者の放送法4条廃止の提案とはまったく異なるものだった。政府は，放送法4条廃止どころか，NHKを除いて「放送」をなくし，従来のテレビ放送とインターネットによる動画配信を同列に扱う新たな制度への移行という案を練っていた。

政府がこのような制度改革を目指そうとしていることが明らかになったのは，3月中旬頃，「通信・放送の改革ロードマップ」というタイトルのペーパー等が永田町や霞が関に出回ったからである[85]。そこには，①番組編集準則（放送法4条），②番組基準（同5条），③番組審議機関（同6条），④番組調和原則（同106条1項），⑤マスメディア集中排除原則（同93条1項），⑥外資規制（同93条1項）という「放送特有の規制の撤廃」とともに，⑦基幹放送について，あまねく受信努力義務（同92条）の撤廃，そして，放送局のハード・ソフトの分離が共に実現した場合，「放送（NHK除く）は基本的に不要に」と記されていた。この改革ロードマップによれば，これらの規制撤廃は，2018年の臨時国会又は2019年の通常国

---

(83) ただし，西土彰一郎「番組編集準則は何を要請しているか」世界882号（2016年）72頁以下は，番組編集準則を番組制作者の自律を擁護するための「手続・組織」原理として読み替え，その意味で放送事業者に対する法規範性を認めるという興味深い提案をしている。同『放送の自由の基層』（信山社，2011年）も参照。
(84) 宍戸常寿「憲法学から見た，地上民放テレビの可能性と将来像」日本民間放送連盟『放送の将来像と法制度研究会　報告書』（日本民間放送連盟研究所，2010年）44頁は，番組編集準則（とくに政治的公平の規定）を，民間放送との関係で削除すべきとしている。鈴木・前掲注(60)310頁も同旨。
(85) この時期の政府の動きについて詳しくは，毎日新聞2018年5月17日東京朝刊11頁〔犬飼直幸，青島顕〕参照。

会に法案提出とされ、①〜⑥は2020年以降施行という性急なものだった。⑦の施行時期については、「業界と調整」と記されていた。

　新聞報道では、この政府改革案を「放送法４条撤廃案」と呼んでこの部分に焦点をあてていることが多かったが、筆者はむしろ政府改革案を「民間放送制度撤廃案」と呼ぶべきであったと思う(86)。電気通信技術を用いて提供される映像サービスは、NHKを除いて法的規律を撤廃し、民間放送をインターネットによる映像提供サービスと同じ扱いにするという大胆な規制緩和の提案は、「衣の下からは、メディアを都合良く使える道具にしたいという思惑がのぞく」(87)と指摘されるなど、民間放送だけでなく、識者からも厳しい批判を受けた。筆者も、放送の場合、既存の制度の枠があり、それを維持するか否か、規制を緩和するとしても、何のために、どのようなスケジュールで、どの程度に緩和すべきか、規制緩和の影響を慎重に分析する必要があると考えている。その際には、今後、放送にどのような社会的役割を期待するのか、そのためにどのような規律が有効なのかを問い直すことが求められる。性急な民間放送制度撤廃案は、NHKと民間放送の二元体制について、「各々その長所を発揮するとともに、互いに他を啓もうし、各々その欠点を補い、放送により国民が十分福祉を享受することができるように図る」ものである、と評価した最高裁受信料判決を顧慮しておらず、民間放送が社会において果たしてきた役割への敬意を欠いていたといわざるをえない。

　2018年6月4日、政府の規制改革推進会議は答申をまとめたが、放送業界の強い反発や、識者からの批判もあり、放送法4条撤廃をはじめとする放送法の規制緩和は盛り込まれなかった。答申は、放送分野の規制改革については、「通信と放送の枠を超えたビジネスモデルの構築」のための制度整備を求めた(88)。ただし、NHKが実現を目指している、テレビ番組のインターネットによる常時同時配信は、原則として県域を放送区域としてきた民間放送にとってビジネスモデルの根幹にかかわる重大な問題である。放送を取り巻く社会的・技術的な環境の変化を視野に入れて、これからどのように改革していくべきなのか、放送法制は大きな課題に直面している(89)。

---

(86) 稲葉一将「2018年の放送制度改革——放送法の形骸化から崩壊へ」（法律時報90巻8号（2018年）1頁以下）は、多くの新聞社が放送法4条撤廃に焦点を合わせて報道したことに理解を示しつつも、「放送法4条撤廃という一面だけを強調するのではなくて、全面の把握が試みられるべきである」と指摘している。
(87) 朝日新聞2018年3月31日朝刊14頁「社説」。
(88) 朝日新聞2018年6月4日夕刊1頁。
(89) 本号掲載の西土彰一郎の論文と「特別企画：放送法の過去・現在・未来」も参照。

V おわりに

　戦後の日本は民主主義国家として発展をとげてきたが，それにもかかわらず，近年，メディアをめぐって様々な問題が生じている。いわゆるメディア不信を背景に，安倍政権の下で，政治のメディアに対する圧力がこれまでになく強くなっている。2016年，有名なテレビ司会者やコメンテーターが次々と番組を去ったが，それも政権の圧力のせいではないかと話題になった。また，ヘイトスピーチが社会問題になり，ヨーロッパにみられるような法的規制を求める声が高まっている。インターネットの普及によって，誰でも簡単に情報発信ができるようになったが，インターネット上に真偽の不確かな情報が発信され，玉石混交の中，真実をいかに見極めるべきかが議論になっている。活字メディアの販売部数が減少する中，アメリカのトランプ大統領のように，マス・メディアを通さず，ツイッターで直接に国民に情報発信する政治家があらわれるなど，社会における情報流通のあり方が変化している。また，インターネット上に発信された個人情報を検索エンジンで検索できないよう求めることができるのか，「忘れられる権利」は認められるのかという問題に注目が集まっている。さらに情報公開法については，民主党政権下で，知る権利の明記やインカメラ審理の導入などを含む改正案が国会に提出されたが廃案となったまま，現在に至っている。安倍政権の下，森友問題，加計問題，イラクに派遣された自衛隊の日報問題など，公文書管理や情報公開の制度やその運用に大きな問題があることも明らかになった。国民の知る権利を実効的なものとするためには，制度改革や運用の見直しが必要である。

　このような状況の中，日本は，パリに本部があるジャーナリストによる国際NGO「国境なき記者団」が2002年からほぼ毎年発表している報道の自由のランキングで，2016年にはとうとう72位となり，2017年も同じ順位に留まり，2018年は67位と少しだけ戻した。日本の順位は，2002年に26位からスタートし，2006年にいったん51位まで下がったが，民主党政権の下で2010年には11位まで上昇した。2011年にはランキングそのものが公表されず，2012年になって22位に下がり，その後は2013年に53位，2014年に59位，2015年に61位と順位を下げ，2016年4月にこれまで最低の72位となった。順位が下がった要因としては，原発事故の情報隠し，特定秘密保護法の制定，政府のメディアに対する圧力などが指摘されている[90]。このような結果は，ランキングの評価の指標がヨーロッパ標準だから日本は不利であるとか，評価者の主観に左右されているという説明だけでは，とうてい言い訳できない低い評価といわざるをえない。

メディア法の分野で私たちが克服すべき問題は山積している。筆者は，日本において人々の表現の自由についての理解を深め，表現の自由の実効的な保護が確保される社会の実現を目指して，「メディア法研究会」と本誌『メディア法研究』を理論と実務を架橋する力強いフォーラムに育てていこうと思う。

---

(90) マーティン・ファクラー『安倍政権にひれ伏す日本のメディア』（双葉社，2016年）180頁以下。筆者は，このランキングの指標を分析したことがある。鈴木秀美「『報道の自由度ランキング』を考える『国境なき記者団』の調査から見える過去最低の『72位』の背景と問題点」Journalism 314号（2016年）106頁以下参照。

2 「表現の自由」論の軌跡
——判例・学説・アメリカ

横大道　聡

Ⅰ　はじめに
Ⅱ　表現の自由論の萌芽
Ⅲ　表現の自由論の展開
Ⅳ　表現の自由論の転機 —— 猿払型審査基準論との対決
Ⅴ　表現の自由論の現在 —— 比較衡量論の復権と学説の動向
Ⅵ　表現の自由論の今後 —— むすびにかえて

Ⅰ　はじめに

　本稿は，日本の憲法学における「表現の自由」論の構築・展開の過程を，判例と学説の関係，それに対するアメリカの判例・学説の影響，という2つの補助線を引きながら，憲法制定から現在まで通史的に概観[1]することで，憲法制定後70年という節目の年に「表現の自由」論を回顧・展望しようと試みるものである。
　もとより判例・学説ともに膨大な量があるなか，そのすべてを扱うことは不可能である。そこで本稿では，基本的に表現の自由一般に対する事後規制の場面に限定し——したがって，事前規制の問題や規制法令の漠然性・不明確性の問題は本稿の射程外である。また，本号の別論文で扱われるメディア法全般（鈴木秀美），ジャーナリズム法（山田健太），放送法（西土彰一郎）についても射程外である——，限られた視角から判例・学説の一部を取り上げた検討にとどまるものであ

---

(1) 同様のコンセプトに基づく先行業績として，渡辺治「表現の自由理論史」法律時報49巻7号（1977年）56頁以下，石村善治「表現の自由」ジュリスト638号（1977年）296頁以下，渡辺治「政治的表現の自由の法理の形成——戦後憲法理論史のための序章」社会科学研究33巻3号（1981年）265頁以下，山口和秀「表現の自由をめぐる判例の動向と学説」公法研究48号（1986年）41頁以下（学会報告の再現として，山口和秀「表現の自由をめぐる判例の動向と学説」岡山大学法学会雑誌36巻3・4号（1987年）235頁以下も参照），浜田純一「表現の自由（1）」樋口陽一編『講座憲法学3　権利の保障1』（日本評論社，1994年）138頁以下，市川正人「表現の自由論の50年」公法研究59号（1997年）252頁以下等がある。

ることをあらかじめ断っておきたい。

II　表現の自由論の萌芽

1　公共の福祉

(1) 初期最高裁判例における「公共の福祉」論

　最高裁が初めて表現の自由を制約する法令の合憲性について判断を下したのは，**食糧緊急措置令違反事件**（最大判昭24〔1949〕・5・18刑集3巻8号839頁）においてであった。

　同判決は，「新憲法の保障する言論の自由は，旧憲法の下において，日本臣民が『法律の範囲内ニ於テ』有した言論の自由とは異なり，立法によっても妄りに制限されないものであることは言うまでもない」としつつも，「新憲法下における言論の自由といえども，国民の無制約な恣意のままに許されるものではなく，常に公共の福祉によって調整されなければならぬのである」とする。そのうえで，「国民が政府の政策を批判し，その失政を攻撃することは，その方法が公安を害せざる限り，言論その他一切の表現の自由に属するであろう。しかしながら，現今における貧困なる食糧事情の下に国家が国民全体の主要食糧を確保するために制定した食糧管理法所期の目的の遂行を期するために定められたる同法の規定に基く命令による主要食糧の政府に対する売渡に関し，これを為さざることを煽動するが如きは，所論のように，政府の政策を批判し，その失政を攻撃するに止るものではなく，国民として負担する法律上の重要な義務の不履行を慫慂し，公共の福祉を害するものである。されば，かかる所為は，新憲法の保障する言論の自由の限界を逸脱し，社会生活において道義的に責むべきものであるから，これを犯罪として処罰する法規は新憲法第21条の条規に反するものではない」と結論づけた。

(2) 学説との関係

　この食料緊急措置令違反事件のように，初期の最高裁判例においては，人権の制約を外在的に広く容認する「公共の福祉」論が展開されたことは周知のことであろう[2]。学説はそれとの対峙を自らの役割と位置付けて精力的に批判を展開

---

[2] この時期における表現の自由に関する同旨の最高裁判例として，チャタレー事件（最大判昭32・3・13刑集11巻3号997頁），営利広告制限事件（最大判昭36・2・15刑集15巻2号347頁などがある。

していくわけであるが，ここでは，この時期における判例と学説との関係について，2点指摘しておきたい。

第一に，判例の立場は，新憲法の公布後に精力的に解説書を執筆した美濃部達吉の「公共の福祉」論と同型であるという点である。一例を挙げると，美濃部は，最も早い時期に出版された『新憲法概論〔普及版〕』において，憲法21条に「法律の留保」の定めが置かれていないのは，「それは戦時に於いて此等の自由が極度に圧迫せられて居たのに対しポツダム宣言に於いて既に『言論，宗教及思想の自由並びに基本的人権の尊重は確立せらるべし』と要求した当然の帰結とも見るべきものであるが，併しそれがために此等の自由は絶対に不可侵であり，如何なる場合にも国権を以て之を制限することは許されないものと解すべきではない。憲法には別に国民が憲法の保障する自由及び権利を『濫用してはならぬのであつて，常に公共の福祉のためにこれを利用する責任を負ふ』(12条)と曰い，又国民の自由は『公共の福祉に反しない限り』最大の尊重を要す(13条)と曰って居るのであって，此等の規定は当然集会結社の自由，思想表現の自由，通信の秘密にも適用せらるべく，此等の自由の濫用に依り公共の福祉を害することが有れば，法律の定むる所に依り公共の福祉の為に其の濫用を抑制することは，憲法の当然予期する所と解せねばならぬ[3]」と記している[4]。この美濃部の「論理は，以後判例その他でいやというほどくり返される『公共の福祉』論の模範文となった[5]」と指摘されるように，判例の立場に対する，当代随一の公法学者によって主張された学説の影響を指摘できる。その意味で，判例の「公共の福祉」論に対する学説の対峙は，旧世代憲法学への挑戦という側面も有していた。

第二に，初期の最高裁判例の「公共の福祉」論は，食料緊急措置令違反事件に示されているように，表現の自由を超えた人権一般に通用する射程の論理であったという点である[6]。そのため学説は，表現の自由論としてではなく人権一般の見地から，判例の「公共の福祉」論に応戦した[7]。この時期においては，いまだ表現の自由論が本格的に展開されなかったのである。「もっぱら無規定的な『公共の福祉』のことばでもってことを処理するような最高裁判例のありかたを

---

(3) 美濃部達吉『新憲法概論〔普及版〕』（有斐閣，1947年）108-109頁

(4) 美濃部達吉『新憲法逐条解説』(日本評論新社，1947年) 45頁，同『新憲法の基本原理』（国立書院，1947年）118頁，同『日本国憲法原論』（有斐閣，1948年）196頁も参照。

(5) 渡辺「政治的表現の自由の法理の形成」・前掲注(1)268頁。

(6) その他，表現の自由に関する最高裁判例として，最大判昭27・8・6刑集6巻8号974頁〔石井記者事件〕，戸別訪問禁止に関する最大判昭25・9・27刑集4巻9号1799頁，文書図画の頒布禁止に関する最大判昭30・3・30刑集9巻3号635頁および最大判昭30・4・6刑集9巻4号819頁などがある。

許してきた責任の半は、まさに学説のあり方」、すなわち、「多くの学説は、原則的には、およそ人権の輪郭を定めることをすべて、『公共の福祉による人権の制約』の問題として考え……、その前提のうえで、そのようなものとしての『公共の福祉』の概念内容を論じてきた」ことにあるという指摘(8)は、この点を突いている。

2　外国法理の輸入とその態様

（1）表現の自由論と準拠国としてのアメリカ

独立後から昭和30年代における表現の自由論をリードしたのは、河原畯一郎と伊藤正己であり、その準拠国はアメリカであった。

最高裁判所調査官であった河原は、1954年の著書『言論及び出版の自由』の「序」で、「わが憲法中、基本的人権と、それを保障する司法制度に関する規定は、米国憲法にその範をとったものであるから、言論及び出版の自由の解釈に当たっては、一応米国の理論と判例とを研究することが必要である」、「米国に於て、言論及び出版の自由の限界が激しい論争の対象となったのは、1919年にホームズ判事が、言論を制限する基準として、『明白且現在の危険の原則』を宣明した以後である。この原則の宣明によって、言論及び出版の自由は、はじめて正当な評価をうけるに至り、民主主義の核心をなすものとして、他の権利よりも高い地位が与えられるに至ったのである。かかる貴重な経験をもつ米国の判例の検討は、わが国の裁判上のみならず、立法上にも必要であると信じる(9)」などと述べている。

伊藤も、これまでの公表論文を収めた1959年の著書『言論・出版の自由』において、日本の「裁判所は、明文上絶対的に保障された基本権の制約の有効性に対して、アメリカの裁判所と同様に、具体的事情に照らしつつ判断を与えるという任務を負わされていることになる。比較法の立場から、アメリカの判例を分析し、検討を行うことの意味はここにある(10)」などと述べ、「ともすれば『公共の福祉』という漠然たる観念を根拠として、言論の自由の制約を判断し、その結果として

（7）渡辺「政治的表現の自由の法理の形成」・前掲注（1）271-273頁。渡辺治は、「憲法学においてこの時期以後長く続けられることになるかの『公共の福祉』論争は、人権をひとまとめにして論じようとする共通の志向のもとに戦わされたという点でこの時期の理論的土壌の制約を強く受け続けたが故に、あれだけ精力的に論じられたわりには、人権理論に、みのりある成果をもたらさなかった」と評している（273頁）。

（8）樋口陽一「『公共の福祉』論の現状とゆくえ ── 『二重の基準』論と『比較衡量』論」ジュリスト500号（1972年）37-38頁。

（9）河原畯一郎『言論及び出版の自由』（有斐閣、1954年）1-2頁。

（10）伊藤正己『言論・出版の自由 ── その制約と違憲審査の基準』（有斐閣、1959年）10頁。

制約を合憲化する傾きの濃いわが国の憲法解釈⁽¹¹⁾」に対して，アメリカの判例・学説を参考に，合憲・違憲を判断する基準とその理論的内容を示すという実践的目的を明示している。伊藤は，同書の結論を要約している箇所で，①言論の自由などの精神的自由は，経済的自由権に比して優越的地位を占めること，②表現の自由に対する事前抑制は原則として許されず，規制は事後の抑制の方法を採るべきこと，③規制立法は規制対象を明確に定めなければならないこと，④「言論の実質を考慮し，対立する社会的価値を較量して，その制約の有効性を判断するには，『明白にして現在の危険』が最も優れた基準である，などとまとめているが⁽¹²⁾，ここにすでに，現在の教科書でみられる表現の自由論の原型が示されている⁽¹³⁾。

かようにこの時期の表現の自由論の代表的論者は，豊富な判例・学説を有するアメリカ研究に範を求めたのであったが⁽¹⁴⁾，西欧諸国も含めて未経験ないし新しい制度であった裁判所による違憲審査制を駆動させるにあたって，世界に先がけて当該システムを運用させてきたアメリカを参照したこと，そしてその研究が主流を担ったことは，いわば必然であったといえるだろう⁽¹⁵⁾。

---

(11) 同上・Ⅷ頁。
(12) 同上・305-306頁。
(13) 芦部信喜は，伊藤正己の『言論・出版の自由』について，「二重の基準の理論はもともとアメリカの憲法判例で形成されたものですが，それを詳細に分析して日本国憲法の解釈論に巧みに導入した最もすぐれた最初の研究」と評している。芦部信喜「合憲性判定基準をめぐる今日的問題点」同『司法のあり方と人権』(東京大学出版会，1983年) 148頁〔初出は1983年〕。
(14) その他，この時期の代表的業績として，尾吹善人「思想・言論の自由」同『憲法の基礎理論と解釈』(信山社，2007年) 182頁以下〔初出は1960年〕も参照。
(15) もっとも，アメリカ以外の表現の自由への関心がなかったわけではないことにも注意を喚起していきたい。たとえば，1955年5月の公法学会では，各国の表現の自由が広く取り上げられ，それを収録した1955年の学会誌「公法研究」13号には，鈴木安蔵「社会主義国家における表現の自由」同27頁以下，山本桂一「フランスにおける表現の自由」同46頁以下，田上譲治「ボン憲法と表現の自由」同58頁以下が所収されている。また山本桂一は，この時期に詳細にフランスの表現の自由を論じるとともに(山本桂一「フランスの表現の自由──フランスの基本的権利及び自由の法的考察(1)～(4・完)」国家学会雑誌70巻11・12号(1956年) 857頁以下，同71巻1号(1957年) 30頁以下，同71巻4号(1957年) 387頁以下，同71巻10号(1958年) 985頁以下)，山本桂一「言論の自由(1)(2・完)」国家学会雑誌72巻11号(1958年) 41頁以下，同72巻12号(1958年) 42頁以下も執筆している。後者の論文で採用されている方法論は，「言論の自由における『言論』及び『言論の自由』の内容を明確に定め，その中から不純余剰の異質的要素を抽出捨象して言論の自由の合理的内容を定める」というものであり(山本「言論の自由(1)」・52頁)，これはⅡ2(3)で後述するエマーソンの「表現/行動」区別論と同型のアプローチである。

（2）「明白かつ現在の危険」

さて，この時期に表現の自由論との関係で大きな問題となっていたのは，公安条例と破壊活動防止法（以下，破防法）であった。

公安条例は，1948年に大阪市が，「神戸，大阪における朝鮮人騒乱事件，中之島中央公会堂事件等にみられた当時の不穏な治安情勢に対処するため，地方出先占領軍当局の示唆ないし勧告のもとに[16]」制定した「行進・示威運動及び公の集会に関する條例」を嚆矢とする[17]。その後，「連絡調整中央事務局から公安条例の総司令部及び法務庁の二つのモデルが示され」，「このモデルに倣って大阪市が旧条例の内容を改めて新条例……を制定したのをはじめ，全国各地でもこの条例があらたに制定されるに至った[18]」。それらの公安条例は，「当初から違憲であるとの主張が強く，制定にたいしては各地ではげしい反対運動が展開された[19]」。

また昭和27年〔1952年〕に破防法が制定されたが，「破防法は，戦前の治安維持法に比べてより悪法と意識されただけでなく，占領中の特審局を公安調査庁として拡充し，これに戦前の特高警察的任務を与えることが不安感を増大し，7年にわたる長期の占領状態から脱却したという解放感も大いに作用して，表現の自由を守る一大国民運動として嘗てその比を見ない規模で反対運動が展開されたのであった[20]」。

この公安条例や破防法の違憲性を説く際に学説が大きく依拠したのが，アメリカの判例法理のなかで展開してきた「明白かつ現在の危険」の原則である。河原，伊藤をはじめ，多くの論者によって精力的に日本に紹介された[21]この基準は，しかし，1951年のデニス判決（Dennis v. U.S., 341 U.S. 494（1951））によって，すでに法理の核心部分が骨抜きにされていた[22]。それにもかかわらず，日本にお

---

(16) 相内俊雄「公安條例をめぐる諸問題」公法研究13号（1955年）63頁。
(17) 大阪市条例の制定に関して，長谷川正安「調査『公安条例』を追って」法律時報21巻7号（1949年）31-36頁を参照。公安条例に関しては，尾崎治『公安条例制定秘史──戦後期大衆運動と占領軍政策』（柘植書房，1978年）も参照。大阪市条例よりも前に，1948年6月28日の福井大地震を機に，同年7月7日に福井市が制定した「災害時公安維持に関する条例」が最初の公安条例とされることもあるが，災害時に関するものであり，現在の一般的な公安条例とは異なる。
(18) 相内・前掲注(16)64頁。
(19) 阿部照哉「集団行進の事前規制──公安条例」ジュリスト500号（1972年」50頁。公安条例に関する判例の動向を整理したものとして，江橋崇「公安条例判決の動向」ジュリスト377号（1967年）66頁以下，同「公安条例判決の動向」ジュリスト605号（1976年）14頁以下が参考になる。
(20) 星野安三郎「憲法問題の10年」法律時報30巻1号（1958年）97頁。

いては,「本条〔憲法21条〕に関して採用されるべき『公共の福祉』の内容も,それ〔明白かつ現在の危険〕に従って解すべきものと思われる(23)」とか,「この理論がわが国における表現の自由の保障に妥当することには疑問の余地がないと思われる。多くの学究者および判例にもこの態度がみられるのは決して理由のないことではない(24)」,「有力な,そして恐らくは唯一の正当な基準を示したもの」で,「一般的にいって言論出版更には集会の自由制限の許される基準としてはおそらくはこの原則によるより他はないだろう(25)」などとされ,「たんに表現の自由制約基準のひとつとしてではなく,公共の福祉に対抗する,少なくとも表現の自由一般に通有すべき基準＝『原則』として喧伝され(26)」,「一種独特な,あえて言えば神格化された色彩(27)」を帯びたものであった(28)。

(3)「輸入」の特徴

「明白かつ現在の危険」は,**新潟県公安条例事件**（最大判昭29・11・24刑集8巻11号1866頁）で一部取り入れられたり,下級審において言及されたりするなど(29),一定の意義を有したことは確かである。しかし,「明白かつ現在の危険」はあた

---

(21) 代表的なものとして,青井英五郎「明白且つ現在の危険の法則――破防法に関連して」自由と正義3巻10号（1952年）2頁以下,宮崎啓一「米法における言論の自由と明白かつ現在の危険の法則」法律時報27巻3号（1955年）78頁以下,久保田きぬ子「『明白且つ現在の危険』の原則小論」国家学会雑誌70巻6号（1956年）345頁以下,横川博「『明白かつ現在の危険の原則』覚書」三重県立大学研究年報第一部人文社会科学3巻1号（1958年）55頁以下等を参照。
(22) 堀部政男「基本的人権――表現の自由を中心として」ジュリスト600号（1975年）168頁は,明白かつ現在の危険は,「アメリカにおいては,さまざまな批判を受けて,現在では,ほとんどかえりみられていない」と記している。
(23) 宮沢俊義『日本国憲法』（日本評論新社,1955年）247頁。
(24) 清水睦「『明白にして現在の危険』原則の適用について」同『日本国憲法の位相』（日本評論社,1967年）221頁〔初出は1959年〕。
(25) 佐藤功『憲法（ポケット注釈全書）〔初版〕』（有斐閣,1955年）153,154頁。なお同書の新版では,明白かつ現在の危険の基準は,「言論の自由に可能な限り法的保護を与えるものとして正当であり,有効な基準であるということができる」が,「『唯一・絶対の基準』ではない」とされている。佐藤功『憲法（上）（ポケット注釈全書）〔新版〕』（有斐閣,1983年）343-344,348頁。
(26) 渡辺「表現の自由理論史」・前掲注(1)58頁。
(27) 奥平康弘「表現の自由」同『表現の自由Ⅰ――理論と歴史』（有斐閣,1983年）71頁〔初出は1965年〕。
(28) 例えば,旅券発給拒否処分に関する帆足計事件（最大判昭33・9・10民集12巻13号1969頁）の上告趣意において,「明白かつ現在の危険」がなければ旅券法19条1項5号（現7号）の適用は許されないなどと主張されていたが,ここからも同原則が当時果たした広範な役割を見て取ることができる。

かも「特効薬的レッテル」になってしまい，「この基準の適用範囲，適用の段階，またそのメリットと限界についてはきわめて曖昧なまま」，「この基準自体のもつ限界・欠点についての検討はこの時期にはほとんど全くなされなかった」という特徴を伴っていた[30]。

アメリカにおける「明白かつ現在の危険」は，当初は表現活動に対する法令の適用を違法とするものであったが，1940年代に入って法令の合憲性を審査する基準として用いられるようになり，先に触れたように1950年代に衰退した。当時の日本の学説が，この基準の役割の違い──違憲審査基準か可罰性判定基準か──についてどこまで自覚的であったかは疑わしく[31]，「わが国では，このテスト〔明白かつ現在の危険〕の適用に消極的な最高裁判例に対し，学説はむしろ積極的に，被告人の有罪無罪の判定基準としてだけではなく，さらに立法そのものの合憲性判定基準としても，危険のテストが広く妥当すると解する見解がきわめて有力[32]」であった。

この点に関して，奥平康弘は，「この理論が真に意味あるのは，立法の合憲性を吟味するためのものに他ならない」にもかかわらず，破防法違反事件に関するいくつかの下級審判決で論じられた「明白かつ現在の危険」は，破防法の合憲性審査ではなく，被告人の有罪無罪決定のために持ち出されたことについて，そして，公安条例違反事件に関するいくつかの下級審判決で「明白かつ現在の危険」が論じられたが，「この理論そのものは，事後処罰立法に関わっているのであって，公安条例の如き事前規制との関係でこれが持ち出されるのは，誤りだけでなくて，剣呑である」と批判しているが[33]，かような判例における同法理の用いられ方の責任の一端が，学説による同法理の輸入の仕方にあったことは明らかである[34]。この点について，佐藤幸治は，「アメリカにおけるこの原則のかつてのはなばなしい活躍に強い印象をもつわが国の憲法学説は，裁判所と違って現実問題

---

(29) 江橋崇「資料・公安条例に関する主要判例一覧表〔24年11月～42年6月〕」ジュリスト377号（1967年）72頁以下，および角替晃「資料・公安条例に関する判例一覧表〔昭和41年3月～50年12月〕」ジュリスト605号（1976年）36頁以下が便利である。
(30) 渡辺「表現の自由理論史」前掲注（1）58-59頁。
(31) 奥平・前掲注(27)67頁。
(32) 芦部信喜「現代における言論・出版の自由──その機能と限界の一断面」同『現代人権論──違憲判断の基準』（有斐閣，1974年）162頁〔初出は1968年〕。
(33) 奥平康弘「『明白にして現在の危険』理論について」奥平・前掲注(27)所収126頁〔初出は1962年〕。他方で，伊藤正己『憲法〔第3版〕』（弘文堂，1995年）317-318頁は，「明白かつ現在の危険」の「本来の性格」は，「言論の自由の優越的地位にてらして言論に対する規制立法の適用を限定するという働きをもつもの」であるから，それに照らすと，「進んで法律そのものの合憲性判断の基準として役立つか疑問」としている。

に直面してそれを適用することの難しさ・微妙さを味わう必要のない気安さも手伝ってか，この原則の持つ欠点や限界を余り意識することなく，一種の切札としてともかく危険の原則の全面的妥当性を要求することになったのかもしれない(35)」と指摘している(36)。

(4) 意　義

もっとも，「新憲法を解説・説明する社会的必要性，憲法の諸原理の定着という課題，さらに，続出した治安立法に対する批判の緊急的必要性と憲法改正問題への参与などの社会的要請に応えんとする実践的契機は，この領域〔表現の自由論〕に関する原理的研究や科学的分析を十分に成熟させる余裕を与えなかった(37)」という事情，さらには，この時期，「アメリカの学説や判例の動きを導入するにあたっては，日本の社会との対応が考慮されなければならないこと，また，形式的な基準だけでは具体的状況において融通性を欠く場合があること，は意識されていた。しかし，とりあえずは，理念のもつ形式性がもつ力に大きな期待が寄せられていたといって，誤りはないであろう(38)」といった事情も，踏まえておく必要がある(39)。

そうしたなか，河原の次の指摘は，当時の表現の自由論を示すものとして重要である。「『明白且現在の危険の原則』の重要性は，その言葉にあるのではなく，その思想にあるのである。それは，自由を原則とし，制限を例外とするものであり，従って表現の自由を制限した法律は，合憲と推定されないことである。私は，『明白且現在の危険』を公式として採用するか否かは別として，憲法第21条は，この趣旨に基き解釈さるべきであると思う。裁判所が言論を制限した法律を合憲

---

(34) 清水睦は，比較的早い時期から，同原則の「適用を一定範囲に限定し，その範囲内において適用の方法を具体的に理論づけていくことは，この原則のもつ物神性に幻惑されぬために欠くことのできない作業と考えられる」と指摘していた。清水睦「『明白にして現在の危険』原則の適用をめぐる問題——破防法38Ⅱ2事件の判例を中心にして」公法研究22号（1960年）146頁。
(35) 佐藤幸治「明白かつ現在の危険」小嶋和司編『憲法の争点〔増補〕』（有斐閣，1980年）66頁。
(36) ある程度の時代が過ぎた後の「明白かつ現在の危険」の検討として，佐藤・前掲注(35)，浦部法穂「明白かつ現在の基準」芦部信喜編『講座憲法訴訟　第2巻』（有斐閣，1987年）243頁以下，木下智史「違憲審査基準としての『明白かつ現在の危険』基準・再考」初宿正典ほか編『国民主権と法の支配　佐藤幸治先生古稀記念論文集〔下巻〕』（成文堂，2008年）295頁以下等を参照。
(37) 江橋崇「政治的表現の自由」法律時報41巻5号（1969年）61頁。
(38) 浜田・前掲注(1)141-142頁。

とする場合には，相反する二つの公益の比重を指摘し，制限が正当とされる所以を懇切に説明すべきであり，『言論の自由は公共の福祉により調整される』の一言をもって処理さるべきではない。それは寧ろ宣言を原則とし，自由を例外とするに等しいものである[40]」。

III　表現の自由論の展開

1　比較衡量論

（1）「公共の福祉」論からの前進？

初期の最高裁判例における抽象的な，人権の外在的制約としての「公共の福祉」論一般への対抗として，「一部研究者から真の『公共の福祉』論は，基本的人権を保持する利益と，これを制約しなければ確保し得ない社会または国家の側の利益とを比較衡量し，後者の利益がより大きい場合，ここに基本的人権の制約根拠たる『公共の福祉』を認めるべしと提言された[41]」。その代表例として，「一体，何が『公共の福祉』であり，それを理由として基本的人権を制約し得るかを決定するに当たっては，抽象的にいえば，その基準は要するに基本的人権を制限することによって得られる利益と，それを制限しないで置くことによって得られる利益とを比較較量して，前者の利益が後者の利益よりも価値が高いと認められる場合に，それを『公共の福祉』の要請であるとして基本的人権を制限し得る，というように考えるよりほかはない[42]」とする佐藤功の立場を挙げることができる

---

(39)　「明白かつ現在の危険」は，その後，戸別訪問の禁止を定める公職選挙法138条の規定の適用に関して，下級審で何度か言及されたことがある（東京地判昭42・3・27判時493号72頁，和歌山地妙寺簡昭43・3・12判時512号76頁）。しかしその解釈は，最高裁によって明示的に否定され（最判昭42・11・21刑集21巻9号1245頁，最判昭44・2・6集刑170号225頁を参照），大法廷において，「いま，これを変更する必要は認められない」とされた（最大判昭44・4・23刑集23巻4号235頁）。川北洋太郎「政治的自由の限界 —— 選挙，戸別訪問，ビラ貼り等」ジュリスト500号（1972年）43頁以下も参照。その後も「明白かつ現在の危険」を根拠に同条の違憲性が主張され，実際に違憲判断を下した裁判例も出現したが（広島高松江支判昭55・4・28刑集35巻4号418頁），後述する戸別訪問合憲判決（最判昭56・6・15刑集35巻4号205頁）にて，改めて理由が詳細に示されたうえで合憲であることが確認されている。

(40)　河原畯一郎「表現の自由について」公法研究13号（1955年）23頁。

(41)　奥平康弘「憲法の解釈」法律時報46巻1号（1974年）25頁。

(42)　佐藤功「公共の福祉」同『憲法解釈の諸問題 第2巻』（有斐閣，1962年）182頁〔初出は1956年〕。もっとも，「公共の福祉からの制約は権利・自由の性質に応じて異なる形をとる」として，表現の自由については，「その由来と性質からいってできる限り国家権力からの制限を排除しなければならないものである」としている。同上・183頁。なお，佐藤（初版）・前掲注(25)105-106頁も参照。

だろう⁽⁴³⁾。

　このような比較衡量論——論者によって，利益衡量と称される場合があり，また考量，較量という字が用いられる場合があり，各々ニュアンスが異なるものの，以下ではそれらすべてを互換的に用いる——について，奥平康弘は，1965年の論文で，「表現規制立法も含め，所詮すべての人権規制立法は，制約されようとする人権の中に包蔵される利益とそれを規制する利益との，つまりは対立する諸利益の比較衡量において，合憲・違憲が判定されるほかない」という見解が，潜在的には多くの論者の間で「支配」していると想像されると評したが⁽⁴⁴⁾，かような学界の雰囲気が，上述した最高裁の抽象的な「公共の福祉」論からの一定の変化をもたらしていったように思われる⁽⁴⁵⁾。

（２）判例とその評価

　昭和40年代に入り，最高裁は，表現の自由を含む人権制約を「公共の福祉」のみを根拠に合憲とする論調を変化させ，対立する法益を個別的に衡量する姿勢を見せるようになる⁽⁴⁶⁾。

　比較衡量の姿勢を示したこの時期の著名判例として，表現の自由に関するものでは，「**悪徳の栄え**」**事件**（最大判昭和44・10・15刑集23巻10号1239頁）で比較衡量を明示的に否定した多数意見の立場を批判した少数意見，**博多駅事件**（最大決昭44・11・26刑集23巻11号1490号），表現の自由以外の判例では，労働基本権に関する**和教組事件**（最大判昭40・7・14民集19巻5号1198頁），**全逓東京中郵事件**（最大

---

(43) 芦部信喜「人権判例と憲法学説」同『人権と憲法訴訟』（有斐閣，1994年）431-432頁〔初出は1986年〕。
(44) 奥平・前掲注(27)54頁。
(45) 高橋和之「審査基準論——個別的衡量論と『絶対主義』のあいだ」ジュリスト1089号（1996年）168-169頁は，「判例が昭和40年代に利益衡量論を採用するにいたった背景には，通説となった宮沢説からの影響を無視することはできないであろう。いわば，公共の福祉の内容を人権間の調整と捉えた宮沢説と，判例の『人権と公共の福祉』の対立図式との交錯点が利益衡量論であったということができる」と述べている。
(46) 芦部信喜〔司会〕＝大野正男＝香城敏麿＝杉原泰雄＝園部逸夫「研究会・憲法判例の30年——学説と実務との関連において」ジュリスト638号（1977年）453頁〔大野，園部発言〕，山川洋一郎「利益衡量論」芦部信喜編『講座憲法訴訟 第2巻』（有斐閣，1987年）304頁，石村・前掲注(1)302頁などの指摘を参照。なお，上記研究会において芦部は，「日本の場合は特にアメリカ法が中心になって憲法判例に引用されたり使われてきたと思うのですが，こういうような研究の積み重ねが40年代の判例の動向に大きな影響を与えたのではないかと私も思います」と述べている（同上・456頁）。これに対して，憲法訴訟論の意義を過大評価してはならないとする，安念潤司「憲法訴訟論とは何だったか，これから何であり得るか」論究ジュリスト1号（2012年）134頁も参照。

判昭和41・10・26刑集20巻8号901頁），**東京都教組事件**（最大判昭44・4・2刑集23巻5号305頁）などを挙げることができる⁽⁴⁷⁾。

そしてこうした最高裁の姿勢は，学説から一定の支持を受けた。例えば，「悪徳の栄え」事件について，「13名中6名の最高裁裁判官によって，『比較衡量』が可罰性判定，法令適用の違憲性（すくなくとも違法性）判定にあたって重視すべきだとされたのであり，わが最高裁判例の基調が，いわば，実質的には『比較衡量』もなしに『公共の福祉』を優先させるものであったがゆえに，人権とその制約論理とを実質的に同列において『比較衡量』するということ自体が，積極的意義をもっていることは，じゅうぶんに承認されるべき⁽⁴⁸⁾」とか，「こうした比較衡量の手法は，もっぱら制約する側の利益にしか着目しない，従来の紋切り型の『公共の福祉』論による基本権の制約と比べ，制約される側の権利・利益についても一定の注意を払おうとする姿勢を示している点において，わが国の判例の発展の中で重要な意義を有しているものといえる⁽⁴⁹⁾」，などと指摘されているとおりである。

2　学説と比較衡量

（1）比較衡量論への懐疑

日本の判例が採用した比較衡量論に対する一定の肯定的評価の背後には，「アメリカにおける利益衡量論が，それまで最高裁判所を支配していた『明白かつ現在の危険』の基準に対抗して生じた」ものであり，「その基準が厳格にすぎるとし，そのような柔軟性に乏しいルールで具体的に多彩な内容をもつ憲法問題をわりきることに反対し，司法消極主義の立場と結びついた利益衡量によって，いわば合憲のための論理を構築しようとするもの」であったのに対して，日本では，「一般に，公共の福祉論を脱皮して，むしろ司法積極主義に近づこうとする志向をもっ

---

(47) もっとも，この時期においても，従来型の「公共の福祉」論を展開して表現の自由に対する制約を合憲とする判例もみられる。山口・前掲注（1）43頁は，**大阪市屋外広告物条例事件**（最大判昭43・12・18刑集22巻13号1549頁），**戸別訪問禁止事件**（最大判昭44・4・23刑集23巻4号235頁），**ビラ貼り軽犯罪法違反事件**（最大判昭45・6・17刑集24巻6号280頁），を挙げつつ，「表現の自由の領域では，この時期〔1966年から1973年のこと〕の最高裁判例には何らの変化も見られない」，「『公共の福祉』論を脱皮する新たな動向は，ここでは一切見られない」としている。しかし本文で記したとおり，表現の自由に関するすべての事案において従来型の「公共の福祉」論が支配したわけではなかったことは確認しておくべきである。

(48) 樋口・前掲注（8）40-41頁。

(49) 浜田純一「基本権の限界」杉原泰雄編『講座・憲法学の基礎2 憲法学の基礎概念Ⅱ』（勁草書房，1983年）269頁。

ている」点で「対照的」であり⁽⁵⁰⁾,「わが国の司法に関するかぎり,一定の進歩的役割を果たしていることは否定できない⁽⁵¹⁾」という事情が存している。

　このようにアメリカでは,上述した来歴から,比較衡量論に対する批判が少なくなかった⁽⁵²⁾。そして日本の憲法学説も,比較衡量論を肯定的に捉える論調が多かったものの,アドホックな利益衡量が表現の自由に対する審査として問題を孕むものであることを,アメリカにおける利益衡量論批判を踏まえながら早くから指摘してきた。ここではその代表的論者として,1960年代に表現の自由論を本格的に展開した芦部信喜と奥平康弘を取り上げたい⁽⁵³⁾。

（２）学説の動向

　芦部は1963年の論文で,比較衡量を「『単なる言葉の遊戯』に終わらせないためには,公共の福祉の理念を人権の性格・種類の異なるに応じて具体化し,より明確ないくつかの基準を構成しなければならない⁽⁵⁴⁾」と早くも指摘していた⁽⁵⁵⁾。そしてかかる見地から,「わが国の学説が表現の自由の制約原理としての公共の福祉の内容を,アメリカ憲法判例にいう『明白かつ現在の危険』のテストにしたがって解釈すべきだと説く」ことについて,「私はこの基準のすぐれた特色を認めつつ,それを過大評価しないで,表現の自由と公共の福祉の関係については,

---

(50) 伊藤正己「憲法解釈と利益衡量論」ジュリスト638号（1977年）201-202頁。この時期のアメリカの状況の詳細は,久保田きぬ子「言論の自由に関するアメリカ判例の一考察——《明白かつ現在の危険》の原則を中心にして」芦部信喜編『憲法の現代的課題 宮沢俊義先生古稀記念』（有斐閣,1972年）254-267頁を参照。

(51) 清水英夫「表現の自由——違憲審査基準とわが国の判例」有倉遼吉教授還暦記念『体系・憲法判例研究Ⅱ 基本的人権（１）』（日本評論社,1974年）167頁。

(52) アメリカにおける表現の自由領域での利益衡量論の生成と展開については,山口和秀「アメリカにおける表現の自由論と利益衡量論」岡山大学法学会雑誌20巻３号（1970年）59頁以下,さらに山川・前掲注(46)334-339頁などを参照。アメリカにおける比較衡量論とそれに対する消極的態度の淵源につき,阪口正二郎「憲法上の権利と利益衡量——『シールド』としての権利と『切り札』としての権利」一橋法学９巻３号（2010年）31頁以下等も参照。

(53) 市川・前掲注（１）253頁は,「わが国の表現の自由理論は60年代になり,現在のような形のものとして基本的に確立したといえよう。その際,大きな影響を与えたのが,奥平康弘会員と芦部信喜会員であった」としている。

(54) 芦部信喜「表現の自由」芦部・前掲注(32)所収113頁〔初出は1963年〕。

(55) 芦部は,1968年の論文でも,「いかなる基準を適用する場合であれ,すべてなんらかの比較衡量を欠くことができない」としても,それは,アメリカに見られるような,表現の自由の「優越的自由の理論を前提としない『個別的比較衡量』（ad hoc balancing）のテスト……が,言論の自由と規制の憲法適否を判定する一般的基準として妥当とすることを認める趣旨ではない」と指摘している。芦部信喜「現代における言論・出版の自由」芦部・前掲注(32)所収170-171頁〔初出は1968年〕。

種々の観点から検討がこころみられるべき」とし,「表現の自由の優越的地位は,『明白かつ現在の危険』の基準のほか,表現の自由を制約する立法の合憲性推定の排除,挙証責任の転換,当事者適格の要件の緩和など訴訟手続上の原則をはじめ,思想の発表前にその内容を審査し必要あるとき発表を禁止することは許されないとする『事前抑制』の理論,表現の制限にならぬよう法律を厳格に解釈する原則,表現を文言上制限する法律が不明確な場合に用いられる『漠然性故に無効』の理論などにも具体化される」などと述べるとともに[56],これらの基準と併用して,「表現・行動二分法の基準」を用いることを示した(この点については後述)[57]。周知のとおり,この芦部の仕事は1959年から2年間のアメリカ留学の成果の一部であり,それは憲法訴訟という新しい分野を開拓し,違憲審査基準論を展開して一世を風靡することになる。

　奥平は1965年の論文で,アメリカにおける表現の自由の一般的・抽象的な「優越的地位」の承認と,その「現象形態」として,「明白にして現存する危険」の法理,事前抑制の厳格審査,「漠然性のゆえの無効」の理論,それと結びついた「文面上無効」の理論,「違憲性の推定」の理論を挙げ,アメリカにおける議論状況をフォローするなどしているが[58],そうしたアメリカにおける議論状況を踏まえて,日本においても,「利益衡量説は,このように,結果的・傾向的には,精神的自由規制領域についても,他の諸自由の規制領域と基本的にことならないアプローチをとるものであるがゆえに,その終局形態においては,広義における優越的地位も否定されるし,その個々の現象形態たる諸理論も,多かれ少なかれ特定事件の比較衡量の下で修正・破棄されるということになるであろう[59]」と批判している。さらに奥平は,「日本憲法学が『公共の福祉』論以来,あまりにも基本的人権一般の制約論にかかわりすぎているようにおもう。……必要なことはむしろ,個々の基本的人権を憲法価値体系の星座のなかに位置づけ,そこに支配する原則なり意義なりを明らかにしたうえで,考えられうる社会諸関係との対応に応じた制約の基準を考察することであろう[60]」とし,「人権の限界は,広い意味において,対立する諸利益・諸価値の比較衡量により,設定されるということを認容するとしても,無手勝に比較衡量することを(その場合には,なんの理論も介在する余地がない)肯定するのでないかぎり,結局のところ,それぞれの人権

---

(56) 芦部・前掲注(32)113-116頁。
(57) 同上・119頁。
(58) 奥平・前掲注(27)22-34頁。
(59) 同上・56頁。
(60) 奥平・前掲注(41)26頁。

の特質に即して，比較衡量のために拠るべき客観的な基準を設定することが不可避となる。そしてこの作業は，……どんな人権にも，また，どんな事案関係・社会関係の差異をも超越して，適用しうるものをもとめる方向でなされるべきではないであろう[61]」として，表現の自由の理論の必要性を指摘している。（Ⅴ2（1）（2）も参照）

（3）エマーソンの影響

このように日本でも，表現の自由の領域における比較衡量論は，一定の懐疑を伴って議論されたのであるが[62]，芦部や奥平の業績に代表されるこの時期の表現の自由論は，1963年にアメリカの憲法学者トマス・エマーソン（Thomas I. Emerson）によって著された論文[63]から極めて強い影響を受けたものであった[64]。後に書籍化されることになるこのエマーソン論文は，『修正1条の一般理論に向けて』と題されているように，表現の自由論の体系的理解を目指そうとするもので，アメリカにおいても画期的であった。

同書でエマーソンは，まず，現在においても教科書等で引き合いに出される表現の自由の原理論，すなわち，民主社会における表現の自由の価値・機能として，①個人の自己実現，②真理への到達，③政策決定への参加，④安定と変化の間の均衡を提示する[65]。そして，かかる表現の自由の価値・機能に照らして，「近年連邦最高裁判所の多数意見または少数意見によって宣言されてきた主要な教義」である，「悪質な傾向のテスト」，「明白かつ現在の危険のテスト」，「個別の衡量」，「絶対テスト」の問題点を指摘し，「いずれも，表現の自由の体系に対して適切な

---

(61) 奥平康弘「人権の限界」芦部信喜＝池田政章＝杉原泰雄編『演習憲法（演習法律学大系2）』（青林書院新社，1973年）194頁。

(62) かような憲法学説の動向は，他の法領域における利益衡量論の興隆──とりわけ民法学におけるそれ──と対比すると，大変興味深い現象である。この点に関連して，浦部法穂「利益衡量論」公法研究40号（1978年）89頁以下も参照。

(63) Thomas I. Emerson, *Toward a General Theory of the First Amendment*, 72 YALE L. J. 877 (1963). のちに THOMAS I. EMERSON, TOWARD A GENERAL THEORY OF THE FIRST AMENDMENT (1966) として書籍化される。書籍化版の邦訳として，T・I・エマーソン（小林直樹＝横田耕一訳）『表現の自由』（東京大学出版会，1972年）がある（以下では邦訳の該当箇所を参照する）。

その他，エマーソンの表現の自由論については，T・I・エマソン＝木下毅『現代アメリカ憲法』（東京大学出版会，1978年）86-201頁，トマス・I・エマスン（木下毅訳）「合衆国憲法第1修正の法理とバーガ・コート（第1回）〜（第6回・完）」ジュリスト737号（1981年）79頁以下，739号（1981年）80頁以下，741号（1981年）107頁以下，745号（1981年）136頁以下，748号（1981年）90頁以下，750号（1981年）147頁以下なども参照。

(64) 市川・前掲注（1）253頁。芦部や奥平が個別的比較衡量に対する批判を展開する際に大きく依拠していたのも，エマーソンの上記論文であった。

(65) エマーソン『表現の自由』・前掲注(63) 1-22頁。

保護を与えない」として退ける[66]。そのうえで,「表現の自由の体系の基盤にある根本的な諸要因を考慮にいれ,そして表現の自由とその他の社会的諸価値や諸目的とを調和させるために修正第 1 条に具体化された基本的決定を実施するところの,実行可能な法的教義を定式化する」ためには,「『表現の自由』『制限する』および『法』を定義づけること」が必要であるとする[67]。

　まず,「表現の自由の定義」については,①「表現」と「行動」の区別の定式化と,②「根本理論の下で表現の自由が維持されなければならない範囲の外にある社会活動の諸領域の見取図を描くこと」,すなわち,「表現の自由が,すくなくともその古典的形態においては,機能することを意図されていない諸領域」を明らかにするとともに,「自由な表現の領域と異質の領域とが絡み合うような状態に適用できる準則を構築すること」が求められる。次に,「制限する」については,多くの場合難しい問題とはならないが,「規制が表現を直接的に制限するではなく別の目的を達成することを意図しており,表現に対する衝撃が『副次的』ないしは『間接的』である場合とか,規制が表現の自由と他の社会的目的とを調和することに関係なく,コミュニケーションの手段を割り当てたり,〔自由〕の体系の作用を促進しようとすることによって,体系それ自体の枠組のなかで機能する場合とか,政府自体が表現に参与している場合」などにおいて,「制限する」という言葉の実行可能な定義を構築することが求められる。最後に「法」については,「表現の権利を私的(非政府的)権力中枢による制限から保護する修正 1 条の解釈」に関係する[68]。

　このように,1960年に表現の自由論を本格的に展開し,比較衡量論の問題点を剔抉した芦部と奥平が,いずれもエマーソンから多大な影響を受けて議論を展開していたということを確認しておきたい。

Ⅳ　表現の自由論の転機——猿払型審査基準論との対決

1　猿払型の利益衡量と二分論

　学説による「個別的利益衡量」,「裸の利益衡量」批判もあって,昭和40年代後半から最高裁は,より精緻に法令の合憲性を論証する姿勢を見せるようになる。代表的な判例として,**全農林警職法事件**(最大判昭48・4・25刑集27巻4号547頁),

---

(66) 同上・77-102頁。
(67) 同上・102-103頁。
(68) 同上・104-107頁。

猿払事件（最大判昭49・11・6刑集28巻9号393頁），**薬事法事件**（最大判昭50・4・30民集29巻4号572頁）などを挙げることができるが，とりわけ猿払事件は，「当該事案の問題領域を超えて，憲法上最も重要な権利のひとつとされる表現の自由に対する最高裁の範型的な『法理判決』として注目され，これと対峙することが，他の問題領域にも及びうる『判例理論』批判を準備するために不可欠の作業になると憲法学が判断した(69)」とも評されるほど，憲法学へのインパクトを与えた判決であった(70)。

　猿払判決の多数意見は，いわゆる「猿払基準」――「禁止の目的，この目的と禁止される政治的行為との関連性，政治的行為を禁止することにより得られる利益と禁止することにより失われる利益との均衡の三点から検討することが必要である」――を提示し，それに基づいた検討を行い，国公法の規定を合憲とした（と理解された）。このうち，本稿の目的に照らして注目したいのは，猿払基準の3番目の「利益の均衡」，すなわち，利益衡量(71)の検討場面において，「公務員の政治的中立性を損うおそれのある行動類型に属する政治的行為を，これに内包される意見表明そのものの制約をねらいとしてではなく，その行動のもたらす弊害の防止をねらいとして禁止するときは，同時にそれにより意見表明の自由が制約されることにはなるが，それは，単に行動の禁止に伴う限度での間接的，付随的な制約に過ぎず，かつ，国公法102条1項及び規則の定める行動類型以外の行為により意見を表明する自由までをも制約するものではな」い，という二分論を展開したことである(72)。

---

(69) 蟻川恒正「合憲であることの定型的論証としての猿払基準」長谷部恭男ほか編『高橋和之先生古稀記念　現代立憲主義の諸相（下）』（有斐閣，2013年）371頁。

(70) 例えば，猿払判決に対する，「最高裁が，昭和30年代までのように抽象的な公共の福祉論を使うことなく，違憲審査基準を具体的に提示していることは判例理論の発展として評価できるものである」という指摘（中村睦男『憲法30講〔新版〕』（青林書院，1999年）22頁）を参照。

(71) 奥平は，この「利益の均衡」について，「これが伝統的『公共の福祉』論に代わって登場し，それじたいとしてはおおかたの賞讃を博しつつあるところの『比較衡量』論・『利益均衡』論にほかならない」と評している。奥平康弘「猿払事件等最高裁判決と表現の自由」同『表現の自由Ⅲ――政治的自由』（有斐閣，1984年）312頁〔初出は1975年〕。

(72) 傍点は引用者。猿払判決は，この二分論に基づき，「禁止により得られる利益は，公務員の政治的中立性を維持し，行政の中立的運営とこれに対する国民の信頼を確保するという国民全体の共同利益なのであるから，得られる利益は，失われる利益に比してさらに重要なものというべきであり，その禁止は利益の均衡を失するものではない。」と結論付けている。

2　猿払判決の理解とアメリカ判例・学説の影響

（1）表現の自由の制約態様

　猿払判決の調査官解説を担当した香城敏麿は，同判決の表現の自由論を理解するためには，表現の自由の制約が問題となる法令を次の3つの型に分類することが有益であるという。

　第一が，「表明される意見がもたらす弊害を防止するためにその意見の表明を制約するもの」，第二が，「表明される意見の内容とは無関係に，これに伴う行動がもたらす弊害を防止することを目的とするものであって，それによって生じる表現の自由の制約は付随的な結果にとどまる場合」，第三が，「競合する表現の自由の要請を相互に調整するために意見表明を制約するもの」である。そして，第一の型の例として，「猥褻文書の頒布や内乱の扇動を処罰する法令」，第二の型の例として，「都市の美観や安全を確保するための屋外広告物の規制又は交通や公衆の安全を守るためのデモの規制」，第三の型の例として「放送電波の免許制や集会のための公物利用の許可制」を挙げている[73]。

　香城は，第一の型について，「国が特定の意見の表明を選別し，これに対して否定的な価値判断を加える場合であるから，……それが表現の自由に対して及ぼす直接，間接の抑制の程度は甚しく，その合憲性は，対象となる表現が憲法上の価値を有しないと評価される場合又はその価値の侵害を十分に正当化するに足りるだけの根拠がある場合でなければこれを肯認することができず，単純な利益考量によって合憲性を肯定することは相当でない[74]」とする一方，第二の型については，「表現される意見がどのようなものであるかを問わず，無差別に，特定の行動を規制するのであるから，検閲的な性質を帯びるものではなく，表現の自由に対して及ぼす抑制の効果は間接的・付随的であり，かつ，その程度は低い。対象となる特定の行動によるのでなければ，同一内容の意見を表明することは何ら差支えないのである。もちろん，間接的，付随的なものであっても，その規制により，表現の機会が失われることになるから，行動の規制であるからというだけの理由で直ちにその合憲性を肯定することはできないが，規制をすることにより十分な利益を得られ，かつその利益が付随的に失われる表現の機会の利益を上まわるものと認められるときは，これを合憲としてよいものというべき[75]」と

---

[73] 香城敏麿「政治的行為の規制に関する最高裁猿払判決」同『憲法解釈の法理』（信山社，2004年）59頁〔初出は1977年〕。
[74] 同上・59頁。
[75] 同上・60頁。

している。

　ここで示された第一の型が「意見表明そのものの制約をねらい」とした規制，第二の型が「行動のもたらす弊害の防止をねらいとして禁止する」もので「単に行動の禁止に伴う限度での間接的，付随的な制約」という，猿払判決の二分論に対応するものである[76]。

（2）香城解説とオブライエン・テスト

　ここで注目すべきは，以上にみた香城の考え方が，アメリカの判例・学説の影響を色濃く受けたものだということである。

　香城は，「第一と第二の型の区別は，アメリカ連邦最高裁が，純粋の言論（pure speech）と行動を伴う言論（speech with conduct, speech plus）とを区別するところと近似する点が多い[77]」として，1968年のオブライエン判決（United States v. O'Brien, 391 U.S. 367（1968））に言及している。オブライエン判決は，いわゆる「象徴的表現」の規制が問題となった事案であり，「純粋言論（pure speech）と行動を伴う言論（speech plus）とを区別し，『言論プラス』の表現行為の非言論的要素に対する規制は，ⓐその規制が政府の憲法上の権限内に属するものであり，ⓑ重要または相当な政府利益（governmental interest）を促進するものであり，ⓒその政府利益が表現の自由の抑圧と関連性がなく，ⓓ表現の自由に対する付随的制限（incidental restriction）があったとしても右の政府利益の促進に不可欠な制約以上に大きいものではない，という場合には，正当化されるという立場〔いわゆるオブライエン・テスト〕を明らかにした[78]」判決である[79]。

　そのため，猿払判決流の二分論——アメリカにおける「純粋表現／行動を伴う言論」の区別を踏まえた「直接的規制／間接的・付随的制約」——，そしてその背後にある香城解説に対峙するために，学説としては，オブライエン・テストそのものに対して批判を展開する必要が生じる。例えば，芦部がエマーソンらアメ

---

(76) 香城は，この「直接的規制／間接的・付随的規制」と，「消極規制／積極規制」の組み合わせにより，一定の立法利益を実現するための人権の制約の場面——すなわち，人権同志が衝突する場合の内在的制約の場面ではなく，外在的制約の場面——において，その規制の合憲性を判断する際に利益衡量を行うというのが判例の立場だと考えている。概要につき，香城敏麿「人権に関する判例理論」香城・前掲注(73)28-34頁〔初出は1993年〕。香城理論についての文献は多いが，近時のものとして，木下智史「体制維持のための憲法判断方法論構築——香城敏麿」法律時報88巻8号（2016年）89頁以下を参照。
(77) 香城・前掲注(73)60頁。
(78) 芦部信喜「公務員の政治活動の自由の規制と『合理的関連性』基準」同『憲法訴訟の現代的展開』（有斐閣，1981年）267頁〔初出は1980年〕。

リカの憲法学者の見解を引きながら展開した，オブライエン・テストにおける「純粋言論／行動を伴う表現」の区別に対する批判がその典型である[80]。そこでは，アメリカの判例・学説から影響を受けた日本の判例と学説が，日本という地で代理戦争を繰り広げているかの如くである[81]。

3 「内容規制／内容中立規制」への収斂

（1）「表現／行動」の区別との関係

ここで検討しておきたいのは，かつて芦部がエマーソンに依拠しつつ，「表現／行動」の区別を論じていたことと，猿払判決における「純粋言論／行動を伴う表現」との区別を批判することとの整合性である。一見すると両区別は，同趣旨のようにも見受けられるからである。

芦部は当初，「オブライエン・テストにいう『純粋言論』と『言論プラス』の区別は，T・エマスン教授が首唱する『表現』(expression)と『行動』(action)の区別とは似て非なる基準である[82]」ことを強調し，「表現／行動」の擁護を試みていた[83]。しかし，そもそもエマーソンの「表現／行動」論は，芦部自身も認めるように，日米ともに批判が多い二分論である[84]。また，ブラック判事に代表される「絶対主義[85]」に近い考え方であることから推察されるように[86]，

---

(79) 比較的早い時期に，オブライエン・テストについて詳細な検討を加えた邦語文献として，榎原猛「象徴的表現」同『表現権理論の新展開』（法律文化社，1982年）第2章〔初出は1974年〕を参照。また，紙谷雅子「象徴的表現 ── 合衆国憲法第1修正と言葉によらないコミュニケーションについての一考（1）～（4・完）」北大法学論集40巻5・6号上巻（1990年）1872頁以下，同41巻2号（1990年）974頁以下，同41巻3号（1991年）1282頁以下，同41巻4号（1991年）204頁以下，さらに，長峯信彦「象徴的表現（1）～（4・完）」早稲田大学大学院法研論集67号（1993年）167頁以下，同69号（1994年）197頁，同70号（1994年）321頁以下，早稲田法学70巻4号（1995年）161頁以下も参照。
(80) 芦部・前掲注(78)266-275頁。
(81) 「表現そのものと行動に伴う表現とを一応区別して考える当裁判所の従来の判例」を支持する立論として，徳島市公安条例事件（最大判昭50・9・10刑集29巻8号489頁）の岸盛一裁判官補足意見を参照。
(82) 芦部・前掲注(78)271頁。その違いは，「エマスンの二分法アプローチは，問題の行為……を，表現の自由の目的を考慮し機能的に常識（コモンセンス）を用いて『表現』と『行動』のいずれかに分類し，『表現』とされた行為は完全な保護（full protection）を受けると解するところに，その重点がある。したがって，『行動』は『表現』と峻別され，『言論プラス』のように非言論的要素（行動の要素）と原論的要素（表現の要素）の両者を含む行為ではない」（同上・271-272頁）。
(83) 芦部「合憲性判定基準をめぐる今日的問題点」芦部・前掲(13)所収156-157頁〔初出は1983年〕。
(84) 芦部・前掲注(78)272-273頁。エマーソン自身による批判に対する反論として，エマスン（木下訳）・第6回論文・前掲注(63)151-153頁。

連邦最高裁で多数派に支持されたことのない区別であり，その支持を貫徹することはなかなか困難であった。

そうした事情もあってか，後に芦部は，「どちらの基準〔「表現／行動」と「純粋言論／行動を伴う表現」の区別のこと〕も，要するに表現の自由に言う表現には広くスピーチと解される部分と，どちらかと言えばコンダクトと解される部分があり，この二つは保障の程度を異にするという考え方をとる点では共通性がある」ことを認め，「それに代わる合憲性判定基準を構想するとした場合」，「表現の内容の規制の場合と，表現の時・所・方法の場合とに大別」して審査基準を考えることが妥当であるとし，「この表現内容の規制と時・所・方法の規制は，先に触れた直接的規制と付随的規制に対応するところもありますが，スピーチとコンダクトの区別や，付随的規制というようなわかりにくく立法や解釈の仕方いかんによって変わる可能性のある概念が決め手となっていない点で違います」と述べ[87]，立場を変更している[88]。

(2) 判例の読み替え？

芦部は，1998年に初版が出版された『憲法学Ⅲ　人権各論（1）』において，「表現の自由の規制が許されるか否か，許されるとしてその限度は何か，を判定するための枠組みとして，規制の類型を内容規制と内容中立規制（時・所・方法の規制など）に大別し，異なる違憲審査の基準が妥当すると解するのがアメリカの判例法理であり，私もほぼ同じ二分説に従って違憲審査の基準を構成してきた[89]」

---

(85) 表現の自由の「絶対主義」は，「修正第1条の保障領域においては，政府の権限は一切禁止され，表現の自由は，無条件に，例外なしに守られねばならず，利益の衡量によっても，その制約は正当化されない」という考え方である。山口・前掲注(52)90-91頁。ブラック裁判官の立場についての概観として，町井和朗「ブラック判事と権利章典──法の支配の一考察」『大東文化大学法学部大学院創設十周年記念論文集』（大東文化大学法学部大学院記念事業実行委員会，1989年）37頁以下も参照。なお，この「絶対主義」は，1960年代に，（個別的）利益衡量論に対する批判というかたちで登場し（山口・前掲注(52)85-100頁参照），学説上でもそれなりの支持を受けたが，日本の憲法学に対する影響はほとんどなかったといってよい。
(86) エマーソン自身，絶対主義が「争点を『衡量』のそれとしてよりは『定義づけ』のそれとして形成すること」について，「著者の見るところ，この理論の支持者たちはまったく正しい」としている。エマーソン『表現の自由』・前掲注(63)101頁。
(87) 芦部・前掲注(83)157-158頁（傍点は引用者）。
(88) ただし芦部は，これは「基本的には『憲法講座』の論文〔芦部・前掲注(54)論文のこと〕の考え方を継承し，それと実質的には異ならないと思っております」と述べている。同上・157頁。
(89) 芦部信喜『憲法学Ⅲ　人権各論（1）［増補版］』（有斐閣，2000年）402頁。

という。

　さらに芦部は，日本の最高裁判例はこの二分論を明示的に採用していないとしつつも，猿払判決で示された「意見表明そのものの制約」と「その行動のもたらす弊害の防止をねらい」とする制約との区別，そして，戸別訪問禁止合憲判決（最判昭56・6・15刑集35巻4号205頁）において猿払判決を引用しながら示された「意見表明そのものの制約」と「意見表明の手段方法のもたらす弊害」の防止を目的とする制約との区別に言及し，「前者は，アメリカ法に言う純粋言論（pure speech）と行動を伴う表現（speech plus）を分ける考え方に，後者は，表現内容規制と時・所・方法（time, place, manner）の規制に分ける考え方に近似している」として一応区別する[90]。しかし，「行動を伴う表現の規制も時・所・方法の規制も，アメリカの判例では原則として内容中立規制と解されているので（時・所・方法の規制でも内容規制となる場合もある），それと対比して考えると，日本の判例も，二分説の考え方を明示すると否とを問わず一つの前提としている，とみることは十分に可能であろう[91]」と述べ，猿払判決や戸別訪問禁止合憲判決で述べられた判例の二分論を，「内容規制／内容中立規制」に「対応するもの」，「完全に対応しているわけではないけれどもそれに含まれている」ものと位置付けている[92]。

（3）猿払判決と「内容規制／内容中立規制」

　猿払判決を「内容規制／内容中立規制」という区別に引き付けて理解するのは，

---

(90) 同上・402頁。ここで猿払判決は「純粋言論／行動を伴う表現」を採用していると理解しつつ，猿払判決を引用し，かつ，「猿払事件判決の論法をほぼそっくり準用した所産」（奥平康弘「選挙運動の自由と憲法」同『なぜ「表現の自由」か』（東京大学出版会，1988年）160頁〔ベースとなった論文の初出は1985年〕）と評される昭和56年6月の戸別訪問禁止合憲判決を，「内容規制／内容中立規制」に基づく判例であると理解している点が興味深い。戸別訪問禁止合憲判決自身，猿払判決を，「意見表明の手段方法を制限する立法について憲法21条との適合性に関する判断を示した」判例と位置付けており，ここに読み替えが行われている。

(91) 芦部・前掲注(89)402頁。芦部信喜「人権判例法理の特色」同『宗教・人権・憲法学』（有斐閣，1999年）198頁以下〔初出は1994年〕も参照。

(92) 芦部信喜＝安念潤司〔聞き手〕「憲法判例理論の現在——芦部信喜教授に聞く」ジュリスト1037号（1994年）10，11頁。もっとも，猿払判決の二分論があくまでも利益衡量の枠内で制約の重さを評価するために示されたものであったのに対して，芦部を代表とする学説が採用した「内容規制／内容中立規制」二分論は，違憲審査基準の寛厳を差配するための導入されている点に違いが存している。曽我部真裕「間接的・付随的制約」曽我部真裕ほか編『憲法論点教室』（日本評論社，2013年）99頁。この意味で猿払判決をして比較衡量論を採用した従来の最高裁判例の延長線上に位置づけることができるかが論点となるが，この点については後述する。

学説に限られない。ある研究会において香城は、「内容的規制と内容につき中立的な規制の区別は、直接的規制と間接的・警察的規制という区別を表現の自由について特殊化した区別だと思っております(93)」、「間接的・付随的規制か直接的規制かは、この場合〔戸別訪問禁止のこと〕には内容的規制か内容中立的規制かというふうに置き換えたほうがわかり易いかと思うのです(94)」などと述べ、猿払判決が「内容規制／内容中立規制」に立脚しているという理解を示している。

しかしそもそも、猿払判決の二分論を「内容規制／内容中立的規制」に読み替えて理解できるか疑問の余地がある。一般に学説は、規制を受ける「対象」が表現内容ないし表現が伝達しようとするメッセージであるか否かに着目するのに対して、猿払判決の二分論は、規制側の「ねらい」にもっぱら着目する(95)。そのため、表現を「対象」にしていても、その「ねらい」が表現内容の規制ではない場合——ビラ配り、騒音規制などの「表現に向けられた内容中立規制」すなわち「直接的制約である内容中立規制」——もあれば、表現行為を「対象」としていないが、その「ねらい」が表現内容の規制に向けられている場合——「表現内容を狙い撃ちした表現手段への規制(96)」、すなわち、「表現に向けられていない内容規制」——も想定し得ることになる。「直接的規制／間接的・付随的規制」と「内容規制／内容中立規制」とは、区別対象も指標も異なる以上、類似性があるにしても本質的に別物である(97)。

4　「内容規制／内容中立規制」のその後

（1）支持の拡大と定着

以上のとおり、この時期の判例・学説において、表現の自由に対する規制法令

---

(93) 芦部信喜〔司会〕＝川添利幸＝香城敏麿＝時国康夫＝戸松秀典＝山川洋一郎「研究会・憲法判断の基準と方法」ジュリスト789号（1983年）24頁。

(94) 同上・28頁。この点に関して、駒村圭吾『憲法訴訟の現代的転回——憲法的論証を求めて』（日本評論社、2013年）234-243頁も参照。

(95) ただし香城は、規制の効果にも着目してこの二分論を論じることもあり、判然としない面がある。この点については、阪口正二郎「憲法上の権利の制約類型を考える必要性について——直接的制約、付随的制約、間接的制約をめぐって」高橋滋＝只野雅人編『東アジアにおける公法の過去、現在、そして未来』（国際書院、2012年）280-283頁を参照。

(96) 橋本基弘「表現内容規制・内容中立規制二分論」同『表現の自由 理論と解釈』（中央大学出版部、2014年）211頁〔初出は2011年〕。

(97) この点に関して、横大道聡「表現の自由の『規制』方法」阪口正二郎＝愛敬浩二＝毛利透編『表現の自由とは何か——理論的視座と現況への問い』（法律文化社、2017年）49-55頁も参照。また、猿払判決における「間接的・付随的規制」の捉え方を、その後のアメリカ判例・学説に依拠して批判するものとして、長谷部恭男「表現活動の間接的・付随的規制」同『憲法の円環』（岩波書店、2013年）235頁以下〔初出は2012年〕も参照。

の合憲性を考えるにあたっての目安として，様々な視点ないし評価軸から複数の二分論──「表現／行動」，「純粋な言論／行動を伴う表現」，「直接的規制／間接的・付随的制約」，そして「内容規制／内容中立規制」──が唱えられていた。そうしたなかで学説では，それらの二分論の間には微妙な相違があることが認識されつつも，そしてアメリカの学説に依拠した「内容規制／内容中立規制」それ自体への批判が主張されつつも[98]，表現の自由論としては，「内容規制／内容中立規制」の区別を広く採用した。1983年の段階で，香城は，「内容及び内容中立的な規制という区別については，日本では表立った反論はあまりみられないものの，消極的な学界の雰囲気があるようにうかがわれる[99]」としていたが，それからわずか3年後の1986年の論文において，二分論に批判的な市川正人は，「提唱される具体的な違憲審査の基準につき若干の相違はあるが，〔日本の〕学説上，かなり広く受け入れられている[100]」，「今やこの二分論は憲法学における『公理』となっている感もある[101]」と記しており，そこに二分論の急速な支持の拡大を見て取ることができる。

　アメリカにおいても，「内容規制／内容中立規制」は，「1970年代半ば以降，合衆国最高裁判所における表現の自由理論として支配的な地位を獲得していった。おそらく，合衆国最高裁判所史上最も包括的・一般的な審査枠組みとして判断を支配してきた[102]」ものとされる。その経緯を詳述する余裕はないが，香城が参

---

(98) 長岡徹「表現の自由と規制類型論──表現内容に基づく規制と内容中立的規制区分論の検討（一）（二・完）」香川大学教育学部研究報告第1部68号（1986年）71頁以下，同69号（1997年）91頁以下，および市川正人「表現内容の規制・内容中立的規制二分と表現の自由（一）～（三・完）」三重大学法経論叢4巻1号（1986年）1頁以下，同5巻1号（1987年）31頁，同7巻1号（1989年）1頁以下を参照。また，市川正人「表現の内容規制・内容中立的規制二分論」長谷部恭男編『リーディングズ現代の憲法』（日本評論社，1995年）99頁以下も参照。（いずれの論文も，市川正人『表現の自由の法理』（日本評論社，2003年）加筆修正のうえで収録されている。以下，この書籍から引用する）。さらに，浜田純一「言論の内容規制と内容中立規制」高橋和之＝大石眞編『憲法の争点〔第3版〕』（有斐閣，1999年）98頁以下，佐々木弘通「言論の内容規制と内容中立規制」大石眞＝石川健治編『憲法の争点』（有斐閣，2011年）118頁以下も参照。
(99) 芦部ほか「研究会」・前掲注(93)28頁〔香城発言〕。
(100) 市川・前掲注(98)211頁。
(101) 同上・75頁。
(102) 橋本・前掲注(96)218頁。また，紙谷雅子「表現の自由（一）──合衆国最高裁判所にみる表現の時間，場所，方法および態様に対する規制と，表現の方法と場所の類型」国家学会雑誌101巻1・2号（1988年）10頁も，「純粋な言論／行動を伴う言論」，エマーソンの「表現／行動」に触れつつ，「表現活動に対する規制に関する伝統的なアプローチは，表現の内容に対する規制と表現の形態に対する規制とを区別するものである」（傍点は引用者）と述べている。

考にした1968年のオブライエン判決で示されたオブライエン・テストにおける「純粋な言論/行動を伴う表現」の区別が,アメリカ連邦最高裁において「非常に政府有利に適用されるため,多くの事例において,政府の規制が内容中立である限り,当該行為が『言論』に分類されるか否かはほとんど意味をなさない。対照的に,政府の規制が抗議者の意図したメッセージを根拠にしたものであれば,当該抗議者によるコミュニケーション行為を否定することはできない。このようにして,決定的な問いは『被告人の行為は表現を構成するものであるか』ではなく,『政府の規制は内容に基づいているか』なのである[103]」と指摘されているように,これが紆余曲折の末,「内容規制/内容中立規制」に収斂していき,判例上確立したとされる[104]。

このことから,日本における二分論の構築に際しても,アメリカの判例・学説の影響[105]があったことが容易に推察されよう[106]。

---

(103) DANIEL FARBER, THE FIRST AMENDMENT 40 (3d. ed. 2010).
(104) このような理解に対し,高橋・前掲注(45)170頁は,「内容規制と内容中立規制の区別という発想は,利益衡量論的アプローチからというよりは,絶対主義的アプローチからきたものであり,両者が利益衡量の枠付け論において融合したととらえるのが,アメリカの判例理論の歴史的展開に即した理解ではなかろうか」と述べている。
(105) アメリカの学説における「内容規制/内容中立規制」二分論については,ジェフリー・ストーン (Geoffrey R. Stone) の研究が著名であり,日本でもしばしば参考にされているが,代表的な論文である Geoffrey R. Stone, *Content Regulation and the First Amendment*, 25 WM. & MARY L. REV. 189 (1983) が,「現代の修正1条の法理の特徴としてもっとも興味深いであろうことは,表現の内容に基づく制約と表現の内容中立的な制約という区別がますます用いられていることである」,という一文から始まっていることが示しているように,ストーンは,判例が採用している区別の理論的根拠について検討を加えようとしたのであった。ストーンの議論の詳細については,橋本基弘「表現内容規制・内容中立規制二元論——Geoffrey R. Stone 理論の限界と可能性」高知女子大学紀要40巻 (1991年) 79頁以下を参照。アメリカの判例の動向については,奈須佑治「表現の自由保障における内容中立性原則 (Content Neutrality Principle) の一考察——アメリカの判例・学説を素材として」法学ジャーナル74号 (2003年) 475頁以下も参照。
(106) 芦部・前掲注(89)402頁は,「内容規制/内容中立規制」の二分論が「アメリカの判例法理」であり,自分はそれと「ほぼ同じ二分説に従って違憲審査の基準を構成してきた」と述べている。ただし芦部は,「表現内容中立規制といっても,……内容規制と明確に区別できないうえに,種々の類型があり,かつ,規制立法の目的や規制される行為をめぐる状況も事件によって異なるので,合憲性の判定基準を一様に考えることはできない」としており (同上・434頁),内容中立規制と一対一で対応する審査基準を構想していたわけではないことに注意が必要である。この点につき,宍戸常寿『憲法 解釈論の応用と展開〔第2版〕』(日本評論社,2014年) 135-138頁,また駒村・前掲注(94)248-249頁等も参照。

(2) 定義づけ衡量論について

いまや，一般的な憲法の教科書のほとんどが，基本的にこの二分論の枠組みを前提に執筆されていることからも，「内容規制／内容中立規制」の日本における強固な定着を見ることができるが，内容規制の箇所で，「定義づけ衡量論（definitional balancing）[107]」に触れるのが通例となっていることに関してコメントしておきたい。

代表的な体系書では「定義づけ衡量論」は，「・内・容・規・制・の・合・憲・性・審・査・の・テ・ス・ト としてアメリカの憲法判例で確立した考え方[108]」として紹介され，「アメリカの判例・学説上，低い価値の言論（low value speech）と称されて議論されている性表現，名誉毀損的表現，営利的表現，憎悪表現……の規制の合憲性は，先に説明したとおり……，定義づけ衡量（definitional balancing）ないし範疇的衡量（categorical balancing）と呼ばれる手法によって合憲性を判断するのが妥当であろう[109]」などとされている。しかしアメリカでは，「《明白かつ現在の危険》の原則に代わって用いられた『利益較量』の考え方は，結局，修正第１条の規定の空文化をもたらし，言論の自由を必ずしも保障するものではない。他方，言論の自由の保障の『絶対性』の主張にも同調できず，ここにそのいずれでもない第三の考え方として示された[110]」のが，「定義づけ衡量論」であったとされる。このように，それが内容規制の合憲性審査のテストとして発展してきたものであるかは議論の余地がある。しかしここでは，日本における「定義づけ衡量論」という手法についても，アメリカの判例・学説の影響を受けたものであることを指摘するにとどめる。

---

(107) 「定義づけ衡量」論は，メルヴィル・ニマー（Melville B. Nimmer）の説として引かれることが多い。Melville B. Nimmer, *The Right to Speak from Times to Time: First Amendment Theory Applied to Libel and Misapplied to Privacy*, 56 CAL. L. REV. 935 (1968). 早い時期における詳細な検討として，榎原猛「限界確定衡量（類型別衡量）テスト」榎原・前掲注(79)所収第１章〔ベースとなった論文の初出は1981年〕を参照。定義づけ衡量論と内容規制との関係について，阪口正二郎「表現の自由――表現の内容に基づく規制と定義づけ衡量の関係を中心に」法学教室357号（2010年）27頁以下，審査基準論における同法理の位置づけについて，梶原健佑「衡量枠と準則――表現の自由論における司法審査基準の再検討」山口経済学雑誌58巻５号（2010年）55頁以下，さらに長谷部恭男「教科書の読み方――定義づけ較量とは何か」同『続・インタラクティブ憲法』（有斐閣，2011年）46頁以下を参照。

(108) 芦部信喜『憲法学Ⅱ 人権総論』（有斐閣，1994年）231頁（傍点は引用者）。

(109) 芦部・前掲注(89)410頁。

(110) 久保田・前掲注(50)267頁。また，前掲注(85)も参照。see also KATHLEEN M. SULLIVAN & GERALD GUNTHER, FIRST AMENDMENT LAW 11-14 (4th ed. 2010).

V　表現の自由論の現在 ── 比較衡量論の復権と学説の動向

1　判例における比較衡量論の復権？

（1）昭和50年代以降の判例

　猿払判決以降，判例は，表現の自由に関してどのような立場を採用しているだろうか。この点については，猿払事件と同じく公務員による政治的行為の処罰が問題となった堀越事件（最2判平24・12・7刑集66巻12号1337頁）の調査官解説による，「猿払判決以降，表現の自由を規制する法令等について憲法21条1項との適合性を判断した当審の大法廷判例の判示内容」と小法廷判例の整理が参考になる[(111)]。

　同調査官解説は，①大法廷判例として，よど号記事抹消事件（最大判昭58・6・22民集37巻5号793頁），札幌税関検査事件（最大判昭59・12・12民集38巻12号1308頁），北方ジャーナル事件（最大判昭和61・6・11民集40巻4号872頁），成田新法事件（最大判平4・7・1民集46巻5号437頁），寺西判事補事件（最大決平10・12・1民集52巻9号1761頁），小法廷判例として，戸別訪問禁止事件（最判昭56・6・15刑集35巻4号205頁），泉佐野市民会館事件（最判平7・3・7民集49巻3号687頁），ストーカー規制法事件（最判平15・12・11刑集57巻11号1147頁），広島市暴走族追放条例事件（最判平19・9・18刑集61巻6号601頁），福島県青少年健全育成条例事件（最判平21・3・9刑集63巻3号27頁），②猿払判決を引用して，「当裁判所の判例の趣旨に徴して明らかである。」と判示した事案として，豊橋郵便局事件（最判昭52・7・15集刑205号97頁），全逓プラカード事件（最判昭55・12・23民集34巻7号959頁），高松簡易保険局事件（最判昭56・10・22刑集35巻7号699頁），自衛官懲戒免職処分取消請求事件（最判平7・7・6集民176号69頁），③「規定等の憲法21条1項適合性が直接問題となった事案ではないが，刑法上の住居侵入罪，業務妨害罪等の罪に問うこと」について，「憲法21条1項は，表現の自由を絶対無制限に保障したものではなく，公共の福祉のため必要かつ合理的な制限を是認するものであって，たとえ思想を外部に発表するための手段であっても，その手段が他人の権利を不当に害するようなものは許されない」などと判示して，憲法21条1項に違反しないとした事案として，吉祥寺駅ビラ配布事件（最判昭59・12・18刑集38巻12号3026頁），立川防衛庁宿舎ビラ投函事件（最判平20・4・11刑集62巻5号1217頁），葛飾区政党ビラ配布事件（最判平21・11・30刑集63巻9号1765頁），卒業式国歌斉唱妨

---

(111) 岩崎邦生「最判解」法曹時報66巻2号（2014年）270-282頁（傍点は引用者）。

害事件（最判平23・7・7刑集65巻5号619頁），同様の理由付けをした，大分県屋外広告物条例事件（最判昭62・3・3刑集41巻2号15頁），渋谷破防法せん動事件（最判平成2・9・28刑集44巻6号463頁）等を挙げる。そのうえで，「このようにみると，表現の自由に対する規制の合憲性審査について，これまでの最高裁の判例は，いずれも基本的には利益衡量によっているということができると思われる[(112)]」と整理している[(113)]。

（2）堀越事件における千葉補足意見

堀越事件の千葉勝美裁判官の補足意見は，このような判例の手法について，次のようにまとめている。少々長いが，重要なので煩を厭わずに引用しよう。

　近年の最高裁大法廷の判例においては，基本的人権を規制する規定等の合憲性を審査するに当たっては，多くの場合，それを明示するかどうかは別にして，一定の利益を確保しようとする目的のために制限が必要とされる程度と，制限される自由の内容及び性質，これに加えられる具体的制限の態様及び程度等を具体的に比較衡量するという「利益較量」の判断手法を採ってきており，その際の判断指標として，事案に応じて一定の厳格な基準（明白かつ現在の危険の原則，不明確ゆえに無効の原則，必要最小限度の原則，LRAの原則，目的・手段における必要かつ合理性の原則など）ないしはその精神を併せ考慮したものがみられる。もっとも，厳格な基準の活用については，アプリオリに，表現の自由の規制措置の合憲性の審査基準としてこれらの全部ないし一部が適用される旨を一般的に宣言するようなことをしないのはもちろん，例えば，「LRA」の原則などといった講学上の用語をそのまま用いることも少ない。また，これらの厳格な基準のどれを採用するかについては，規制される人権の性質，規制措置の内容及び態様等の具体的な事案に応じて，その処理に必要なものを適宜選択して適用するという態度を採っており，さらに，適用された厳格な基準の内容についても，事案に応じて，その内容を変容させあるいはその精神を反映させる限度にとどめるなどしており……，基準を定立して自らこれに縛られることなく，柔軟に対処しているのである（この点の詳細については，最高裁平成4年7月1日大法廷判決・民集46巻5号437頁（いわゆる成田新法事件）についての当職〔当

---

(112) 同上・282頁（傍点引用者）。
(113) 最高裁の比較衡量論の整理として，松本和彦『基本権保障の憲法理論』（大阪大学出版会，2001年）260-271頁〔この部分の初出は1997年〕も参照。

(3) 猿払判決との関係

やや脱線するが，ここで先に列挙された判例が採用しているとされた比較衡量論と，猿払判決の判断方法との関係について言及しておこう[114]。

先に引用した千葉補足意見の最後の部分で参照を促されている調査官解説において，千葉裁判官は，「昭和50年以降の最高裁大法廷判決の判例を中心に概観[115]」したうえで，上記引用部分とほとんど同じ内容の説明をしていた。この言い回しは，昭和49年に下された猿払判決を明示的かつ意識的に射程外に置こうとしているような印象を与えるが，これまで多くの学説が猿払基準の3番目の「利益の均衡」に対して，それがアドホックな比較衡量論に他ならないものと捉えて厳しく批判を展開してきたことに鑑みれば[116]，なぜ千葉裁判官が猿払判決と昭和50年以降の判例とを「断絶」させる必要があったのか疑問も生じる。

この点について駒村圭吾は，堀越判決は猿払判決を変更していないと明言しているが，「猿払判決の理論的支柱」であった香城調査官解説が猿払判決の根幹と見る部分，すなわち，①公務員の政治的行為が禁止される趣旨を明らかにした判示部分と，②「意見表明の規制と行動の規制を区別する方法に立脚して利益衡量」を行った点が姿を消して，比較衡量に置き換えられており，そのことは，「窮屈な審査基準の諸構想の呪縛，とりわけ香城解説の呪縛から解き放たれることを意味するのではないか」と分析している[117]。市川正人は，堀越判決は「きわめて緩やかな違憲審査をもたらす可能性が高いと批判されてきた猿払三基準の違憲審査の枠組みとしての一般化を結果として阻止した。これは，最高裁の合憲性判断手法が基本的に比較衡量であることからすれば，当然の対応であったと言うべきかもしれない[118]」と述べ，やはり両者の違いを強調している。

---

(114) この点については，渡辺康行「憲法訴訟の現状──『ピアノ判決』と『暴走族判決』を素材として」法政研究76巻1・2号（2009年）45-46頁も参照。

(115) 千葉勝美・最判解民事篇・平成4年度233，244頁（傍点は引用者）。

(116) この批判を最も徹底的に展開したのは高橋和之である。高橋和之「審査基準論の理論的基礎（上）（下）」ジュリスト1363号（2008年）64頁以下，同1364号（2008年）108頁以下，さらに高橋和之「『猿払』法理のゆらぎ？」伊藤眞ほか編『石川正先生古稀記念論文集　経済社会と法の役割』（商事法務，2013年）29頁以下等を参照。この点に関連して，駒村・前掲注(94)129-142頁，宍戸常寿「『猿払基準』の再検討」法律時報83巻5号（2011年）20頁以下，小山剛「比例原則と猿払基準」法学研究87巻2号（2014年）29頁以下，そして前掲注(71)も参照。

(117) 駒村圭吾「さらば，香城解説!?──平成24年国公法違反被告事件最高裁判決と憲法訴訟のこれから」長谷部ほか編・前掲注(69)442-443頁。

他方，堀越事件の調査官解説は，猿払判決とそれ以降の判例とを連続的に捉える見方を示している。調査官解説は，これまでの最高裁の判例における利益較量の『方法』を，次の3つに区別する。すなわち，「①二重の基準やそれを前提とするLRAのテストや明白かつ現在の危険のテストなど厳格な基準を併用あるいは意識・配慮しているものと，②『禁止の目的，これと禁止される政治的行為との関連性，政治的行為を禁止することにより得られる利益と禁止することにより失われる利益との均衡』の3点により合憲性を検討するという『合理的関連性の基準』」，そして「③利益較量の方法について具体的に示していないもの」の3つのタイプであり(119)，猿払判決は②のタイプ，堀越判決は①のタイプに該当する。そして，③のタイプは「較量すべき価値の優劣が明らか」な場合であり，「②のタイプについても，③のタイプと同様，厳格な基準を併用ないし意識・配慮しなければ利益較量が困難であるとか，し意的判断に陥る可能性があるとかいう事情がなかったと考え」，「①のタイプと②のタイプとは本質的に異なる方法ではないとみることができ」るとして，いずれの分類も相対的な違いに過ぎないという見方を示している(120)。

（4）判例の評価

いずれにせよ，表現の自由——さらには人権一般——を規制する法令の合憲性審査の際に，現在の最高裁が用いている基本的な審査方式が比較較量論であるということについては，大方の学説が認めているところである(121)。そして，その枠内で審査が寛厳が変化するということも，学説が認めるところであろう。例えば芦部は，「判例のいう比較衡量の基準は『一般的な審査基準』として提示されたものですが，この基準だけで事件が解決されるのではなく，事案の性質に応じて，かなり厳格度が強くなったり，……厳格度の弱い，敬譲的なものになったりする。だから，『公共の福祉のため必要かつ合理的な規制』か否かを，形式的に

---

(118) 市川正人「憲法判例の展開——司法制度改革以降を中心に」公法研究77号（2015年）7頁。
(119) 岩崎・前掲注(111)283頁。
(120) 同上・286頁（傍点は引用者）。なお調査官解説は，3つのタイプの関係についてのもう一つの見方として，②は，特に立法府に一定の裁量が与えられている領域に関する事例であったとして，「それを相当とするだけの根拠があったとみる理解も可能である」という見方を示している。もっともそのように理解したとしても，「昭和50年以降は①のタイプの判例が多数であり，②のタイプの判例は少数であるから，判例の流れとしては，①のタイプが定着しているというべきであろう」としている。同上・286-289頁。
(121) 例えば，高橋・前掲注(45)165頁など。

審査する判例とも結びつく基準だと思われます(122)」などと述べている。

そのうえで学説は，総じて判例の姿勢に批判的である。例えば，「最高裁が採用した利益衡量論は，基本的には，アメリカでいうところの『個別的衡量』（ad hoc balancing）である(123)」とする高橋和之の批判がその代表例である。

確かに判例は，一般論として表現の自由の重要性を了承し，いわゆる「二重の基準論」を受け入れているように見受けられる。しかし，実際に比較衡量がなされる際には，規制によって得られる利益に重きが置かれ，規制によって失われる利益が少なく見積もられることが少なくない。学説が，「全体として，最高裁判所の判例においては，表現の自由が人権の価値序列中で高い位置を占めるべきとの理念は，認識されているといえる」が，この「理念を具体的な事案において発展させ，実現させているか，を問うと，その答えは消極的なものとならざるをえな(124)」いとか(125)，「最高裁は，総論的には表現の自由の意義を謳いその重要性を説くにもかかわらず，各論的にはしばしば表現の自由の価値を十分考慮していない。これは，最高裁裁判官の表現の自由の価値に対する認識の反映であるとともに，最高裁の違憲審査の手法とも関係があるように思われる(126)」などと評するのは故なしとしない。

2　学説の展開

（1）原理論へ ── なぜ表現の自由は特別なのか

こうして，「最高裁は自由で民主的な国家にとって枢要の権利とされるこの自由〔表現の自由〕に祝福を与えたことはいまだ一度もない(127)」という批判が向けられることになっているが，なぜ，日本の最高裁は，表現の自由に「祝福」を

---

(122) 芦部＝安念・前掲注(92)15頁。芦部・前掲注(91)210-215頁，塚田哲之「最高裁判例理論の『新展開』？ ──『利益衡量論』の定着と表現の自由」法学セミナー510号（1997年）30頁以下も参照。
(123) 高橋・前掲注(45)169頁。
(124) 戸松秀典「個別の問題について深めた論議の展開を ── 優越的地位の確保のために」新聞研究587号（2000年）42頁。市川・前掲注(98)287-288頁も参照。
(125) 高見勝利は，その理由を，「最高裁の民主主義論の重点が国民の国政への参加，多数意思の形成という側面に置かれ，その前提となる個人主義，政治的自由主義の側面が看過されてきたためでなかったかと思われる」，「参加民主主義の呪縛から解き放たれない限り，わが国において政治的自由は現実に個々人のものとならないのではないだろうか」と分析している。高見勝利「表現の自由と最高裁」法律時報59巻9号（1987年）16，18頁。
(126) 市川・前掲注(118)16-17頁。
(127) 川岸令和「砂上の楼閣に建つ表現の自由 ── 立川反戦ビラ事件最高裁判決に寄せて」法学セミナー643号（2008年）4頁。

与えてこなかったのだろうか。

　早い時期から表現の自由の理論の必要性を指摘してきた奥平康弘[128]は，1988年の著書において，「「なぜ『表現の自由』なのか」（「なぜ『表現の自由』は特別なのか」）」という争点である「表現の自由の原理論」が1970年代以降のアメリカの憲法学界（および哲学界）で大いに盛んであるのに対して，「日本では，これまでに一体，表現の自由の原理論が本格的な争点になったことがあるだろうか。私には，なかったように思われる[129]」との感想を吐露し，この論点について掘り下げた検討を加えた。

　奥平は，その理由として，「第一の，そしてたぶん最も強力な理由は，表現の自由は —— 他の諸権利・自由と比較して —— 特別に保護されるべきだという要請が，けっして十分には支持されていないという事情のうちに見出される[130]」という。そのような事情の背後には，文言上表現の自由を特別扱いしていない憲法の規定を重視する実定法規中心主義，それと裏表の関係にある，「「すべての基本的人権は『公共の福祉』によって制約される」という命題が，判例および通説によっていち早く承認されたという事情」が存していることを指摘している[131]。

　また，「合衆国のばあいには，わいせつ文書，犯罪の扇動，名誉毀損，商業広告，法人の表現行為などの憲法問題が問い詰められる過程で，いやおうなしに，表現の自由の原理論とかかわらざるをえない状況が作り出された」一方，日本では，「これらの表現規制につき，『範疇化』〔定義づけ衡量論のこと〕して処理するというアメリカ方式の結論の部分が導入され，よってもって憲法論的な吟味を終了させてしまっている気配があ」り，「総じて，日本のばあいには『範疇化』論は，表現の自由論をバイパスさせる作用を果たしている疑いがある」こと[132]，また，憲法訴訟の領域で影響を及ぼしている上記の香城理論を取り上げ，「この論が主張する『基準』は，規制対象が表現の自由であろうと企業の自由であろうとなんであろうと，汎用型のものとして適用され」，「裁判実務ではこの『基準論』がもてはやされ」，「規制目的が積極か消極か，規制手段が直接か関節かという二段審査を機械的におこなえば，能事足れりということになり，この間にあって表現の自由の原理論のごときは，裁判官の思考過程にまで下がってくることは金輪際ありえない，という構造になっているのである[133]」とも指摘している。

---

(128) 奥平康弘『表現の自由とはなにか』（中公新書，1970年）などを参照。
(129) 奥平康弘『なぜ「表現の自由」か』（東京大学出版会，1988年）9頁。
(130) 同上。
(131) 同上・10-14頁。
(132) 同上・15-16頁。

（2）表現の自由の 2 つの価値

奥平は，先に言及したエマーソンが示した 4 つの表現の自由の保障根拠論を出発点に，これを帰結主義的に表現の自由の客観的ないし社会的な意義を強調する議論（「民主主義＝表現の自由」論）と，義務論的に表現の自由の主観的な意義を強調する議論（「個人の自己充足＝表現の自由」論）とに整理したうえで，それぞれの方向性におけるアメリカの諸学説を整理・検討し，「表現の自由は確かに主観的・個人的な性質の顕著な権利である。それに疑いをさしはさむ余地はない。けれども，この権利 ── 少なくもある種の行使において ── 他の基本的な諸自由を確保し，よき民主主義的秩序を維持するという，客観的な制度的な目的に仕えるものでもあるという面を見逃すことができない。表現の自由には，こうした道具的な価値も備わっている点で，他の基本的自由と性格を明らかに異にする(134)」という立場を示した。

芦部も，「表現の自由について，とくにその価値を問題にするのは，それが表現の自由の意味や保障の範囲のみならず，その限界を明らかにするうえで不可欠であるからである(135)」と述べ，エマーソンの保障根拠論に触れつつ，「エマスンの言う 4 つの価値は，結局，自己実現と自己統治の価値の 2 つのいわばキー概念に集約することができる，という立場を採ってきた(136)」としたうえで，両者の関係について，「表現の自由は，自己実現の価値を基本に置いた自己統治の価値によって支えられている，と見るのが妥当であろう」，この立場は，「二つの価値を『互いに補足し合う』ものとしてみるよりも，むしろ，自己統治の価値によって保護される思想・情報の範疇と自己実現の価値によって保護される思想・情報の範疇とは，互いに一致しており，一つのカテゴリーだと解するペリィの考え方に近く，二つの価値を重なり合うものと解する立場と言ってよい(137)」としている。

芦部と奥平はニュアンスに違いを含みつつ，ともに，アメリカの議論に範を求

---

(133) 同上・17-18頁。浜田純一「表現の自由の保障根拠」大石＝石川編・前掲注(98)114頁は，日本における表現の自由の原理論の不在の理由として，①「根拠論に踏み込む必要がないほど，戦前の経験の重みがあり，その否定的経験を援用しながら，表現の自由を自明のものとし，その前提の上にアメリカの憲法訴訟論を導入してきた，戦後憲法学の事情」と，②「ある表現を最初から表現の自由の保護範囲の外に置くことはせず，ともかくもいったん自由の対象とすることには寛容でありつつ，その上で，むしろ『公共の福祉』概念の操作によって表現の自由の限界を画そうとしてきた裁判所の姿勢」を挙げている。
(134) 奥平・前掲注(129)59頁。
(135) 芦部・前掲注(89)248頁。
(136) 同上・253頁。さらに，芦部信喜「報道の自由と国民の知る権利」芦部・前掲注(32)所収406-407頁〔初出は1972年〕。

めながら，表現の自由の価値を社会的価値（自己統治ないし自律）と個人的価値（自己実現）の2つに整理して保障根拠論を展開したが，この区別は，表現の自由論を論じる際の基本構造となっている(138)。代表的なものとして，個人的価値と社会的価値との関係の分析を試みた川岸令和(139)や阪口正二郎(140)の業績，アメリカの判例法理を背後にある理念を踏まえた奈須祐治(141)や安西文雄(142)による整理，デュルケーム社会学の観点の「個人の尊重」から表現の自由論を展開する齊藤愛(143)，さらには，通説が「自己統治」にまとめて整理した「思想の自由市場」を，経済学の知見を参考にしながら表現の自由の理論として提示することを試みた阪本昌成の議論(144)などを挙げることができるだろう。

---

(137) 芦部・前掲注(89)259-260頁。ここで芦部が自分に近い考え方だとしたマイケル・ペリィの表現の自由論については，奥平・前掲注(129)39-43頁で詳しく取り上げられている。

(138) 稀有な例外として，阪本昌成「憲法21条の構造と機能」公法研究50号（1988年）51頁以下および阪本昌成『コミュニケーション行為の法』（成文堂，1992年）がある。もっとも阪本は，この著書の試みについて，「今，これを冷静に振り返ってみて，"成功したとはいえない"と反省している」と述べている。阪本昌成『表現権理論』（信山社，2011年）vii頁。また，原理論ではなくプラグマティックな観点からの表現の自由の保障を論じるものとして，駒村圭吾「表現の自由の経済学的分析 —— いわゆる「法と経済学」的手法の憲法学的領域への応用可能性」慶應義塾大学新聞研究所年報40巻（1993年）73頁以下，アメリカ判例の読み直しを経て再度意味づけられた萎縮効果論を論じる，毛利透『表現の自由 —— その公共性ともろさについて』（岩波書店，2008年）第5章〔初出は2005-2006年〕，山本龍彦「表現の自由のプラグマティズム」駒村圭吾＝鈴木秀美編『表現の自由Ⅰ —— 状況へ』（尚学社，2011年）529頁以下も参照。さらに，棟居快行「表現の自由の意味をめぐる省察」ドイツ憲法判例研究会編『憲法の規範力とメディア法』（信山社，2015年）297頁以下もここに挙げておく。

(139) 川岸令和「表現の自由・寛容・リベラリズム —— 表現の自由の一般理論のための予備的考察」早稲田政治経済学雑誌304・305号（1991年）311頁以下，川岸令和「表現の自由と民主的過程」早稲田政治経済学雑誌311号（1992年）202頁以下を参照。

(140) 阪口正二郎「表現の自由の原理論における『公』と『私』 —— 『自己統治』と『自律』の間」長谷部恭男＝中島徹編『憲法の理論を求めて —— 奥平憲法学の継承と展開』（日本評論社，2009年）39頁以下を参照。

(141) 奈須祐治「アメリカ合衆国憲法修正第1条の射程 —— 言論の自由法理の構造に関する比較法的考察」佐賀大学経済論集41巻（2008年）75頁以下。さらに，奈須祐治「自己統治 —— 言論の自由の『価値』と『法理』の架橋についての一試論」駒村＝鈴木編・前掲注(138)所収41頁以下も参照。

(142) 安西文雄「表現の自由の保障構造」安西文雄ほか編『憲法学の現代的論点〔第2版〕』（有斐閣，2009年）377頁以下。

(143) 齊藤愛『異質性社会における『個人の尊重』 —— デュルケーム社会学を手がかりにして』（弘文堂，2015年）第2部。

(144) 阪本『表現権理論』・前掲注(138)第1章，4章〔初出のベースはそれぞれ2010年〕。アメリカの判例法理における思想の自由市場に関しては，山口いつ子『情報法の構造 —— 情報の自由・規制・保護』（東京大学出版会，2010年）第1部も参照。

(3) 原理論から

ところで，石川健治によれば，一時期，「憲法訴訟論にあらざれば，人にあらず」という時代があったが，1985年に「曲がり角の一つ」を迎えた[(145)]。1985年以降，「芦部学説にリードされたそれまでの憲法解釈学を，法技術と方法論の双面から批判する本格的な研究書が，陸続と登場するようになった[(146)]」からである。それに続く「90年代は，百家争鳴の時代として，後の憲法学史に記憶されることになる[(147)]」が，その時期に，「政治哲学や法哲学の活況が伝えられて，やはり憲法学者も法哲学をきちんとやらなければいけない，という見解」が強まり[(148)]，憲法の原理論を探究する業績が多くみられるようになる。表現の自由に関していえば，そうした憲法の原理論から演繹的に表現の自由を論じる議論が見られるようになった。

そうした議論として，ジョン・H・イリィのプロセス理論[(149)]——きわめて乱暴に要約すれば，憲法典が保障する人権は，実体的な価値ではなく，民主主義のプロセスを保障するための政治的・手続的な権利であり，裁判所の司法審査の役割はかかるプロセスの維持にあるとする考え方——を前提に，自己統治に関わる民主主義の方向に純化して司法審査論を展開し[(150)]，それを表現の自由論に応用する松井茂記の議論[(151)]や，「近代立憲主義から導かれる政治体制のあり方を広く指」す概念としてのリベラル・デモクラシーと，それに基づく個人の人格の根元的平等や公私区分という原理論[(152)]から，憲法が保障する権利を，「公共の福祉に基づく権利」と「切り札としての人権」とに区別する権利論[(153)]を展開に基づいて表現の自由を論じる長谷部恭男の議論[(154)]などを挙げることができるだろ

---

(145) 奥平康弘＝高見勝利＝石川健治「〔鼎談〕戦後憲法学を語る」法学教室320号（2007年）11頁〔石川発言〕。
(146) 石川健治「Festschrift」法学教室308号（2006年）1頁。
(147) 同上。
(148) 奥平ほか・前掲注(145)11頁〔石川発言〕。
(149) 邦訳として，ジョン・H・イリィ（佐藤幸治＝松井茂記訳）『民主主義と司法審査』（成文堂，1990年）。
(150) 松井茂記『司法審査と民主主義』（有斐閣，1991年），同『二重の基準論』（有斐閣，1994年），さらに同『日本国憲法〔第3版〕』（有斐閣，2007年）92-98頁等を参照。
(151) 松井茂記『マス・メディアの表現の自由』（日本評論社，2005年）36-81頁，同『マス・メディア法入門〔第5版〕』（日本評論社，2013年）36-55頁等を参照。
(152) 長谷部恭男「リベラル・デモクラシーの基底にあるもの」同『憲法学のフロンティア』（岩波書店，1999年）1頁以下〔初出も1999年〕等を参照。
(153) 長谷部恭男「国家権力の限界と人権」同『憲法の理性〔増補新装版〕』（東京大学出版会，2016年）63頁以下〔初出は1994年〕，同「『公共の福祉』と『切り札』としての人権」同上102頁以下〔初出は2002年〕等を参照。

う(155)。

　もっとも，憲法の原理論に基づく表現の自由の議論は，必ずしも「表現の自由」は特別であるという議論に結びつくわけではないことに注意が必要である。松井の「プロセス的基本的人権観」のもとでは，「プロセス的権利」に関わる権利がひとしなみ裁判所による厳格審査によって保障されることとなるし(156)，規制「理由」に着目する「切り札としての人権」論は，必ずしも他の人権と比べて表現の自由を特別に扱うべき理由とはならない(157)。そのためには，「表現の自由」に特有の論拠が示される必要性がある(158)。

3　判例と学説の「断絶」？

　以上に見た表現の自由理論，そして，憲法の原理論から演繹される上記の表現の自由論は，いずれも，アメリカの判例・学説をもとに構築された，「内容規制／内容中立規制」二分論をはじめとする既存の学説上ないし教科書的な表現の自由論が示している判断枠組みや基準をラディカルに組み替えようとするのではなく，それを擁護・正当化しようとする点に特徴がある(159)。しかし，そのような

---

(154) 長谷部恭男『テレビの憲法理論』（弘文堂，1992年）1-45頁等を参照。
(155) そのほか，大沢秀介「共和主義的憲法理論と表現の自由」同『司法による憲法価値の実現』（有斐閣，2011年）255頁以下〔初出は1993年〕なども参照。
(156) 松井『日本国憲法』・前掲注(150)303-313頁。
(157) この点に関連して，長谷部恭男「表現の自由の根拠」同『続・Interactive 憲法』（有斐閣，2011年）161-162頁〔初出は2010年〕を参照。なお，西村裕一「表現の自由論——その魔力からの解放について」木村草太＝西村裕一『憲法学再入門』（有斐閣，2014年）166-171頁も参照〔初出は2012年〕。
(158) ここで長谷部が用意している議論は「公共財としての表現の自由」論である。長谷部・前掲注(154)12-15頁。「切り札としての人権」論を採用する駒村圭吾は，「社会的利益を覆し得る切り札として保護すべきなのは，個人の自律であって，表現の自由（を中心とする精神的自由権）ではない。厳格審査というものを，ある人権が社会的利益を覆し得る切り札性を持つかどうかを探索し，そうであれば強度に保障するという手法であると理解すれば，厳格審査による保護は，表現の自由だけの特権ではない。……しかし，それでもなお表現の自由（を含む精神的自由権）が厳格審査による保護を必要とする理由がある。それは精神活動の機能的脆弱性に対する配慮である」，「精神活動を厚く保護する理由は，表現・精神活動のより一般的特性に求めるべきであろう。その一般的特性とは，政府規制による萎縮的効果（chilling effect）にさらされやすいという表現・精神活動の機能的脆弱性である」などと論じている。駒村圭吾『ジャーナリズムの法理——表現の自由の公共的使用』（嵯峨野書院，2000年）17-18頁。萎縮効果論については，毛利・前掲注(138)も参照。
(159) 例えば，松井『日本国憲法』・前掲注(150)447-449頁，長谷部「『公共の福祉』と『切り札』としての人権」・前掲注(153)所収107頁〔初出は2002年〕，長谷部恭男『憲法〔第6版〕』（新世社，2014年）205-207頁等を参照。

学説の試みに関わらず，最高裁の審査態度を変化させることは，現在に至るまで，ついにできなかったように思われる。

　これに対して，判例は学説を無視しているわけではないとの反論があるかもしれない。堀越判決における千葉補足意見が述べているように，比較衡量論の枠内において，「事案に応じて一定の厳格な基準……ないしはその精神を併せ考慮」しているとも解されるからである。堀越判決の調査官解説も，比較衡量について，「『制限を必要とする利益』と『制限される利益』は，その性質が異なったり，常に一方が他方より優先するというものではなかったりするため，単純に較量することが困難な場合がある……から，利益較量においては，それに当たっての考慮要素のみならず，その『方法』を問題にしなければならないように思われ，それは，結局のところ『目的及び手段（方法）の合理関の審査』にならざるを得ないように思われる」とし，「利益較量すなわち目的及び手段（方法）の合理性の審査の枠付けとして，学説の言う審査基準論が機能し得るものと，筆者は考えている。審査基準論にいう審査基準は，いずれも広い意味では目的と手段（方法）の合理性を審査するものだからである(160)」と述べ，判例の比較衡量論と学説の審査基準論との接合ないし一体的把握が試みられている。

　しかし，「基準を定立して自らこれに縛られることなく，柔軟に対処」するという判例の姿勢と，「基準を定立して裁判官を縛ろうとする」学説の審査基準論とは，根本のところで相容れない(161)。その意味で，表現の自由の領域においては，アメリカの判例・学説・原理論に依拠した学説と，比較衡量論を確立させた判例との「断絶」は深い(162)，といわざるを得ない(163)。

---

(160)　岩崎・前掲注(111)284-285頁。松本・前掲注(113)282頁も，判例理論の基本枠組みは目的・手段図式であり，それがはっきりしたのは，いわゆる比較衡量論の登場後であるとしている。
(161)　市川・前掲注(118)8-9頁。
(162)「実務における憲法訴訟の理論は，過去一度も隆盛となったことはない」(戸松秀典「憲法訴訟の理論」公法研究71号（2009年）52頁）とされるなか，「憲法論の領域における理論と実務の乖離は，表現の自由論においてその極に達する」（西村・前掲注(157)165頁）などと評されている。
(163)　両者の架橋を意識した論稿として，佐々木弘通「『表現の自由』訴訟における『憲法上保護された行為』への着目」長谷部＝中島編・前掲注(140)所収93頁以下，同「表現行為の自由・表現場所の理論・憲法判断回避準則」戸松秀典＝野坂泰司編『憲法訴訟の現状分析』（有斐閣，2012年）246頁以下を参照。

Ⅵ　表現の自由論の今後──むすびにかえて

1　ま と め

　以上，日本における表現の自由論の展開を，判例，学説，そしてアメリカの判例・学説との関係を意識しながら論じてきた。要約すれば，戦後間もない時期，当時の有力な学者の唱える学説の影響を受けた判例の公共の福祉論は，アメリカの判例・学説の影響を受け，日本流にアレンジされた「明白かつ現在の危険」によって対抗された（Ⅰ）。そうした批判を受けた判例は，一部の学説が唱えていた比較衡量論へと舵を切ったが，それに対してもアメリカの判例・学説の影響を受けた「個別的」利益衡量論批判を受けることになった（Ⅱ）。そうした状況下で判例は，猿払判決に代表される精緻な合憲論を展開するようになったが，それを理論的に支えたのは，アメリカの判例・学説の影響を受けた最高裁判所調査官の議論であり，それに対して学説が批判を展開していくなかで，現在の表現の自由論の基本枠組みである「内容中立／内容中立規制」が確立していったが，そこにもアメリカの判例・学説の影響が強く及んでいた（Ⅲ）。その後，比較衡量論が判例における表現の自由を制約する法令の違憲審査の基本形として確立し，違憲審査基準論を主張する学説と大きく乖離していったことが一つの契機となって，学説では原理論が主張されるようになったが，両者の断絶は，少なくとも表現の自由論の領域に関する限り，依然として埋められないままである（Ⅳ）。

　以上がこれまでの議論の要約である。そのほかにも論じるべきことは多々残されているものの[164]，本稿では最後に，日本における表現の自由論の今後を，「準拠国としてのアメリカの地位の揺らぎ」という観点から簡単に整理することで，結びに代えることにしたい。

2　「準拠国としてのアメリカの地位の揺らぎ」からの展望

（1）アメリカ例外論

　見てきたように，日本の表現の自由論はアメリカの判例・学説からの極めて強

---

[164] とりわけ，国家の役割の見直しや変容等を受けたアメリカの判例・学説の展開がある。これを検討する近時の業績として，中林暁生「表現の自由論の可能性（1）（2・完）」法学67巻2号（2003年）90頁以下，同3号（2003年）40頁以下，成原慧『表現の自由とアーキテクチャ──情報社会における自由と規制の再構成』（勁草書房，2016年）などを参照。横大道聡『現代国家における表現の自由──言論市場への国家の積極的関与とその憲法的統制』（弘文堂，2013年），横大道・前掲注(97)55-61頁も参照願いたい。技術の進展に関わる展望としては，インターネット法を扱う本号の成原論文を参照。

い影響のもとで構築されてきたが，近時，アメリカの表現の自由論の例外性が夙に指摘されている(165)。アメリカの著名な憲法学者であり，表現の自由論の第一人者でもあるフレデリック・シャウアー（Frederick Schauer）も，世界中で表現の自由の価値が承認され，憲法あるいは憲法に準ずる基本法により保障されるようになっているが，「多くの局面において，アメリカのアプローチは例外的」であり，「アメリカにおける表現の自由に関する法理や理解は，極端で，アンバランスで，参考とするに値しないものとして拒否されるのが通常」であることを認めている(166)。

アメリカ型の表現の自由に対するアプローチの特徴は，事件ごとの利益衡量への不信感，政府それ自体，言論を行う政府の動機，そして言論への政府介入に対する強い懐疑，さらには各州下級裁判所への不信に基づき(167)，事件ごとの利益衡量ではなく，あらかじめ用意された明確な準則や基準に基づいて事案を処理することを重視する点にある(168)。これに対して，「多くの西欧諸国では，表現の規制は内容に基づいて行われている。西洋の法律家は一般に内容規制という考え方に寛大で，政府介入に対する懸念はアメリカに比べてはるかに少ない(169)」。そして，裁判所が個別に利益衡量を行うことへの警戒も共有されていない(170)。

詳細について触れる余裕はないが，そうしたなかで日本では，ヘイト・スピーチ問題との関係で，これまでと同様にアメリカ型の表現の自由論にコミットし続けていくべきかを自問する論稿が少なくないように見受けられる(171)。ヘイト・スピーチ問題が論じられる際に，表現の自由の「変容」や「ジレンマ」などと形容されるのは(172)，その表れの一つである。日本の「表現の自由論におけるヨーロッパの議論紹介の過少」が，歴史的文脈のなかでの「戦略」であったとすれば(173)，ヘイト・スピーチ問題その他の具体的な問題文脈に応じた「戦略」の結

---

(165) 阪口正二郎「表現の自由をめぐる『普通の国家』と『特殊な国家』——合衆国における表現の自由法理の同様の含意」東京大学社会科学研究所編『二十世紀システム5　国家の多様性と市場』（東京大学出版会，1998年）18頁以下，さらに阪口正二郎「合衆国表現の自由理論の現在（2）——表現の自由の20世紀システムの動揺？」社会科学研究47巻1号（1995年）201頁以下も参照。

(166) Frederick Schauer, *The Exceptional First Amendment* in AMERICAN EXCEPTIONALISM AND HUMAN RIGHTS 43 (Michael Ignatieff, ed. 2005).

(167) エリック・バレント（比較言論法研究会訳）『言論の自由』（雄松堂出版，2010年）58-62頁。

(168) 奈須「アメリカ合衆国憲法修正第1条の射程」・前掲注(141)を参照。

(169) Guy E. Carmi, *Dignity versus Liberty: The Two Western Cultures of Free Speech*, 26 B.U. INT'L L.J. 277, 347 (2008).

(170) 小山剛「憲法判例の現状と憲法学説の課題」公法研究77号（2015年）65頁。

果として，今後，アメリカ型表現の自由論の地位低下が進んでいくのかもしれない(174)。

（２）グローバル・スタンダードとしての比例原則

そのことと関連して第二に，グローバルなレベルでみると，ヨーロッパ流とりわけドイツ流の比例原則(175)が，スタンダードとなっていると指摘されている(176)。日本では，アメリカ型の違憲審査基準論とドイツ型の三段階審査／比例原則との対比図式のもとで議論されるのが通例となっているが，そこには，裁判所による比較衡量に対する態度の違いが反映されており(177)，これは表現の自由論を考える際にも重要な論点である。比較衡量を基本的な審査手法として確立さ

---

(171) 阪口正二郎「差別的表現規制が迫る『選択』——合衆国における議論を読む」法と民主主義289号（1994年）44頁以下。日本におけるヘイト・スピーチ問題の先駆的業績である，内野正幸『差別的表現』（有斐閣，1990年）において，国際条約や諸外国への言及が多くなされていることが示唆的である。
　ヘイト・スピーチ関連の文献は多いが，本稿の関心から見て興味深い近時の議論として，梶原健佑「ヘイト・スピーチと『表現』の境界」九大法学94号（2007年）49頁以下，曽我部真裕「ヘイトスピーチと表現の自由」論究ジュリスト14号（2015年）152頁以下，田代亜紀「表現の自由の限界を考えるための準備的考察——ヘイトスピーチに関する議論とスナイダー判決を素材として」専修ロージャーナル12号（2016年）119頁以下等も参照。

(172) 小泉良幸「表現の自由の『変容』——ヘイトスピーチ規制をめぐって」公法研究79号（2016年）94頁以下，奈須祐治「アメリカにおけるヘイト・スピーチ規制の歴史と現状——『特殊』なモデルの形成と変容」憲法理論研究会編『対話的憲法理論の展開』（啓文堂，2016年）101頁以下，桧垣伸次『ヘイト・スピーチ規制の憲法学的考察——表現の自由のジレンマ』（法律文化社，2017年）等を参照。

(173) 浜田・前掲注（1）149-150頁。

(174) 本稿では触れる余裕はないが，放送領域における表現の自由論は当初から，アメリカよりもドイツの影響を強く受けてきた。浜田純一『メディアの法理』（日本評論社，1990年），鈴木秀美『放送の自由』（信山社，2000年），西土彰一郎『放送の自由の基層』（信山社，2011年）などを参照。この「非対称性」も，そうした「戦略」の一つといえるだろう。

(175) 文献は多いが，さしあたり，柴田憲司「憲法上の比例原則について（1）（2・完）」法学新報116巻9・10号（2010年）183頁以下，同11・12号（2010年）185頁以下，長尾一紘『基本権解釈と利益衡量の法理』（中央大学出版部，2012年），小山剛「比例原則と衡量」長谷部ほか編・前掲注(69)所収117頁以下等を参照。また，アメリカにおけるグローバル・スタンダードとしての比例原則への応接の動向を論じたものとして，村山健太郎「憲法訴訟——審査基準論はどこに向かおうとしているのか？」大沢秀介＝大林啓吾『アメリカの憲法問題と司法審査』（成文堂，2016年）193頁以下を参照。

(176) 阪口正二郎「比較のなかの三段階審査・比例原則」樋口陽一ほか編『国家と自由・再論』（日本評論社，2012年）235頁以下，さらに，阪口正二郎「違憲審査制の下での自由権制約の論証構造の現状と課題」長谷部ほか編・前掲注(69)所収145頁以下も参照。

せている日本の最高裁の姿勢を前提にしたとき，アメリカ型の違憲審査基準論に基づいた表現の自由論を構築すること自体が再考を求められるかもしれないからである(178)。

　上述したように日本の学説における利益衡量論批判は，衡量の結果に対する不満を一つの根拠としていた(179)。しかし，棟居快行が指摘するように，堀越「判決は学説が批判した比較衡量という方法を用いながら，結果としては厳格な審査基準ないし中間審査基準……を用いた程度には，制約される人権の側に配慮した解決に至っている(180)」とすれば，そして，「学説が，ドイツの憲法裁判所の判例の採る比例原則のほうが妥当であるとか……いうような考え方を主張することが，勝てる裁判につながってゆくのかどうか，そして憲法裁判の活性化を促す契機になるのかどうか，その点を再検討してみる必要がある(181)」という立場に立ったとき，むしろ「戦略」的に比較衡量ないし比例原則の方向での議論の構築が目指されたとしても不思議ではない(182)。その場合，「表現の自由」論が，他の諸権利・自由と比較して表現の自由は特別に保障されるべきだという議論(183)であるとしたとき，アメリカ・モデルから比例原則モデルへの移行は，「表現の自由」論からの離脱を伴う可能性のある選択肢であるということを意識する必要がある(184)。今後，複数の硬質の準則から成る，利益衡量論に対する不信と表現の自

---

(177)　高橋和之「違憲審査方法に関する学説・判例の動向」法曹時報61巻12号（2009年）13頁。高橋和之「憲法判断の思考プロセス —— 総合判断の手法と文節判断の手法」法曹時報64巻5号（2012年）995頁以下，阪口・前掲注(52)も参照。

(178)　小山・前掲注(170)66-67頁。

(179)　例えば，芦部信喜（高橋和之補訂）『憲法〔第6版〕』（岩波書店，2015年）102頁は，比較衡量論の問題として，「一般に比較の準則が必ずしも明確でなく，とくに国家権力と国民との利益の衡量が行われる憲法の分野においては，概して，国家権力の利益が優先する可能性が強い，という点に根本的な問題がある」としている。

(180)　棟居快行「人権制約法理としての公共の福祉論の現在 —— 最高裁判決における近時の展開を踏まえて」レファレンス760号（2014年）24-25頁。

(181)　芦部信喜「人権論50年を回想して」芦部・前掲注(91)所収237頁〔初出は1997年〕（傍点は引用者）。

(182)　渡辺・前掲注(114)53頁は，両者の選択は，「学説は，判例を外側から批判していくべきか，判例理論を内在的に理解した上で，それを再構成していくべきか，という選択」という戦略の問題であり，判例の外在的批判に傾斜しすぎていた学説と実務との距離を踏まえ，後者の方向性にシンパシーを示している。

(183)　奥平・前掲注(129)9頁。

(184)　両モデルの「いいとこ取り」をした日本流のアプローチ方法を確立させていくなかで，「表現の自由」論が意味を持っていくことは十分にあり得るが，その際の課題につき，山本龍彦「三段階審査・制度準拠審査の可能性」法律時報82巻10号（2010年）103頁等を参照。

由論を前提としたアメリカ・モデルをベースに構築されてきた日本の学説の表現の自由論を，どこまで維持し，何を変えていくべきなのかが自覚的に問われることになろう。

　このようにして判例と学説の相互関係，そして日本の判例・学説に対するアメリカの判例・学説の影響は，今後，新たな局面を迎えることが予想される。表現の自由論もその影響下で論じられていくだろうというのが，ありきたりであるが本稿のさしあたりの展望である。

〔付記１〕旧字体は新字体に直している。
〔付記２〕2017年３月30日脱稿，その後，右崎正博「日本国憲法施行70年と『表現の自由』理論の展開」法律時報編集部編『戦後日本憲法学70年の軌跡』（日本評論社，2017年）121頁以下に接した。
〔付記３〕本稿は，2016年度公益財団法人野村財団（「表現の自由に対する「規制」の実相とその統制可能性についての研究」）および慶應義塾大学学事振興資金による助成を受けた研究成果の一部である。

3 ジャーナリズム法(言論法)の現状と課題

山 田 健 太

Ⅰ　ジャーナリズム活動を支える法・社会制度
Ⅱ　蝕まれる言論の自由の現状
Ⅲ　自由闊達で豊かな言論公共空間の提供

　本稿は，ジャーナリズムを支える法・社会制度について，主として表現の自由の観点から概観するものである。対象期間としては，戦後70年としているが，とりわけその転換点という意味から，近年の状況に重きを置いて論述する点を予めお断りしておきたい。また，放送を巡る議論を追うことは，日本のメディア法制を考えるよい素材であるが，放送法については別稿があるため，ここではあえて主たる議論の対象とはしていない。

Ⅰ　ジャーナリズム活動を支える法・社会制度

1　言論の自由保障と健全なジャーナリズム

　いわば「言いたい時に，言いたい場所で，言いたい方法で，言いたい事を言う」といった言論の自由が，民主主義社会を維持していくうえでは，制度保障されていることが必要不可欠だ。そしてこのことを前提として，さらにその維持装置としてのメディアの存在がかつてより問われてきた。すなわち，法社会制度として規律されている自由が，実質的に保障されているかどうかをチェックする，社会的機能としてのジャーナリズムの役割である。かつては社会の木鐸とか，権力の監視役と呼ばれていたものであるが，健全なジャーナリズムが存在し，その機能が十全に発揮されてこそはじめて，民主主義社会の維持・発展が実効的にはかられるということになる。

　今日の社会において，ポスト真実の時代と称されるような，誠実な政治の終焉が指摘されるなかで，本来は言論の自由を担保すべき側の為政者の側から，既存メディアをフェイクニュースと断定し，自らの信じるところをオルタナティブファクトとして絶対視するような状況が生まれている。そこには，崩壊する真実

を前に理性を凌駕する感情が存在するということだ。そしてまた市民社会の側も，こうした公権力によるメディアの断罪に喝采し，ジャーナリズム活動を否定する風潮が広がっている。政治の場で認定された真実が——それは時として，裏打ちなき虚言や嘘つきメディア認定であるが，「いいね！」や「リツイート」のクリックによって，急速に拡散している状況があるということだ。

そうしたなかで，対立を煽り相手を全否定し優位性を保つといった〈議論に負けない法〉が正当化され，市民的自由の先導役・監視役のメディアの存在意義が大きく失墜することになる。結果として悪役に位置づけられたメディアの信頼感は，ますます喪失することになっているわけだ。言論の自由保障と健全なジャーナリズムは，民主主義社会を支える車の両輪であったはずだが，いまやその双方が大きく揺らいでいるのが今日的状況であるといえるだろう。

しかもこうした事態が，世界で同時進行的に起きているとされている。言論の自由とジャーナリズムの国際的危機である。前者については，従来，大原則である表現の自由の例外として，国家安全保障を理由とした制限がなされていたが，2001年の米国同時多発テロ以降，その「原則と例外の逆転」が起きているとされる。すなわち，常に，国家安全保障が優先され，表現の自由は劣後におかれるということだ。日本でも，特定秘密保護法案の国会論争の中で，政府答弁として，表現の自由は国家安全保障の劣後におかれる旨が語られるなど，この「例外の一般化」傾向は確定的なものになってきている。

あるいはジャーナリズムの分野においては，インターネットの普及とりわけSNS（ソーシャルネットワーク）の一般化の中で，だれもが表現者になり得て，しかもその発信情報が時にマスメディアをも上回る影響力を持ちうる情報環境の中で，プロ・ジャーナリストの存在が危ぶまれてきた。同時に，マスメディア企業の衰退と同時進行的に，それらメディアが担ってきたジャーナリズム自体が衰退する状況が進んでいるとされる。高度な職業倫理と社会的責務を果たしてきた職業ジャーナリストの埋没と，継続安定的な社会監視機能を担ってきたマスメディアの衰退による，ジャーナリズム活動の「希薄化」である。

そしてまさにこうした状況こそが結果的に，先述の既存メディア（とりわけ新聞）に対する市民の懐疑の目を膨らませ，記者の孤立化を呼び，さらには報道界の分断化とメディアの政治利用を促進させる状況を作り出しているとも言えよう。

2　日本型表現の自由モデルの特徴

こうしたなか，日本は戦後，独特な表現の自由体系を築いてきた。いわば「日本型表現の自由モデル」[1]と呼びうるものである。その自由な情報流通を支え

る法制度の特徴は大きく3つある。

　第1は、絶対的表現の自由保障だ。戦時体制の反省に立った憲法体系上の特性であって、例外なき自由保障を特色に持つ。社会主義・共産主義国家における指導体制批判、イスラム国家におけるアラーやムハンマドといった神・預言者に対する侮辱、そしてドイツをはじめとするヨーロッパ諸国におけるナチズム礼賛といった差別言動は、国家体制を転覆させる「暴力（犯罪）」行為として位置づけ、社会から完全に排除する法社会制度が構築されている。

　いわば一定の「表現」は、ある種の暴力表現として表現の自由の土俵から排除することで、その種の思想・表現をいっさい認めない社会を維持しているわけだ。当然に、公権力による事前規制も認められることになる。たとえばドイツと日本は同様の敗戦国として、軍事専制国家から脱却し民主主義社会をめざすべく再スタートを切ったわけであるが、ドイツは「闘う民主主義思想」を旗印に、ナチズムを完全否定することで民主主義の発展を実現してきた。

　これに対し、日本は特定の表現行為を排除することが、「蟻の一穴」となって言論・表現の自由を骨抜きになることを防ぐため、例外なき自由保障を大切にしてきた。「思想の自由市場（対抗言論）」理論と呼ばれてきたものは、おおよそこの考え方に沿うものといえるだろう。しかも日本は、憲法で明示的に検閲を禁止するとともに、通信の秘密を保護することで盗聴を禁止しているという意味でも、他国に比して表現の自由保障の絶対性が憲法上保障されているといってよかろう。

　どちらが優れているということではなく、その国の文化・歴史にあった選択肢ということではある。したがって、戦後70年を経て、日本もドイツ型に変更するという選択肢はあり得るし、それを否定するものでない。しかしその際には、例外の拡大を招かないための十分な歯止めを社会として用意しなくてはならないだろう。現在の日本の法体系のような、法は原則だけで実際は「政令委任」で行政の裁量が大きい国において、いったん穴を開けてしまうと、その穴がどんどん拡大してしまい際限なく表現規制が進んでしまう恐れが強い。

　第2の特徴は、媒体別の表現規制ルールを有することだ。この分け方は、おおよそどの国でも採用されているが、より媒体差で規律がはっきり分かれているのが日本だ。メディア別に事業（ビジネス）と内容（コンテンツ）をそれぞれ規制するルールを設けているが、わかりやすく図示すると以下のようになる。ここでいう「○」は、自由が保障されている（規制がない）ことを示している。たとえば活字の世界においては、内容・事業ともに一切の法的規制は存在しない。

（1）詳細は、山田健太『法とジャーナリズム〔第3版〕』学陽書房、2014年。

	事業	内容
活字	○	○
放送	×	×
通信	○	×

　もちろん、フルデジタル時代に入り、3つのメディアは伝送路として別であっても、事実上同じ情報が行き来もしており、企業体（事業）としても共通であることも珍しくない。その意味では、伝送路別に類型化すること自体の意味合いが問われているということになる。さらに、通信と放送の融合といわれるように、インターネットの登場により、無線・有線の差も、テレビと動画配信の差も事実上なくなりつつある。

　そうしたなかで、当然、媒体別規律のありようを変えるべきとの議論が起きており、2006年の竹中平蔵総務相を中心に起きた議論（通信・放送の在り方に関する懇談会＝竹中懇[2]）も、2018年に規制改革推進会議[3]の周縁で起きた議論も、法構成としては放送と通信の規律の一本化をめざすものだ。それ自体は、社会の実態からすると必然の流れではあるものの、そうしたなかですべてを自由競争にさらすことでよいのか、とりわけ従来、放送分野で「公共的なメディア」を維持してきた意味はなくなるのか、といったジャーナリズムのありようをめぐる議論も合わせて行う必要がある。

　そして第3が、最初の絶対性と裏腹の関係ともいえる、強力な自主規制の存在である。憲法上では内在的制約と説明されるものでもあるが、マスメディアが業界を中心に、自主規制基準を策定・公表し、その遵守を実行してきていることが挙げられる。これには2つの要素が関係しており、一つには後で改めて説明するとおり、日本には実質的な「マス」メディアが存在しており、これら新聞・テレビ・ラジオ・雑誌等の既存のマスメディアが、日本の表現市場を相当程度強力にコントロールしてきた実態がある。

　そしてもう1つは、それぞれの業界ごとに強力な業界団体（倫理団体）が存在していることだ。具体的には、日本新聞協会[4]（ほとんどの日刊新聞、通信社およびNHK・民放キー局などの主要放送局）、日本民間放送連盟[5]（国内民間放送局のすべて）、日本雑誌協会[6]（主要雑誌を発行する雑誌出版社）、日本書籍出版協会[7]（広範囲な主要国内出版社）のほか、広告会社[8]や広告出稿元の広告主[9]にも網羅的

（2）2006年6月6日報告書 http://www.soumu.go.jp/main_sosiki/joho_tsusin/policyreports/chousa/tsushin_hosou/pdf/060606_saisyuu.pdf
（3）2018年6月4日規制改革推進に関する第3次答申 http://www8.cao.go.jp/kisei-kaikaku/suishin/meeting/meeting.html
（4）日本新聞協会ウエブサイト http://www.pressnet.or.jp/
（5）日本民間放送連盟ウエブサイト http://www.j-ba.or.jp/
（6）日本雑誌協会ウエブサイト https://www.j-magazine.or.jp/
（7）日本書籍出版協会ウエブサイト http://www.jbpa.or.jp/

な業界団体が存在する。そしてこれらは，それなりの強力な拘束力（指導力，実行力）がある一方，公権力との関係では独立性も担保されている。

各媒体各個人は，もちろん独自の倫理（報道倫理など）に基づき，言論表現活動を行っているわけではあるが，業界として一定の限界線を示しつつ，それを超える表現が世間に蔓延するような事態を未然に防いできた効果を持つ。結果的にそれが，物言わぬマスメディアとの批判を浴びたり，時には過剰規制としてタブー批判をされたりもしてきた歴史を有するが，社会全体のバランスの取り方としては，極めて重要なポイントであった。

そしてまた，こうした市場によるセルフコントロールが実行されていることがあるがため，公権力の側も表現領域には強権的には立ち入らないという謙抑性を示してきたといえるだろう。これらを総合的に考えるならば，自由保障がために厳しい規律を定めない「曖昧な法規定」，その中で自らが自律的に表現行為を行う「強力な業界自主規制」，そして「公権力の謙抑性」が三位一体となって，これまでの日本の表現の自由保障は守られていたということができる。

3　プレスの自由の実態的保障

次にジャーナリズム活動自体が，どのように制度保障されているかを確認しておこう。この点，日本は他国に比して恵まれている点と劣っている点がある。まずマイナス面から挙げるならば，メディアの自由が市民的自由としての表現の自由一般に包括されていることによる曖昧さが挙げられる。とりたてて，プレスの自由，メディアの自由が憲法上保障はされていないし，判例上も曖昧な位置付けのままにあるといえるからだ。ただし一方で，プラス面として，プレスに対する法制度上の特恵的待遇が多いのもまた日本の特徴であって，その意味では日本のメディアは恵まれているともいえる。

最高裁は「報道機関の報道は，民主主義社会において国民が国政に関与するにつき，重要な判断の資料を提供し，国民の『知る権利』に奉仕するものである。したがって，思想の表明の自由とならんで，事実の報道の自由は，表現の自由を規定した憲法21条の保障のもとにあることはいうまでもない」[10]と，総論ではジャーナリズム活動を評価することが多い。しかし各論では，特段の優位な地位を与えているとは言い難い。

---

(8) 日本広告業協会ウエブサイト https://www.jaaa.ne.jp/
(9) 日本アドバタイザーズ協会ウエブサイト http://www.jaa.or.jp/
(10) 博多駅テレビフィルム提出命令事件最高裁決定（最大決1969年11月26日，刑集23.11.1490）

そしてプレスの自由が一般的表現の自由の中にあることにも多少関連して，取材・報道・頒布の自由の格差が大きいのが特徴である。取材の自由が十分に保障されていない実態があるが，これは市民的自由としての知る権利の未成熟さに直接的に結びついているということになろう。この情報流通過程の表現の自由の保障度を図示すると以下の通りとなる。

取材（収集）	△	憲法上尊重に値
報道（発表）	○	憲法上保障
伝達（頒布）	×	内容中立規制として制限が一般化（広範に規制の対象）

特に取材過程のジャーナリズム活動を低位におく状況は，司法・立法・行政を通じて共通している。2013年に成立した特定秘密保護法[11]は22条で，「国民の知る権利の保障に資する報道又は取材の自由に十分に配慮しなければならない」（1項）としたうえで，「出版又は報道の業務に従事する者の取材行為については，専ら公益を図る目的を有し，かつ，法令違反又は著しく不当な方法によるものと認められない限りは，これを正当な業務による行為とする」（2項）と定めている。

これは紛れもなく，記者の取材手法を「社会的観念」を理由として罰することを意味しており，取材行為に対する大きな萎縮効果をもたらすとともに，実際に取材の範囲を厳しく限定化するものである。そしてこの規定は，すでに司法上に前例がある。沖縄返還に伴う日米間の密約を取材した記者が，当時の国家公務員法秘密漏示のそそのかし罪[12]として逮捕され，有罪となった[13]。その際の有罪理由は，違法な行為をしたのではなく，政府（裁判においては裁判官）が考える好ましくない情報入手方法であったことである。

同様に，取材先との絶対的な信頼関係の維持が必要なジャーナリズム活動において，取材源の秘匿や，取材上入手したものや取材過程の生成物（取材メモ，録音・録画データ）の秘匿は，取材の自由を守る上で絶対である。取材源の秘匿については様々な条件付きではあるものの民事裁判上，認める判断を示すに至ってはいるものの[14]，それ以外の取材行為への冷たさは一貫している[15]。

とりわけテレビ局が録画・録音した取材テープについては，放映済みに限らず，

---

(11) 特定秘密の保護に関する法律（2013年12月13日，法108）内閣官房ウエブサイト https://www.cas.go.jp/jp/tokuteihimitsu/
(12) 国家公務員法111条。
(13) 西山記者事件あるいは外務省沖縄密約事件最高裁決定（最決1978年5月31日，刑集32.3.457）。

3 ジャーナリズム法（言論法）の現状と課題〔山田健太〕

未編集のテープも含め，警察・検察の捜査段階，裁判所提出命令まで，行政も司法も，取材の自由への配慮はないように見受けられるし，その傾向がますます強くなってきている。他国においては，報道関係者の取材源秘匿権は民主主義のための標準装備であるとの認識が広まってきている中，ますますその格差が広がっているのではないか[16]。

一方で，先述したようにメディア向けの特恵的待遇は少なくない。もっともわかりやすいものは財政上の「特権」で，税金をまけてもらう制度ができあがってきた。そのほか，販売にも，経営にも，そして編集にも同様な制度が存在する。記者クラブ制度も，記者が常駐している仕事場である記者室について，部屋代等を官庁が負担しているという意味では経済的特恵待遇に違いない[17]。あるいは，記者クラブ所属の記者にのみ，取材上の便宜が与えられるということもある[18]。

ただし注意が必要なのは，これらはメディアの公共性に伴う措置であるともいえ，まさに健全なジャーナリズムを維持するための必要経費といった側面を持っていることだ。こうした「必要経費」の一覧は以下の通りである。

編集	記者クラブ便宜供与　選挙報道の自由[19]　国会・法廷内取材便宜供与[20] 個人情報保護法・探偵業法適用除外[21]　著作権法特例[22]
経営	再販[23]　日刊新聞特例（株式名義書き換え拒否権）[24]
財務	所得税法[25]　消費税軽減税率　第3種郵便[26]

---

(14) NHK記者証言拒否事件最高裁判決（最大判2006年10月3日）。同じ事案で，新聞・通信・雑誌記者についても同様な判決が示されている http://www.courts.go.jp/app/hanrei_jp/search2

(15) たとえば，刑事裁判においては，朝日新聞記者証言拒否事件最高裁判決（最大判1952年8月6日，刑集6.8.974）で証言拒否の権利が否定されており，同判決が維持されている。また日常的には，公人の記者会見拒否が問題となる（たとえば，1984年の日刊新愛媛取材拒否事件）。

(16) 前出の博多駅テレビフィルム提出命令事件が裁判所による提出命令であるのに対し，検察の差押え・押収については日本テレビ事件（リクルートビデオテープ押収事件，最決1989年1月30日，刑集43.1.19）で，警察の差押え・押収についてはTBS事件（ギミア・ぶれいく事件，最決1990年7月9日，刑集44.5.421）でそれぞれ問題なしとの判断を示している。なお，TBS事件では放映済みではなくマザーテープが押収された。

(17) 国の庁舎等の使用または収益を許可する場合の取扱いの基準について（1958年1月7日大蔵省管財局長通達1）。

(18) たとえば，司法記者クラブ所属社に対する判決文配布。

(19) 公職選挙法148条。

(20) 国会法52条，破壊活動防止法15条など。

(21) 個人情報保護法50条，探偵業法2条。

(22) 著作権法32条ほか。

繰り返すまでもなくこれらは，市民の知る権利を代行する公共的存在たるジャーナリズム活動を支えるための社会的合意の賜物である。一つひとつが議論の上法制化されてきたもので，そうした理屈付けは，裁判所も記者クラブ訴訟等で認めてきている。しかし一方で，「甘い汁」を吸っているのは一部の「特恵的メディア」であって，フリージャーナリストが割を食っている，といった批判が続いている。とりわけ，ネットメディアが隆盛の中で，対象をどのように規定するかは難しい時代が来ていることは間違いない。

感情論として拡散している「メディア特権」は権力との癒着の証拠で一切許されない，という議論にくみすることなく，一方で，今日的なジャーナリム活動の実態に合った「民主主義の必要経費」の配賦の仕方をどのように実現するかは，重要なメディア政策課題である。

II 蝕まれる言論の自由の現状

1 日本の状況を客観視する

ここまでの振り返りでは，日本はそれなりに安定的に表現の自由が行使されており，ジャーナリズム活動も保証されてきたという印象を与えるし，実際，社会においても日常的な言論活動やメディア活動に支障が生じたという話はめったに聞かない。とりわけ，政府に批判的な記者が突然逮捕されたとか，露骨に公権力に嫌がらせを受けているといったことも滅多にない。これからすると，日本においては表現の自由や自由なジャーナリズム活動は守られているということになる。

しかし一方で，世界の目はそうでもない，ということが話題になっている。たとえば，毎年5月3日の「世界〈報道の自由〉の日（Press Freedom Day）」の近辺には，国際機関が報道の自由度に関する国際比較調査を発表している。1つは，フランス・パリに本部を置く「国境なき記者団」[27]の，もう1つはアメリカ・ワシントンDCに本部を置く「フリーダムハウス」[28]の，報道の自由度ランキングだ。どちらも近年，日本の順位が降下しており，海外からは厳しい目が注がれていることが分かる。

---

(23) 独占禁止法23条。
(24) 日刊新聞紙の発行を目的とする株式会社の株式の譲渡の制限等に関する法律。
(25) 租税特別措置法施行令37条の5など。
(26) 郵便法22条。
(27) Reporters Sans Frontières [RSF], https://rsf.org/
(28) Freedom House, https://freedomhouse.org/

前者のランキングを追ってみると，2002年以降2018年まで，「26→44→42→37→51→37→29→17→11→×→22→53→59→61→72→72→67」と推移している（11年は発表なし）。小泉政権時代も低迷しており，決してよかったわけではないが，2010年からここ7年間で急降下しており，とりわけ安倍政権における順位の低迷は顕著だ。後者の調査結果は，フランスやイギリスと同程度で，「自由な国」のカテゴリーに踏みとどまっている，ということになる。

また別の〝目〟を紹介するならば，国連の「言論及び表現の自由の保障に関する特別報告者」が2016年に公式来日，特別報告を国連に提出している[29]。そこでも，メディアの独立性や放送法を根拠とした行政介入，教科書検定を通した教育への行政の介入，特定秘密保護法の制定による取材の自由への懸念など，具体的な言論表現の自由に関する問題点を指摘，改善案を示すに至っている。ほかに，「プライバシーの権利に関する特別報告者」からも安倍総理大臣あて公開書簡[30]で，政府対応に関する疑問が示されている。

しかし政府はこうした特別報告者のアドバイスをいわば個人的意見としたうえで，事実に基づかない思い込みとまで踏み込んで批判している。また，ネットを中心にランキングは偏見に基づいた日本叩きとして，強い反発が巻き起こってもいる。しかし，果たしてそのように全否定してよいものか。むしろ客観的に自らを見つめ直す機会として，もう一度ここ最近の日本の状況を振り返ってみることの方が有益だろう。実際このほかにも，2016年刊行の『Press Freedom in Contemporary JAPAN』(Routledge) では，そのコンセプトが「今日（21世紀）の日本の危機」であって，こうした観点から米国ほかの日本研究者やメディア研究者が論稿を寄せている事をきちんと受け止める必要があるだろう。

さらに具体的な表現の縮減状況を示唆する事例としては，たとえば先に紹介した特定秘密保護法もそうであったが，ここ最近の立法に「配慮（留意）条項」が増えていることが挙げられる。武力攻撃事態対処法（国民保護法）[31]，憲法改正手続法（国民投票法）[32]，あるいは付帯決議において示されたものとしては共謀罪法[33]がそれに該当する。本来，憲法で明示されている「表現の自由」をさらに下位の法律で，改めて大切にしますと宣言することにさしたる意味はない。む

---

(29) デビット・ケイ「表現の自由」国連特別報告者訪日報告書（外務省仮訳）https://www.mofa.go.jp/mofaj/files/000318480.pdf
(30) ジョセフ・カンナタッチ国連人権理事会の「プライバシーの権利」特別報告者の指摘に対する回答（外務省，2017年8月21日）https://www.mofa.go.jp/mofaj/fp/is_sc/page24_000896.html
(31) 武力攻撃事態等における国民の保護のための措置に関する法律7条。
(32) 日本国憲法の改正手続に関する法律100条。

しろ，表現の自由に抵触あるいは侵害する可能性があるからこその，「注意喚起のための条項」ということであろう。

さらには前述の通り，こうした配慮規定のすぐ後ろには，例外規定ともいうべき，表現規制をする内容が書き込まれることすらある状況だ。こうした条文を有する新規立法はこれまでになかっただけに，逆に明白な公権力による規制姿勢をあらわすものの1つであるわけで，これらが03年以降に生まれていることが，ランキングに影響しているとみるのが自然であろう。

そしてまた，個別法の中でも，いわば「憲法」的な法ともいえる，放送法や情報公開法が骨抜きになっている事実は，憲法体系を壊す事態が進んでいるという見方すらできよう。2001年施行の情報公開法[34]は，事実上，知る権利の具現化したものとされている。1950年の放送法[35]は，その1条で高らかに謳う通り，放送の自由の保障（「放送による表現の自由を確保すること」）により民主主義社会を実現する（「放送が健全な民主主義の発達に資するようにすること」）ためのものである。いずれもまさに，憲法が保障する表現の自由をより個別具体的に実効あらしめるための規律であって，国を縛る法であるといえる。したがって，その性格は憲法的であるといえるわけだ。

こうした憲法的法律が，まさにここ最近，骨抜きになっているということは，形を変えた「改憲」とでも言える状況である。放送法は政府解釈を変え，個別の番組についての善し悪しは政府が判断し，問題があると思えば電波を止めることができるということが確認される状況にまでなっている。情報公開法も成立から20年，一度も改正されることなく今日に至っており，時代にそぐわない「遅れた」制度になってしまっている。さらには公文書の改竄・破棄・隠蔽が続き，しかもそれらの原因追及も中途半端なままであって，情報公開制度の根幹が完全に崩壊しつつある。

こうした状況を鑑みれば，海外から日本は大丈夫か，と思われることはさもあらん，ではなかろうか。

2　戦後ジャーナリズム史

ではいったい，こうした事態は突然やってきたのであろうか。少し時代を遡っ

---

(33) 組織的な犯罪の処罰及び犯罪収益の規制等に関する法律・付帯決議（1999.5.28），同改正法・付帯決議（2017.5.19）。
(34) 行政機関の保有する情報の公開に関する法律（1999法42）。
(35) 放送法は，戦前の無線電信法に代わり，電波法，電波監理委員会設置法とともに制定（1950法132）。

3 ジャーナリズム法（言論法）の現状と課題〔山田健太〕

て確認をしていきたい。言論の自由及びジャーナリズム活動の側面からみた時代区分を，ここでは以下のように考えてみることとしたい。少し強引ではあるが，20年ごとに区切ってみた。

構築	躍動	挟撃	忖度
1945-	1965-	1985-	2005-

　戦後すぐの「構築」の時代は，まさにさまざまな制度が築き上げられた時期である。前半の占領期と，平和条約締結後の後半に分けることができようが，総じていえばここまで縷々述べてきた，日本国憲法の下での「日本型表現の自由モデル」の勃興期であるということになる。もちろん，この間には紆余曲折があり，たとえば放送制度に関して言えば，電波3法と呼ばれる制度が法制化され，放送免許は電波監理委員会なる独立行政委員会によって交付される仕組みができあがった。しかし僅か2年のうちに委員会は解体され，省庁（郵政省，現総務省）が直接管理する体制に代わっていったわけである(36)。

　また，公共の福祉による表現の自由に対する一般的包括的制約がどこまでかかるかについても，デモや集会の事案を通して明確化され，プレスの自由についても，冒頭に挙げたような日本的な取材・報道・頒布の過程別の峻別が明確化されていった。さらには，猥褻の定義など，おおよそその後の思想，学問，言論表現の自由に係る大枠が，おおよそ固まっていった20年間ということができるだろう。

　それは当然ながら，単に表現の自由の問題ではなく，日本の政治制度（それは55年体制と称された政治体制をも含む）や社会の仕組みもまた同じであった。新聞・放送を中心とするマスメディアの勢力地図や経営母体も，おおよそこの時期に固まっていったといえる。戦後のレッドパージによって，多くの言論報道機関においても新聞人等の追放があったし，編集・経営権を巡る激しい労働組合運動が展開されたのもこの時期であった。

　さらにその前の段階としては，戦後すぐの勃興期において，たとえば新聞の場合，復興紙と呼ばれる極めて多数の新聞が乱立していたが，それらが整理され現在の新聞地図ができあがっていった。あえていえば，戦前からの系譜を有する新聞が結果的に戦後の混乱期を乗り切り，戸別配達網を維持できたことでその圏域を代表する新聞として，安定的地位を占めるに至ったということができよう(37)。

　そして同時に，全国紙と呼ばれる新聞群も，戦前・戦中からの経営は途切れることなく続くことになった（その結果，どの新聞社においても「戦争責任」が十分に

---

(36) たとえば，鈴木秀美・山田健太編著『放送制度概論』（商事法務，2017年）。
(37) たとえば，春原明彦『日本新聞通史（四訂版）1861年～2000年』（新泉社，2003年）。

検証されなかったとの批判がある）。さらにはこれらの新聞社が中心となって放送局を設立，その後の日本はテレビの時代を迎えていくことになった。

　そして次の20年間は「躍動」の時代である。時代もまさに高度経済成長の時代で，東京オリンピックを契機に日本全体が躍進をし続けることになる。そのなかでジャーナリズムは，その獲得した自由を目一杯謳歌したといえるのではないか。一方でこうした「やんちゃなメディア」に対し，公権力側も容赦なく言いたい事を言う，といった状況が見られるようになった。

　たとえばベトナム戦争報道に関して，政府は特定チャンネル，特定番組，さらには特定のキャンスターを名指しで批判，そして降板へと追い込んでいく。ちょうど2017年には韓国で映画「共犯者たち」が上映され，政権によって政府に批判的な記者が解雇・配置転換されていくさまが映し出されたが，そうした状況がまさに日本でも現実に起きていたわけだ。しかし放送現場でも，番組スタッフが抗議の退社，そして制作会社の設立，番組の受注による放映，という対抗がなされていった(38)。

　そしていよいよ，いまに続く表現規制の起点ともいえる「挟撃」の時代へと入っていくことになる(39)。ここでいう挟撃とは，メディアが市民と公権力の双方に挟み撃ちに会うさまを示している。そしてさらにいえば，市民・メディア・公権力の関係の中で負のスパイラルが起き，どんどんとメディアの表現の自由は失われていったということになる。この間の状況を，当時の社会のメディアを表すキーワードとともに見てみると，以下のように整理できるだろう。

　　1970年代：紙上裁判…………批判
　　1980年代：報道と人権（匿名報道主義）…………批判
　　1990年代：報道被害者…………否定
　　2000年代：マスゴミ…………無用
　　2010年代：フェイクニュース（嘘つきメディア）…………排斥？？

　まず，1970年代は新聞紙上における被疑者（加害者）の人権が問題になった。いわゆる犯人視報道や，微罪の場合の社会的制裁が大きすぎるなど，新聞報道の負の側面が刑事弁護を担当する法律実務家から問題指摘されたということである。たとえば日本弁護士連合会は1976年，『人権と報道』という単行本を刊行，

---

(38) たとえば，山田健太『放送法と権力』（田畑書店，2016年）。
(39) たとえば，原寿雄『ジャーナリズムの思想』（岩波書店，1997年）。

問題提起を行ったが，社会的耳目を集めるには至らなかった。

　そして80年代に入ると，とりわけ半ば以降，大きな転換が訪れた。写真週刊誌の創刊や，テレビのワイドショー番組の開始に伴い，有名人（タレント）のプライバシーを追跡するようなスキャンダル報道が激増した。そうしたなかで，報道が人権を侵害する可能性について，多くの人が実感として共有し，報道が人権の対抗概念として語られるようになった。本来は，人権の重要な柱が報道（表現の自由）であったにもかかわらずである。そうしたなかで，犯罪報道の見直しが叫ばれ，匿名報道主義といった流行語も生まれた。

　ただしいまから振り返れば，当時の「批判」は，メディア報道に対する期待の裏返しであったといえるだろう。なぜなら，90年代に入っての報道批判は，むしろメディアを「否定」するものであったからである。そして「報道被害者」なる用語が市民権を得るようになった。こうした傾向が2000年代に入り，マスコミは「ゴミ」であるとしてマスゴミなる用語が一般化し，メディアは無用の長物扱いされるに至った[40]。もはや，メディアに対する期待はゼロということになる。

　そして2010年代，SNSの普及とともに，メディアは嘘つきの代名詞となり，捏造あるいはフェイクの主体として，メディアの報道が正面から糾弾されるようになる。当然こうしたメディアは，無用あるいは無視ではなくより，積極的に排斥の対象へとなったわけである。偏向・捏造を理由とする，いわゆるメディア潰しの始まりである。

3　負のスパイラルの中の新規立法

　そしてこの間，周縁の動きも急であった。2000年前後には，裁判所を中心に話し合いがなされ，民事損害賠償額の引き上げが決まった。名誉毀損事案の場合，従来の5万円程度から，一気に50万円へと10倍増しになったからである。あるいは，行政も遠慮のない放送局への直接的介入が続いた。一般に「行政指導」と呼ばれてきたものである。この間の，立法・行政・市民社会の相互作用を表すのが以下の表だ。

　　1985年以降　メディア批判→規制立法化→行政介入
　　2003年以降　メディア不信→規制立法→行政圧力
　　2014年以降　メディア否定(潰し)→規制立法→忖度→政権圧力→忖度・・・・・

---

[40]　たとえば，日隅一雄『マスコミはなぜ「マスゴミ」と呼ばれるのか（補訂版）——権力に縛られたメディアのシステムを俯瞰する』（現代人文社，2012年）。

これからすると，三者の間で負のスパイラルが進んできた状況が分かるであろう。当初の「批判」の時代は，こうした市民からの声に呼応して政治が動き，いくつかのメディア規制が企図された。メディア規制三法と呼ばれたものがその典型例で，個人情報保護法案，人権擁護法案，青少年有害環境対策法案である[41]。ただしいずれもが，最終的には市民の反対にも会い，成立を断念していくことになった（個人情報保護法案は報道活動を適用除外とすることで成立した）。

まさに最終段階で市民はメディアの側に立ったということである。同時期には秘密保護法案も国会提出されたが，これもまた最後には市民はメディアとともに，政府に反対の意思を表示した。言い換えれば，メディアはまだ市民社会から見捨てられてはいなかったということになる。

もちろん一方において，政府はメディア規制の意思を捨てたわけではなく，先に挙げた放送法の解釈変更による個別番組に対する行政指導など，一貫してメディアを何とかしたいという気持ちでいたことが伺われる。これに対し，2003年以降は，ほぼ政府が意図する通りに立法化が進んでいる。これこそが，批判ではなく「不信」の賜物ということができるだろう[42]。

そしてこの5年ほどは，メディアを正面から潰すような言動を行ったり，直接的な表現規制を企図する法律が相次いで制定されてきている。メディア「否定」の時代の到来である。その一つにあらわれが，前述した「配慮」条項を含む新法である。しかもややこしいのは，こうした法律のほとんどは，人権を擁護するためのもので，本来的には敵対関係にあってはならないものであることだ。こうしたなかで，1999年以降，急増した言論規制を含む立法をまとめてみた。

〈1999年以降の言論規制立法〉
【有事】　通信傍受法　武力攻撃事態対処法　国民保護法　特定秘密保護法
【情報】　プロバイダー責任制限法　迷惑メール対策法　不正アクセス禁止法
　　　　　青少年ネット規制法　出会い系サイト規制法
【人権】　個人情報保護法　子どもポルノ禁止法　ヘイトスピーチ解消法
　　　　　マイナンバー法　住民基本台帳法　犯罪被害者保護法　被収容者処遇法
【制度】　裁判員法　憲法改正国民投票法　改正学校教育法・教育基本法

---

[41] たとえば，田島泰彦『この国に言論の自由はあるのか――表現・メディア規制が問いかけるもの』（岩波書店，2004年）。
[42] たとえば，山田健太『見張塔からずっと』（田畑書店，2016年）。

これ以前の法制には以下のものが挙げられるが，主として戦前・戦後すぐにできた法律群であることが理解できる。

屋外広告物法　国会議事堂等静穏保持法　暴力団対策法　著作権法　公職選挙法　災害対策基本法　公務員法　自衛隊法　刑事特別法　MSA秘密保護法　道路交通法　軽犯罪法　破壊活動防止法　売春防止法　風営法　刑法　少年法　放送法　電波法

一方で，表現活動あるいは表現の自由を後押しする性格を持つ法律には以下のようなものがある。主として情報公開関連法制である。

情報公開法　公文書管理法　資産公開法　政治資金規正法　公益通報者保護法　図書館法　博物館法　国会法

そしてなにより，2000年代とりわけ2004年以降に，スパイラルはよりはっきりした形で効果を現し始め，2012年以降，スピードを上げ一気に社会は「不自由な時代」に突入したといえる。そうした空気感を，「忖度」という言葉で表しているということになる。

III　自由闊達で豊かな言論公共空間の提供

1　マスメディアの存在とハード・ソフトの一致

すでに触れたとおり，日本のメディア状況の特徴は「マス」であることだ。そしてこれは，表現の自由の法制度にも大きな影響を与えている。たとえば選挙期間中の表現の自由を考察した場合，日本は他国と違ってユニークな表現規律を設けている。すなわち，候補者の表現活動である選挙活動を原則禁止にする一方で，マスメディアの表現活動である選挙報道は自由にしている。あるいは，禁止した選挙活動を補うため，国費で賄われた政見放送・経歴放送や選挙広告・選挙公報を実施している。

これらはまさに，日本のメディアが，党派性を持たず一定程度中立であって，そして全国津々浦々まで行き届いていることが前提である。放送法で規定されている「あまねく放送」は実質的にも実現しているわけだ。この普及実態を数字からも確認しておこう。そしてこれらの既存メディアの特徴は，高い独立性と安定的ビジネスモデルを確立している。これらはまさに，「全国どこでも，だれでも，簡単に」の平等アクセスを実現する最も効率のよい社会制度であるともいえるわ

けだ。

  人　口：1億2700万人（うち外国人200万人）
  有権者：1億0100万人
  世帯数：5300万世帯
   ↓
  新聞4200万　（新聞総発行部数／1日）
  放送4300万　（NHK受信料契約世帯数）
  出版4000万　（週刊誌総販売部数推計／1週，参考：66万＝週刊文春）

　こうした高普及の維持には法制度が深く関係している。新聞の場合，全国あまねく高普及のカギは，世界にも類を見ない広範囲にわたる宅配（戸別配達）制度があるからだ。日本では当たり前の風景であるが，毎朝（あるいは夕方），指定の場所（通常は自宅）に指定の新聞が届く仕組みが完備されている。これは，独占禁止法制度において，再販売維持契約制度が運用されているからである。即ち，新聞発行本社は価格の決定権を有しており，これによって新聞は「定価」販売が完全に履行されている。
　これによって新聞発行本社別に系列化された新聞販売店は，価格競争ができず，確実な配達サービスという形式によるサービス競争を余儀なくされることになる（一時は過剰なオマケ合戦が問題になった）。また発行本社の対販売店への拘束力が，配達が不便な区域に対しても新聞を届けさせるという強制力を有すことになり，その結果が全国くまなく，しかも高い普及率で新聞が講読されているという実態を生んできたわけだ。
　また放送の場合は，放送法の中でNHKは全国「あまねく」放送が義務化されており，いやがうえでもどんな場所であって，受信料を支払った契約者に対し，電波を届ける義務を負うことになる。そして民放も，NHKに対する対抗意識の中で，放送法上は努力義務に過ぎないものの，同様のあまねく放送を限りなく実行している。
　このような法制度に支えられた日本の新聞・放送は，居住地区に拠らない平等アクセス権を確保しているのであって，これがまたメディアの公共性を担保するという形を生んでいるといえる。そしてこうした平等性は，雑誌・書籍においても一定実現している。それは，新聞同様の再販制度と委託販売制度によって，全国に多様な棚揃えが実現した書店を配置してきたからである。
　しかし後述するように，こうした普及状況がいま明らかに曲がり角にきている。

新聞・放送・雑誌・書籍は，インターネット時代を前に相対的に大きく落ち込み，その普及度から，くまなくといったかつての形容詞は使えない状況になっている。そうなると逆に，これまで認められてきた公共性ゆえの特恵的待遇をどうするかという議論が当然に生まれることになるからだ。

　また，切れ目のないメディア環境を実現している別の要素としては，これらマスメディアの3層構造を挙げることができる。新聞であれば全国紙・県紙・地域紙に，放送であれば，NHK・地上波民放・FMコミュニティ放送局といったように，全国・地方・地域の三層をカバーすることで，より多様で多重的な情報環境を構成していることになる。さらにはそれぞれが原則，自由（独立，地域，多様）を守ることを大切にしてきている。それは，基幹メディアの社会的役割として，言論公共空間の提供，自由闊達な情報流通の確保，社会的合意の形成という暗黙の了解を，それぞれのメディアが自らに課してきたからでもある。

　もう一つ放送の場合は，NHKと民放という二元体制を放送行政の後押しもあって維持してきた。これもまた，放送の多様性を実現する社会的工夫である。また免許を，全国免許であるNHKと，地域免許たる民放に区別することで，地域性の確保にも一役買っている。こうした多様性・地域性も放送の自由の重要な要素である。

2　直面する言論の危機

　本稿でも何度か「忖度」という言葉を使用してきた。その内実は表現の自由の観点から言うならば，いわば市民的自由としての表現の自由の圧迫であったり，政治性を許さない社会の空気であったり，異論を認めない報道圧力だったりするわけだ。ここで改めて，ではなぜ忖度が起こるかについて整理してみよう。下の図は，表現の自由の可動域を示すイメージである。

　太い線が表現の自由の限界線を示しており，一般には刑法等で法規制される一線だ。ただし表現の自由の場合，境界線の曖昧さが特徴で，猥褻表現規制に特徴的なように，ギザギザ（解釈運用が時代や対象によって変更される）であったり，点線（適用されたりされなかったりすることがある）であったり，薄かったり（厳密性に欠け具体的に違法基準が分からない）するわけだ。

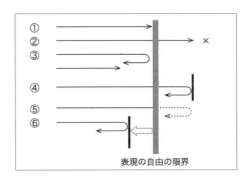

表現の自由の限界

　そのため，本来は目一杯表現活動を行いたいところ（①），捕まるのがいやであるがゆえに（②），自制が行動原理となるのが一般的である（③）。いわゆる自主規制であったり，自粛である。これに対し，権力批判に代表されるように，より可動域を広げるための工夫も施されており，名誉毀損の免責要件のように敢えて飛び出すことも許容されている（④）。その結果，理論的にはちょうど可動域一杯に表現の自由が行使できることになる（⑤）。

　しかし問題が生じることがある。それは仮想壁を勝手に手前に設けることで，法が定める以上に可動域が狭められることがあるからだ（⑥）。本来であれば，線を引くことができるのは立法権だけだが，時に司法がより限定解釈や拡大解釈（場合によって効果は逆に作用するので）によって，壁を手前に引く効果を生んでいる。

　そしてさらに問題なのは，行政権が解釈運用によって仮想壁を作る場合だ。その典型例が放送行政における行政指導である。あるいは，社会的勢力（その最大はほとんど公権力といってよい政党だが）が勝手に仮想壁を打ち立てて，表現規制することが目立ってきている。これらは，明白な違法行為だ。

　ただし，そうではなく空気感のなかで，場合によってはさしたる理由もないままに勝手に壁を作ったり，壁があるような雰囲気を醸し出すことによって，表現活動を邪魔することが起きる。それがまさに「忖度」といわれるもので，自粛や自制と忖度は，似て非なるものである。

　こうした社会の空気により，便乗する形で法体系の転換がいっそう進んでいる。第1には，例外を一般化する法体系への転換だ。特定秘密保護法（市民の一般監視）がその典型だろう。第2は，戦争を前提とする法体系への転換だ。従軍記者ルールや指定公共機関制度の拡充が挙げられる。第3が，のりしろを認めない法体系への転換である。自主規制の否定や単純所持が禁止されることで，どんどん息苦しい法制度になってきた。

これと軌を一にして，行政権限の拡大も進んでいる。そこでは，一律・包括・直截な行政による規制の拡大が顕著にみられる。インターネット社会の拡大はデジタル化・多メディア化の進展と言い換えることができるが，これらが本稿で述べてきたような既存メディアを中心とした自主規制による社会ルール維持制度を崩壊させてきた。

あるいはまた，すでに何度か触れたように放送法における倫理規範から法的拘束性のある法規範への転換は，単に放送法解釈の部分変更にとどまらず，政府のメディアコントロールの遠慮のなさを示すものだ。放送法が全体として，放送の自由を謳うものから放送局の事業規律を定める業法としての性格を強く有するものとなったことから，個別の番組編集準則，番組調和原則（総合編成），番組審査制度といった，元来，放送局の自主自律の制度として運用されていたものが変質せざるをえない点も見逃せない。

3　将来的課題

こうした事態を前に，ジャーナリズムを支える法社会制度において〝明るい未来〟を展望することは容易なことではない。しかしはっきりしていることもある。表現の自由は一度壊れたら，もとに戻すのは至難の業ということだ。そうであれば，可能な限り壊さないように努めることが大切ということになる。

冒頭の制度保障とジャーナリズムという2本柱に話を戻すならば，知る権利への奉仕と社会的使命によって市民的自由としての表現の自由を拡充すること，メディアの自由と特恵的待遇を広く社会的に理解を得ることで，ジャーナリストとしての表現の自由を十分に発揮できる環境を作ることが大切ということになる。

とりわけいまの社会の問題が，透明性と公共性の衰退であるとされている状況の中で，いかに情報の開示（説明責任の実行）によって自由な情報流通を実現し，多様性・多元性（多様な言論の実現）を維持するかが問われている。そしてこれらは，国際連携による相互監視と，政府と市民により共同作業によって実現するというのが国際スタンダードになりつつある。この点で日本は，一歩も二歩も遅れている。

むしろ昨今の日本の状況は，政府の見える化という点で，情報公開法や公文書管理法の制度上の瑕疵や，運用上の逸脱，さらには意図的で巧妙かつ大胆な情報隠蔽によって，情報公開の制度全体の形骸化が進み，透明性は後退に後退を重ねているのが実態だ。さらに同時進行で，十全な監視の仕組みがないままの特定秘密保護法や，それに伴う取材制限の一般化は，表現の自由を大きく狭める危険性を孕んでいる。過去の独立行政委員会の廃止や放送法の業法化にとどまらず，放

送そのものの軽視する動きも顕著である。昨今の民放不要論の根底にあるのは，経済一辺倒の改革論議であって，これはメディアの公共性の衰退を意味している。

　ここまで，新規の表現規制立法や強まる行政圧力について確認してきた。あるいはまた，政府のメディア戦略の巧妙さや，政治（家）圧力による公文書破棄・改竄も，自由な言論活動を歪める要素だ。そして最も心配なことに，社会の空気として，暴力による言論封殺（直接的な身体への暴力のほか，執拗な嫌がらせ等の精神的な暴力など）や強まる同調圧力がある。これらは，ジャーナリズムの最も強力な敵の1つだ。

　この同調圧力は，ジャーナリズムに限定しない日本社会の一般的な特性とも言われてきたが，厳しいメディア批判とオーバーラップしより大きな効果を上げる傾向にある。具体的には，偏向報道批判という名の現政権批判は許さないという圧力であり，情報隠し批判としてなされる既存マスメディアの情報コントロールは酷いという形でのマスコミ潰しである。前者は，安保法制や特定秘密保護法報道に関するいくつかの放送局や，辺野古新基地報道に関する沖縄地元紙がターゲットになった。後者は，原発事故報道時に顕著であったが，マスコミは自分たちの都合の悪い情報を意図的に隠しているというものだ。

　もともとは，民主主義の必要経費として，社会全体で支えるいわば「お布施ジャーナリズム」があった。あるいは知る権利への奉仕として，情報公開＋αとしてのジャーナリズムの監視力への期待もあった。しかも平等アクセスの保障は大切で，「いつでも，どこでも，だれでも，かんたんに」を実現するマスメディアは，社会の必須要素であるとの緩やかな社会的合意が存在していた。しかしいまや，ケータイさえあれば社会につながることができるとして，むしろマスメディアは余計な存在として認識されている。

　こうした状況に，いまのジャーナリズム自体も，そしてそのジャーナリズム活動を支える法社会制度も対応しきれていない。また，ジャーナリズム活動が「個」に集約されつつあるなかで，かつてから指摘されてきた職能団体の不存在が改めて意味を持ってきてもいる。これまで日本の場合は，大メディア企業に属する社員ジャーナリスト中心のジャーナリズム活動がなされてきており，その関係で職能集団の代わりに，既存メディアの労働組合がこうした役割を肩代わりしてきた側面がある。

　しかし，新聞労連（新聞社の労働組合）[43]・民放労連（民放放送局の労働組合）[44]・

---

(43) 日本新聞労働組合連合 http://www.shinbunroren.or.jp/
(44) 日本民間放送労働組合連合会 http://www.minpororen.jp/

日放労（NHKの労働組合）[45]・出版労連（出版社の労働組合）[46]などの，労組自体の組織率も絶対数も衰退する中で，もはや肩代わりの実態はなくなってきているとの指摘がある。たとえば新聞の自由についての研究部門（新聞研究部）が，活発な活動を行うことで新聞労働者＝新聞ジャーナリストが自らの存在意義を再確認する機会を得ていたわけであるが，そうした場が相対的に縮小しつつあるのではないかということだ。

業界倫理団体の中の研究組織も存在はするが，経営者の力が団体の中でジャーナリズムの問題を摘出し解決への道筋を提示できるかという根本的な疑問に答え切れていない。戦後すぐに出された「編集権声明」[47]は，明確に社長に編集権があることを宣言しており，編集と経営の分離がないばかりか，編集現場に編集権もないし，同時に内部的自由もないのが現状だからだ。

そうしたなかで，記者独自の指針不在の解消が求められるのではないか。現在の記者は何に拠って立っているかを考えると，社是（編集権）に示される経営方針であったり，編集綱領（新聞倫理綱領）に明文化された報道倫理であったり，社ごとに定められている場合が多い報道ハンドブック（行動規範）という名のマニュアルであったりしている。あるいは，就業規則（内規）というコンプライアンスが，最も身近で強制力を有するジャーナリズム活動を縛っている規範かもしれない。本来であれば，報道倫理が最上位になくてはならないと思われるが，現実は厳しいということだ。

この編集権や内部的自由の再構築が，とりわけ近い将来の日本における言論の自由やジャーナリズム活動を考えるうえで大きなカギになるではないか。戦時の言論統制としては，①法制（秘密保護法制＝軍機保護法，名誉毀損法制＝讒謗律，緊急事態法制＝治安維持法），②検閲（内容審査＝事前・事後，財政的締付＝供託金・印紙税，特権付与＝ギルド等），③監視（媒体統合，用紙配給，大政翼賛会）が広範囲に実施されていた。同時に報道機関側も自主的に戦争協力を行った。大本営発表報道，翼賛イベント，国策紙芝居などである。そして教育の場でも，教育勅語，国定教科書制度や，教授の自由の剥奪によって思想の統一が進んでいった。

こうした事態を招かないためには，言論の自由のための法制度の整備とともに，ジャーナリズム自身を強靭にしていくしかないし，そのための制度保障として，編集権や内部的自由は必須であると思われるからだ。その具体的な形として，編

---

(45) 日本放送労働組合 http://nipporo.com/
(46) 日本出版労働組合連合会 http://syuppan.net/
(47) 日本新聞協会の編集権声明（1948年3月16日）http://www.pressnet.or.jp/statement/report/480316_107.html

集現場における編集の自由をどのように保障するかには，いろいろなオプションがあるだろう。企業内自由の制度的保障についても，海外の事例を参考に，代表交渉権，聴聞権，理由開示請求権，公開権，拒否権などの検討を，一度はきちんと考えてみることがあってもよかろう。いわゆる，良心条項の確立の声もあるかもしれない。

　表現の自由の3つの天敵として，遠慮がない自由な言論（身勝手），政府の剛腕による自由の制約（力づく），何となく言えない不自由な空気（忖度）が挙げられることがしばしばある。これらに抗するためには，言論報道機関（メディア）は公共性の担保のためのマスメディア共通の文化価値基盤の必要性や，表現の自由擁護という社会的責務の共通認識を持つ必要がある。そして何よりもまず，危機感の共有だ。

　報道倫理として新聞人の覚悟（おそれず，ひるまず，おごらず）がかつて言われた。いまは，独立性（政治的公正），信頼性（人道性），透明性（説明責任），高潔性（健全性）といった言葉で表現されている。こうした倫理を部分的に法制化することも選択肢としてはあっても，それが健全なジャーナリズム実現の手段として正しいかどうかは疑問だ。それからすると，本稿で挙げてきたジャーナリズム活動のためのさまざまな制度保障は必要であるにせよ，第一歩はジャーナリズム活動の主体である個々のジャーナリストやメディア企業自体が自らの存在基盤である表現の自由を守る覚悟と気概をもつことだろう。

　社会からの信頼を失いつつあるマスメディア総体が，もう一度市民の支えを得ることが，まさに安定的継続的なジャーナリズム活動にとって必要であると思われる。それなしには，いかにすばらしい制度保障があっても，すぐに公権力との関係で奪われてしまいかねないからだ。そうであるならば，個々のジャーナリストやメディア企業自体が，自らが定めた一線を守るために，訴訟も含め公権力と闘う姿勢と行動を示すことが求められている。

　法制度を語る論稿にはふさわしくない結論ではあるが，いまの揺らぐ表現の自由やジャーナリズムの希薄化から抜け出すためには，〝ちょっとした勇気〟が期待されているということだ。

　　本研究は，専修大学情報科学研究所研究助成「ポスト・トゥルース時代の情報流通とジャーナリズム」の研究成果の一部である。

4 放送法の思考形式

西土彰一郎

Ⅰ　はじめに
Ⅱ　放送法の回顧 —— 放送法の番組編集準則と電波法の
　　「運用停止」処分の結合
Ⅲ　二つの思考モデル
Ⅳ　将来の展望 —— モデルの選択
Ⅴ　「社会的権力 vs. 個人」から「プロ vs. アマチュア」へ
Ⅵ　おわりに

Ⅰ　はじめに

　本稿の主題は，「放送法の回顧と展望」である。
　この主題に関しては，周知の通り，近年の技術発展やブロードバンドの普及など視聴者を取りまく環境変化を踏まえ，2015年11月から総務大臣の検討会として「放送を巡る諸課題に関する検討会」（いわゆる諸課題検）が開催され，2016年9月に「第一次とりまとめ」を公表している。これをうけて情報通信審議会に「視聴環境の変化に対応した放送コンテンツの製作・流通の促進方策の在り方」が諮問され，検討委員会および WG も設置された。
　諸課題検の「第一次とりまとめ」は，冒頭で放送法1条の目的規定を引用し，これまで放送が担ってきた役割（「放送は，我が国における表現の自由や民主主義の発展を確保し，国民・視聴者の利益を最大化させながら，知的・社会的価値の創造といった大きな使命」）を回顧し，こうした機能は今後も確保されていかねばならないことを強調している。そのうえで，これからの新時代にふさわしい役割を果たしていくことができるよう，視聴者の視点に立った対応を検討していくことが必要であると指摘している。そして，こうした認識にたって，「第一次とりまとめ」は，今後の課題と対応の方向性として，（1）新サービスの展開，（2）地域に必要な情報流通の確保，（3）新たな時代の公共放送の三点を挙げ，それぞれ論点整理を行っている[1]。

「第一次とりまとめ」は、以上の課題を明らかにするにあたり、情報通信分野の技術発展のみならず、ライフスタイルの変化や社会経済構造の変化にまで言及しており、骨太の方針を示しているといえる。ただし、「第一次とりまとめ」は、近年問題になっている放送法4条の番組編集準則を検討の対象にしていない。視聴者の利益を重視する「第一次とりまとめ」は、放送番組審議機関等を通じて視聴者の意見を放送事業者に届ける仕組みを導入してきたことに言及している[2]。しかし、かねてより山田健太が指摘しているように、番組編集準則は放送事業者の視聴者に対する約束という性格を有しているはずであり、まさに視聴者利益を体現するものである[3]。また、「第一次とりまとめ」は、「今後の放送事業については、あまねく、信頼性のある情報を正確に伝達するという放送の役割は今後も重要であり、視聴者利益や地域情報を含めた良質なコンテンツの提供を確保していくことが引き続き求められる」[4]と指摘しているが、番組編集準則のあり方は「良質なコンテンツの提供」の確保の観点から避けては通れない問題のように思われる。

そもそも放送法を回顧する場合、「第一次とりまとめ」が強調していた、放送が果たしてきた役割（つまり、表現の自由、放送の自由の確保）の観点からも番組編集準則の問題を避けることはできない。そこで、本稿では、番組編集準則を観察の定点として放送法を回顧し、その未来について考えてみたい。

II　放送法の回顧
―― 放送法の番組編集準則と電波法の「運用停止」処分の結合

1　放送法制定当初

近年、放送法4条の番組編集準則違反を理由に総務大臣が電波法76条1項を根拠に放送局の「運用停止」処分を下すことができるのか、一般的に述べると、番組編集準則は法的拘束力を有するのか、それとも法的拘束力のない倫理規定（訓示規定）なのか、改めて問題になっている。この点について、まずは実務における番組編集準則の捉え方の変遷について確認しておきたい。

現行の放送法の淵源は、1946年10月末に、連合国総司令部民間通信局が逓信省

（1）放送を巡る諸課題に関する検討会「第一次取りまとめ」（平成28年9月9日）2頁以下。
（2）前掲注（1）14頁。
（3）山田健太「放送の自由と自律」自由人権協会編『市民的自由の広がり』（新評論、2007年）182頁。
（4）前掲注（1）13頁。

4 放送法の思考形式〔西土彰一郎〕

（当時）に対して，新憲法に即応せしめること，放送を完全に民主化し，之に対する軍の統制影響の痕跡を永久に除去すること等を骨子として，放送関係の法律を早急に改正整備するよう指示したことにある(5)。戦前は行政措置で行われてきた放送の監理・監督を法律で規定する，その意味での「放送の民主化」の第一歩といえる(6)。その後，「ファイスナー・メモ」をもとに逓信省により作成された放送法案，この法案に含まれていた放送番組における表現規制的な制限条項に対する連合国総司令部法務局（LS）の修正意見等を経て，最終的には1950年4月26日衆議院での参議院修正案の可決により，現行の番組編集準則を含む放送法が成立した（同年5月2日に公布，同年6月1日より施行）。

1950年1月24日の衆議院電気通信委員会での電波三法（放送法，電波法，電波監理委員会設置法）提案理由説明のなかで，網島毅電波監理長官は放送法について，1条で放送による表現の自由を根本原則として掲げ，政府は放送番組に対する検閲，監督等を一切行わないこと，放送番組の編集は放送事業者の自律に任されていること，などと説明している(7)。この説明は，戦後の放送法制の出発点である「放送における言論の自由の実現ないし放送と政府の分離」の指向，とりわけLSの修正勧告の趣旨を反映したものであることが分かる。番組編集準則を法定化した理由も，「放送の民主化」の一環であるとともに，LSの修正勧告において指摘された放送法の趣旨 —— 放送を権力の宣伝機関としてしまう恐れの除去 —— の観点からも把握される必要がある。

実際に，政府は，この電波三法提案理由説明をうけて，番組編集準則を基本的に倫理規範として解釈してきた。1964年に郵政省（当時）は，番組編集準則は「法の実際的効果としては多分に精神的規定の域を出ない。要は，事業者の自律にまつほかない」(8)との考えを示していた。精神的規定とは，倫理規範または訓示規

（5）荘宏＝松田英一＝村井修一『電波法放送法及監理委員会設置法詳解』（日信出版，1950年）7頁。
（6）放送の「監理・監督は，主として，無線電信法の委任にもとづく放送用私設無線電話規則，および，私設無線電話施設許可附帯命令書，そして主務大臣（逓信大臣）の自由裁量により民法上の公益社団法人たる日本放送協会に独占させていたことから，「民法による社団法人認可にともなう主務大臣（中略）の附帯命令書によって行政措置で行われてきた」（内川芳美『マス・メディア法政策史研究』〔有斐閣，1989年〕298頁）。それは「電波伝播の物理的特性，および新聞，雑誌，映画などのマス・メディアとは異なる放送コミュニケーションの受容形式ならびに影響力の特殊性から，公安ないし国民思想への『危害』を防止する取締上の便宜確保と，放送機能の国家的統合強化の手段としての積極的利用という政策的発想から生まれた制度」（内川・同上，66頁）であった。
（7）第7回国会衆議院電気通信委員会議録第1号昭和25年1月24日20頁の網島政府委員の答弁。

範の意味で捉えるべきであろう。

　もっとも，1964年に先立つ1952年に電波監理委員会が廃止され，独任制行政庁が放送の監督権限を担うようになったことに注意しておく必要がある。そもそも，1950年の電波三法は，放送法3条の「放送番組編集の自由」保障，電波法による「施設免許制」（＝行政側の監督権を技術面の施設基準や周波数，混信の問題の範囲に限定することにより，行政が免許権限を使って放送の中身に介入することを防ぐ），電波監理委員会による政府から独立した条文解釈権と電波・放送行政権の運用という三位一体により，放送の「自由」と「自律」を三重に保障する構造を有していた[9]。その要の一つである電波監理委員会が廃止されたことにより，放送法体系の歪みを生じさせることになる。すなわち，「放送行政権が政府の手中に握られ，放送免許や放送法の解釈，運用などに権力側が政治意図をフルに行使する道が開かれることになった」[10]のである。1964年時点では，まだ郵政省側の自制が働いていたものの，その後の番組編集準則の解釈において，以上の危惧が端的に妥当することになる。以下，番組編集準則違反を理由にした郵政大臣等の行政指導と，同違反を理由にした電波法76条1項に基づく郵政大臣の「運用停止」処分に分けて，番組編集準則の解釈の変遷を見ておく。

2　行政指導

　行政指導とは，行政機関がその任務又は所掌事務の範囲内において一定の行政目的を実現するため特定の者に一定の作為又は不作為を求める指導，勧告，助言その他の行為であって処分に該当しないものをいう（行政手続法2条6号）。多くの場合，特別の法律の根拠なく行われているものの，行政手続法は，行政指導に従わなかったことを理由とする不利益な取扱いを禁止するなど，行政指導を行う場合の一般的な原理，原則を確認する規定を設けている（32条）。

　放送行政に関して，総務省の行政指導は，現時点で，①警告，②文書による厳重注意，③口頭による厳重注意，④文書による注意，⑤口頭による注意の5種類あり，行政指導の主体も，重い行政処分である①と②の一部は，郵政大臣（当時）・総務大臣による。それ以外は放送行政担当の局長，政策統括官または各総合通信局長による行政指導である[11]。

（8）郵政省「放送関係法制に関する検討上の問題点とその分析」臨時放送関係法制調査会『答申書　資料編』（1964年）362頁。

（9）松田浩「表現の自由の危機」メディア総合研究所・放送レポート編集委員会編『放送レポート別冊』（大月書店，2016年）29頁。

（10）松田・前掲注（9）37頁。

前述の通り，1964年に郵政省は，番組編集準則は精神的規定の域を出ないとの考えを示したこともあって，1972年6月8日の参議院逓信委員会で廣瀬正雄郵政大臣は，番組の向上は行政指導ではなく放送事業者が自主的に行うしかない旨を答弁していた[12]。しかし，1980年5月31日に郵政大臣が日本テレビに対して1979年総選挙開票速報の音声多重放送に関して文書による厳重注意を行った[13]。1985年には，民放の深夜番組の性表現を受けて，同年2月8日衆議院予算委員会で佐藤恵郵政大臣は「自主的にやってもらうしかない」と述べる一方[14]，中曽根康弘総理大臣は，郵政省が監督権限を持っている以上，「警告を発するなり，しかるべき措置をやらしたい」と答弁し[15]，同年11月1日に，やらせ番組が問題になったテレビ朝日に対して郵政大臣が「真実でない報道が行われ」たことを理由に文書による厳重注意を行った[16]。そして1993年に，選挙報道における番組編集準則の政治的公平が問われた「椿発言事件」が起こり，その後，郵政省と2001年の省庁再編により放送を所管することになった総務省は，事実の報道と政治的公平の項目を中心に番組編集準則違反を根拠にした行政指導を繰り返すようになった[17]。2005年8月3日参議院本会議において麻生太郎総務大臣は，次のように答弁している。「放送の健全な発達にかかわる観点から，放送番組について社会的に大きな影響を及ぼすような事案が発生した場合は，放送法第3条の2〔現行の4条――筆者注〕の規定などに照らし，再発することのないよう，慎重に検討し行政指導を行っております。この行政指導は，放送の健全な発達を図る上で，再発防止のための放送事業者としての自主規律を求めるものであって，必要かつ適切なものであると考えております。」[18]

3　放送法4条と電波法76条のリンク

（1）「運用停止」処分の明言――椿発言事件（1993年）

番組編集準則違反を理由にした電波法76条1項に基づく郵政大臣の「運用停止」処分について，郵政省は，椿発言事件以前は概ね慎重姿勢を示していた。例えば，

---

(11) 三宅弘＝小町谷育子『BPOと放送の自由』（日本評論社，2016年）236頁以下〔三宅〕262頁以下参照。
(12) 第68回国会参議院逓信委員会議事録第20号昭和47年6月8日19頁の国務大臣の答弁。
(13) 参照，三宅＝小町谷・前掲注(11)263頁以下で示されている行政指導一覧〔三宅作成〕。
(14) 第102回国会衆議院予算委員会議録第7号昭和60年2月8日41頁の国務大臣の答弁。
(15) 第102回国会衆議院予算委員会議録第7号昭和60年2月8日41頁の総理大臣の答弁。
(16) 参照，三宅＝小町谷・前掲注(11)263頁以下〔三宅〕。
(17) 参照，三宅＝小町谷・前掲注(11)266頁以下〔三宅〕。
(18) 第162回国会参議院会議録第33号平成17年8月3日4頁の国務大臣の答弁。

1977年4月27日の衆議院逓信委員会で石川晃夫郵政省電波監理局長は，放送番組は「検閲ができない」ことから，「番組の内部に立ち至るということはでき」ず，その意味で「番組が放送法違反という理由で行政処分するということは事実上不可能」であると答弁している[19]。また，同じ衆議院逓信委員会で鴨光一郎郵政省電波監理局放送部長は，番組編集準則違反の事実につき「政府，郵政省がこれを判断する権限を与えられていない」，放送事業者の番組判断の是非については番組審議会，さらには世論の批判が加わる，と答えている[20]。さらに，1993年2月22日の衆議院逓信委員会で木下昌浩郵政省放送行政局長は，放送番組の適正化については事業者の自律に基づくという考えを基本とすべきであり，番組編集準則違反を理由とする電波法76条の適用は慎重であるべき等の答弁を行っている[21]。

しかし，椿発言事件をうけて，郵政省の江川晃正放送行政局長は，1993年10月1日の緊急記者会見で，番組編集準則違反を理由に電波法76条1項を適用する可能性を正面から認める発言をし[22]，同年10月27日の衆議院逓信委員会で，郵政省が最終的に政治的公平を判断すると答弁し，番組編集準則は放送事業者を法的に義務づける規範であることを明言した[23]。ただし郵政大臣は，テレビ朝日に対して番組編集準則違反ではなく，「役職員の人事管理などを含む経営管理面で問題があった」として文書による厳重注意を行った（1994年9月2日）[24]。

椿発言事件に関しては，メディア側の対応を批判する見解もある。例えば，石川旺はテレビ朝日がアカウンタビリティを発揮しなかったことを鋭く批判してい

---

(19) 第80回国会衆議院逓信委員会議事録第13号昭和52年4月27日20頁の石川政府委員の答弁。
(20) 第80回国会衆議院逓信委員会議事録第13号昭和52年4月27日21頁の鴨政府委員の答弁。
(21) 第126回国会衆議院逓信委員会議事録第4号平成5年2月22日16頁の木下政府委員の答弁。他方で，1962年3月14日の衆議院逓信委員会で迫水久常郵政大臣は，番組編集準則違反の判定は郵政省がやると答弁している（第40回国会衆議院逓信委員会議録第16号昭和37年3月14日3頁の国務大臣の答弁）。また，1980年11月5日の衆議院文教委員会で田中眞三郎郵政省電波監理局長は，「理論的には放送法に違反したものとして電波法76条に基づく行政処分を行うということも一応可能である」。「しかしながら，番組内容については，行政判断を行うための手続が法律上規定されて」おらず，「法的措置を講ずることは非常に困難」である。したがって実際上の運用としては「放送事業者が放送番組を編集するに当たりましての準則という形で放送事業者の自制に期待するのが適当ではないか」と答弁している（第93回国会衆議院文教委員会議録第6号昭和55年11月5日20頁の田中政府委員の答弁）。
(22) 産経新聞1993年10月14日東京朝刊。
(23) 第128回国会衆議院逓信委員会議事録第2号平成5年10月27日2頁の江川政府委員の答弁。
(24) 参照，三宅＝小町谷・前掲注(11)266頁以下［三宅］。

る(25)。また，岩崎貞明はテレビ朝日だけでなく，他のテレビ局やジャーナリストが一致団結して政府に対抗しなかったことを疑問視する(26)。

(2)「発掘！あるある大事典Ⅱ」事件（2007年1月）
(a) 実質的な改善命令
　前述の通り，椿発言事件の後，郵政省と総務省は，事実の報道と政治的公平の項目を中心に番組編集準則違反を根拠にした行政指導を繰り返している。総務省の解釈に従うならば，放送事業者が法規範である番組編集準則に違反した場合，総務大臣は放送事業者に対して，電波法76条1項に基づき放送局の運用停止を命じることができる（また，2010年放送法改正により，同174条1項に基づき業務停止を命ずることができる）。しかし，鈴木秀美が指摘するように，以上の命令は放送が止まることを意味しており，放送事業者の自由のみならず，社会に与える影響が大きいことから，実際に行われることは難しい。だから，番組編集準則違反について行政指導の手法が用いられる。総務省は「『行政指導』の法律の根拠を要しないヌエ的な性質を利用して，放送事業者の自律に委ねるべき領域にまで踏み込んで，事実上，法的規制権限を拡大してきている」(27)と批判されている。

　ただし，椿発言事件以降，運用停止命令を示唆して行政指導を行ったことにより注目を集めた事件がある。納豆のダイエット効果に関する情報の捏造が問題になった「発掘！あるある大事典Ⅱ」事件（2007年1月）である。この事件をうけて，2007年3月30日に総務大臣は「報道は事実をまげない」という番組編集準則等違反を理由として，関西テレビに対して行政指導としては最も重い「警告」を行い，再発防止措置やその実施状況について報告を求めた上，今後の再発には「法令に

---

(25) 石川旺「報道における『公正』」メディア総合研究所・放送レポート編集委員会編『放送レポート別冊』（大月書店，2016年）52頁は次のように指摘している。「自民党以外の政権が必要という考え方は当時の世界状況を見れば選択肢として当然ありうるものであった。アジア圏で冷戦構造の前線上にあった国々では冷戦が終結してからそれぞれアメリカの強い影響下にあった政権構造を転換し，冷戦後の世界への対応体制を整えた。(中略）日本でも長年続いた一党支配を脱し，新しい秩序に向けて新しい体制の構築が必要という考え方は自然なものであった。その意味でテレビ朝日は『事前の取り組み』として」一つの判断を下し，報道活動を行ったものであろう。それに対する批判には理由を明示して説明するべきであった。しかし，「公正・中立」「不偏・不党」という日本のメディア界に存在する曖昧な基準を用いた短期的な事例批判にからめとられ，明確な反論を構築できないままにメディア側の敗北という結果になった。」
(26) 小田桐誠＝金平茂紀＝西土彰一郎＝砂川浩慶＝岩崎貞明「公正中立がメディアを殺す」放送レポート262号（2016年9月）14頁以下。
(27) 鈴木秀美「放送法の『番組編集準則』と表現の自由」世界877号（2016年）125頁（同『放送の自由〔増補第2版〕』（信山社，2017年）増補6頁）。

基づき厳正に対処する」として、電波法76条の適用可能性を示唆した。関西テレビに運用停止まで示唆して再発防止措置や実施状況の報告を求めたことは、行政指導というより実質的には改善命令に他ならないとの指摘がある[28]。

　番組編集準則違反を理由に電波法76条1項に基づき運用停止命令が下されうる場合、この処分は、直接に義務を課し、またはその権利を制限する不利益処分にあたるため、あらかじめ具体的な処分基準を定めておく必要がある（行政手続法2条1号、4号、12条）。「発掘！あるある大事典Ⅱ」事件より前の2006年に元放送行政担当者の金澤薫により公刊された逐条解説によれば、この基準は、①番組が番組編集準則に違反したことが明らかであり、②そのような番組が放送されることが公益を害し、電波法の目的に反するから、将来に向けて阻止する必要があり、③同一の事業者が同様の事態を繰り返し、再発防止の措置が十分ではなく放送事業者の自主規制に期待するのでは、放送法3条の2［2010年改正法では4条］を遵守した放送が確保されないと認められる場合、である[29]。ただし、この基準に対しては、番組編集準則は解釈の幅のある準則であり、①を判断しうるのか疑問である（放送法175条に基づき総務大臣が提出を求めることのできる資料には、個々の放送番組の内容にかかわる資料は含まれていない）、②「公益を害し」という言葉があいまいであるという批判がある[30]。

（b）事件の影響

　ところで、関西テレビに対する行政指導の前の2007年2月22日に衆議院総務委員会で菅義偉総務大臣は、行政指導と行政処分の間には差がありすぎるため、その間に再発防止のための何らかのものが必要であると答弁し、同年4月に新たな行政処分を盛り込んだ放送法改正案が国家に提出された。この新たな行政処分案は「虚偽の説明により事実でない事項を事実であると誤解させるような放送であって、国民経済または国民生活に悪影響を及ぼし、または及ぼすおそれがあるもの」を放送した場合、総務大臣は電波監理審議会への諮問・答申を経て、当該

---

(28) 山本博史「『総務省対テレビ局』をめぐる制度的深層」世界763号（2007年）59頁。
(29) 金澤薫『放送法逐条解説』（電気通信振興会、2006年）57頁。鈴木秀美「情報法制——現状と展望」ジュリスト1334号（2007年）150頁が指摘するように、同書の解説は総務省に立場に沿ったものである（なお、同書の2012年の改訂版58頁以下もこの見解を維持している）。また、この要件は、2010年の法改正により導入された放送法174条の業務停止命令にも妥当すると民主党政権下の原口一博総務大臣（第174回国会衆議院総務委員会議事録第17号平成22年5月18日20頁）、平岡秀夫総務副大臣（第176回国会参議院総務委員会会議録第6号平成22年11月26日3頁）も説明している。
(30) 三宅＝小町谷・前掲注(11)257頁［小町谷］。

放送事業者に対して再発防止計画の提出を求めることができるとするものであった。ただし、2007年5月22日衆議院本会議で菅義偉総務大臣は、「なお、今般の再発防止計画の提出の求めに係る規定の新設と時を同じくして、日本放送協会及び民間放送事業者が自主的にBPO〔放送倫理・番組向上機構－筆者注〕の機能強化による番組問題再発防止への取り組みを開始したことにかんがみ、BPOによる取り組みが機能していると認められる間は、再発防止計画の提出の求めに係る規定を適用しないことといたします。」(31)と説明していた。

この新たな行政処分案に対しては、「国民経済」、「国民生活」、「悪影響を及ぼ」す等の要件が過度に広汎であること、「及ぼすおそれがあるもの」も対象にしており、要件が限定されていないといった批判がなされた(32)。こうした批判とともに、BPOが「放送倫理検証委員会」を設置したこともあり、与野党修正協議により関連規定は削除された。「『BPOの効果的な活動』が要請されたことは、(中略) 放送法の番組編集準則が倫理的意味の規定として運用され、放送メディアの特定に応じて徐々に規制をはずしていくこととも、その方向性を同じくする点」で、これを評価する意見もある(33)。

(3) 高市総務大臣の答弁

近年、番組編集準則をめぐり議論を誘発したのが、2015年5月12日参議院総務委員会(34)、2016年2月8日衆議院予算委員会(35)、および同年2月9日衆議院予算委員会(36)における高市早苗総務大臣の国会答弁である。高市総務大臣は、前述した処分基準を満たす場合、番組編集準則違反を理由に電波法76条1項に基づく運用停止命令を下すことができるとの政府見解を踏襲したうえで、新たな見解を打ち出した。この答弁のポイントは二つある。

(a)「政治的公平」は一つの番組でも判断：政府統一見解

第一に、「政治的公平」について、放送事業者の番組全体を見て判断することを原則としつつも、場合によっては一つの番組でも評価することがありえると指摘したことである。その際、二つの具体例を引き合いに出している。「選挙期間

---

(31) 第166回国会衆議院会議録第33号平成19年5月22日2頁の国務大臣の趣旨説明。
(32) 三宅＝小町谷・前掲注(11)292頁以下〔三宅〕。
(33) 三宅＝小町谷・前掲注(11)294頁〔三宅〕。
(34) 第189回国会参議院総務委員会議事録第8号平成27年5月12日3頁の国務大臣の答弁。
(35) 第190回国会衆議院予算委員会議事録第9号平成28年2月8日31頁の国務大臣の答弁。
(36) 第190回国会衆議院予算委員会議事録第10号平成28年2月9日4頁の国務大臣の答弁。

中またはそれに近接する期間において殊さらに特定の候補者や候補予定者のみを相当の時間にわたり取り上げる特別番組を放送した場合のように，選挙の公平性に明らかに支障を及ぼすと認められる場合」と「国論を二分するような政治課題について，放送事業者が一方の政治的見解を取り上げず，殊さらに他の政治的見解のみを取り上げてそれを支持する内容を相当の時間にわたり繰り返す番組を放送した場合のように，番組編集が不偏不党の立場から明らかに逸脱していると認められるといった極端な場合」である。

この答弁は，放送事業者の番組全体を見て判断するという従来の解釈(37)を変更するように思えるが，2016年2月12日に総務省は「政治的公平の解釈について（政府統一見解）」を出して，高市大臣の答弁を「これまでの解釈を補充的に説明し，より明確にしたもの」と述べている。「番組全体」は「一つ一つの番組の集合体」であり，政治的公平の判断については「一つ一つの番組を見て，全体を判断する」ことになるという。

しかし，以上の政府統一見解に対しては，「総務大臣が個々の番組の番組編集準則適合性を認定することになれば，恣意的判断がなされる危険があるし，放送に対して強い萎縮効果を及ぼすことになる」と批判されている(38)。

(b) 行政指導と行政処分のリンク

第二に，行政指導と行政処分のリンクである。高市総務大臣は，2016年2月8日衆議院予算委員会において，何度行政指導をしても番組編集準則を全く遵守しない場合に電波の停止を行うことがあると答弁している(39)。これは，「行政指導を介在させて，番組編集準則違反が繰り返されることを行政処分の要件としていると受け取れる」ため，行政手続法32条2項の不利益取扱いの禁止の原則に違反するように考えられる(40)。また，行政処分と行政指導がリンクされたことにより，まずは行政指導を避けようとする意識が放送局に働きやすくなることが危惧される(41)。

---

(37) 例えば，2007年12月20日参議院総務委員会で増田寛也総務大臣は「一つの番組ではなくて当該放送事業者の番組全体を見て判断することが必要」と答弁している。第168回国会参議院総務委員会議事録第11号平成19年12月20日10頁の国務大臣の答弁。
(38) 鈴木秀美「放送事業者の表現の自由と視聴者の知る権利」法学セミナー738号（2016年6月）27頁（同『放送の自由〔増補第2版〕』（信山社，2017年）増補18頁）。
(39) 第190回国会衆議院予算委員会議事録第9号平成28年2月8日31頁の国務大臣の答弁。
(40) 三宅＝小町谷・前掲注(11)258頁以下〔小町谷〕。
(41) 三宅＝小町谷・前掲注(11)238頁〔小町谷〕。

4 現在の総務省の見解のまとめ

ここで、小町谷育子の整理にしたがって、現時点での総務省の見解を箇条書きにまとめておく[42]。
- 番組編集準則には法的拘束力がある。
- 番組編集準則は放送局が自律的に遵守するのが基本である。
- しかし、番組編集準則に違反があった場合、総務省がその違反の有無を判断する。
- 「政治的公平性」の違反の有無は、放送局の番組全体を見て判断するが、「番組全体」は「一つ一つの番組の集合体」であり、一つ一つの番組を見て、全体を判断する。
- 一つの番組のみでも、例えば、（ⅰ）「選挙期間中またはそれに近接する期間において殊さらに特定の候補者や候補予定者のみを相当の時間にわたり取り上げる特別番組を放送した場合のように、選挙の公平性に明らかに支障を及ぼすと認められる場合、（ⅱ）国論を二分するような政治課題について、放送事業者が一方の政治的見解を取り上げず、殊さらに他の政治的見解のみを取り上げてそれを支持する内容を相当の時間にわたり繰り返す番組を放送した場合のように、番組編集が不偏不党の立場から明らかに逸脱していると認められるといった極端な場合においては、一般論として「政治的に公平であること」を確保しているとは認められない。
- 総務省は、放送局に番組編集準則違反があれば行政指導を行うことができる。
- 行政指導があっても改善されず違反が繰り返される場合には、総務大臣が電波の停止などの行政処分を行うことができる。

Ⅲ 二つの思考モデル

1 放送の自由の理念

では、学説はどう考えてきたのか。放送法に取り組んできた憲法研究者は、紛れもなく表現内容規制である番組編集準則は憲法21条に違反するか否かという点に関心を抱き続けてきたように思われる。

一般に、表現内容を規制することは、ごく例外的な場合にしか許されないと考えられている。政治権力による言論統制の危険が大きいからである。番組編集準

---

[42] 三宅＝小町谷・前掲注(11)236頁以下［小町谷］。

則を正当化する特別な理由として，伝統的には，「放送の公共性」論として，①社会的影響力論（「衝撃説」または「お茶の間理論」ともいう），②電波公物説，③番組画一説，④周波数稀少説などが示されてきた[43]。しかし塩野宏は，「公共性」という言葉の危険性として，「『放送の公共性』は，それ自体価値関係的なニュアンスを帯びた言葉であるため，人をして，そこから直ちに何らかの国家的規律を導き出し得ると考える錯覚を生ぜしめる可能性」があることに注意を促し，「『放送の公共性』は，『放送の諸特質』という言葉に，むしろ完全に座を引き渡されるべきものである」と指摘していた[44]。長谷部恭男も「規制の具体的な執行の目安として希少性や社会的影響力というものを持ち出してきている」のにすぎず，それらは「いずれも物差しではあってもそもそもの根拠ではない」[45]と説いている。番組編集準則違反を理由とする運用停止の可否は，「放送の諸特質」や「物差し」という実態の背後に控えている日本国憲法21条の表現の自由の価値を出発点として，放送法1条で定められている放送法全体の目的を踏まえた放送法4条の解釈により決すべきであり，こうした問題意識にたって，放送の自由の理念を展開しなければならないといえよう。

制定過程等から必ずしもはっきりとしない放送法1条2号の名宛人の問題も相まって[46]，憲法21条を視野に入れた放送法の体系化として，二つのモデルが考えられる。

2　国家からの自由

第一のモデルは，大前提として，①憲法21条の表現の自由の「国家からの自由」の側面を強調する。そのうえで，②放送法1条2号で定められている放送法の目的規定「放送の不偏不党，真実及び自律を保障することによって，放送による表現の自由を確保すること」の名宛人は政府であると指摘する。そして③「放送番

---

(43) 参照，芦部信喜『人権と議会政』（有斐閣，1996年）74頁以下［初出1976年］。以下の説明につき，参照，島崎哲彦＝米倉律編著『新放送論』（学文社，2018年）69頁以下［西土彰一郎］。
(44) 塩野宏『放送法制の課題』（有斐閣，1989年）141頁［初出1974年］。
(45) 長谷部恭男「ブロードバンド時代の放送の位置付け」長谷部恭男＝金泰昌編『公共哲学12　法律から考える公共性』（東京大学出版会，2004年）122頁。
(46) 参照，村上聖一「放送法第1条の制定過程とその後の解釈」放送研究と調査781号（2016年）90頁以下。制定過程を丹念に調査した村上によれば，放送法1条2号の名宛人は政府であると指摘するが，1950年放送法制定に携わった荘＝松田＝村井・前掲注（5）279頁では，放送の不偏不党を保障する観点から電波監理委員会の委員の構成について言及すると同時に，「その他放送番組の編集についても，政治的に公平でなければならないこと（中略）について定められているのである」等の説明がある。

組は，法律に定める権限に基づく場合でなければ，何人からも干渉され，又は規律されることがない」と定める3条が予定する規律の代表である4条の番組編集準則は法的拘束力のない倫理規範であるとの解釈を提示する。

新聞法の類いがないのに放送法という法律が存在するのは，なぜなのか。それは，放送が電波を使用するからにほかならない。放送法の趣旨は，政府の放送免許付与権限や監督権限の濫用を防ぐことにあるのである。

では，なぜ，番組編集準則が定められているのか。この点について，前述の通り，山田健太は，番組編集準則は放送事業者の視聴者に対する約束であり，この観点から国家の放送介入を防ぐものと指摘している。すなわち，番組編集準則を倫理規範と解釈するのは，「政府を名宛人としている放送法の基本的性格とは相容れない同準則の毒気を消すための苦肉の策であり，消極的意味しかない」のではなく，積極的意味がある。この点を言い換えると，次のようになる。放送法1条は，さらにその3号において，「放送に携わる者の職責を明らかにすることによって，放送が健全な民主主義の発達に資するようにすること」をも放送法の目的に挙げていること，この「職責」を明らかにしたのが，放送法4条の番組編集準則であると解釈できること，以上の点に留意するならば，番組編集準則を「倫理規定」として解釈する積極的意味が見えてくる。放送法があえて「職責」を挙げているのは，放送（ラジオ）が戦中に政治の道具とされた反省を踏まえてのことである。放送事業者は番組編集準則を確認することにより，自己の職責を自覚するとともに，仮に政治からの干渉があった場合には，この番組編集準則を盾にこれを退けることができるはずである。この意味で，番組編集準則は政府介入から放送事業者を守るものといえよう。

3　国家による自由

これに対して第二のモデルは，まず，①憲法21条の表現の自由の「国家からの自由」の側面のみならず，国民の知る権利を理念とする「国家による自由」の側面にも力点を置く。

国民の知る権利の概念は，清水英夫が指摘していたように，表現の自由を「国民」主権原理と結合させて，「国民」一般である受け手の側から把握し直す考え方であるため，「コミュニケーション一般について成立するのではなく，受け手が国民一般であるような特殊なコミュニケーションの場合」を念頭に置いていることに注意すべきである[47]。社会が共有すべき情報が広く国民に伝わることが

---

(47) 清水英夫『言論法研究』（学陽書房，1979年）15頁［初出1971年］。

重視されているのである。

マスメディアの文脈では，国民の知る権利は，次のような現状を打破するために打ち立てられた。送り手と一般国民たる受け手の固定化の構造の下，巨大化・独占化したメディア企業により一方的に流される情報が市場の論理を媒介にした「自主規制」を通して統御され，その多様性が喪失しているという現状である(48)。主権者たる国民の選択が制約されている事態ともいえる。放送において「主要な情報源が少数のマスメディアによって掌握されている，そのボトルネックとしてのリスクに対処するというのが規制の実際の根拠」であるとの長谷部の指摘もこの文脈で整理できよう(49)。

以上の事態に対応するために，国民の知る権利を基礎とするマスメディアの自由，とりわけ放送の自由は，多様な情報の流れの保障という目的を担うようになる。その結果，放送事業者の取材・報道の自由は，個人の表現の自由と比べ，より厚く保護されるようになる一方，情報の多様性の保障を実現するための規律を受ける可能性が出てくる。この後者の観点から，②放送法１条２号の名宛人は放送事業者であることを導き出す。そのうえで，このモデルは，③番組編集準則についてさらに二つの見解に分かれる。一方の見解は，電波行政の恣意性の排除を計算して，法規範性を「政治的公平」と「多角的論点の提供」の領分に限定し，その文言をさらに精緻化すること，違反認定手続を整備すること，内閣から独立した規制機関を設置することなどの条件をつけてはいるが，番組編集準則は法的拘束力のある法規範性を持つことを認める。他方の見解は，情報の多様性の実現という美名のもと，権力監視のために不可欠な放送の「国家からの自由」が掘り崩されることを危惧して，番組編集準則を倫理規範として選びとる(50)。

4　小　　括

結論を述べると，放送法制定当初は，その制定過程を踏まえて，第一のモデルが支配的であった一方，1960年代に国民の知る権利が主張されるようになって以

---

(48) 奥平康弘『表現の自由Ⅱ』（有斐閣，1983年）300頁［初出1970年］，石村善治『言論法研究Ⅱ』（信山社，1993年）3頁以下［初出1969年］。
(49) 長谷部・前掲注(45)122頁。
(50) なお，国民の知る権利という理念の共有の点では，印刷媒体と放送の間に実質的な違いがない。にもかかわらず，放送にのみ番組編集準則が課されている。これを正当化する理論として，（番組編集準則のように倫理規定であれ）規制を受けるメディアとそうでないメディアとの相互作用により国民の知る権利の理念がより良く実現されうるという「部分規制論」が持ち出されることが多い。例えば，参照，長谷部恭男『テレビの憲法理論』（弘文堂，1992年）96頁以下。

降，少なくとも学説のレベルでは第二のモデルが有力になった。しかし，近年の政府の放送法４条の解釈を見定めて，番組編集準則は端的に憲法21条に違反すると唱える学説が有力になりつつあるといえよう。

Ⅳ　将来の展望── モデルの選択

以上のように考えれば，今後の放送法のあり方を考える場合，第一のモデルの基礎にある「国家からの自由」を徹底させて，番組編集準則は憲法21条に違反すると主張するか，それとも第二のモデルの基礎にある国民の知る権利の理念を実現する手段として番組編集準則を把握するか，モデルの選択が迫られているといえる。宍戸常寿の整理に従うと，第一のモデルでは，放送の自由は個人の表現の自由の性格と同一である一方，第二のモデルでは，公共的価値に奉仕する放送の自由と，言いたいことを言い，言いたくないことは言わない個人の表現の自由は性格を異にする（二元的な表現の自由）に帰着することになる[51]。

ここでいう公共的価値とは，抽象的に述べるならば，多様な社会的関係を横断して広がる共通知識[52]を呼び起こし，再・生産（とりわけマイノリティの声，沈黙，埋もれた事実を拾い上げ多様な社会へと連絡）し，そして記憶することである。インターネットの現状に即して言い換えるならば，宍戸の指摘するように，「ネット上の急速なスピードで生成され，拡散していく様々な情報の真否を見極め」たうえで，「様々な表現・情報の価値を評価し，公共空間における意義，他の表現・情報との関係を整理し，そして一般の利用者に代わって，あるいはその判断を補完する形で，広く社会が共有すべきものか，専門的な事柄であるのか，表に出てこない方がよい性質のものかを取捨選択する」[53]（強調本稿筆者）ことである。放送は，新聞と同様，国民の共通知識（＝総合性・報道性）の再・生産（＝専門職能による制作・編集・編成）と記憶という社会的役割（＝国民の知る権利の実現）を担うマスメディアであることが期待されているのであり，したがって放送の自由とは，個人の利益に尽くされない客観的，目的論的な自由として位置づけられる。そのために，放送は例えば取材源秘匿権といった「特権」が認められる一方，言いたいことを言わず，言いたくないことを言う責務を負うことになる。しかし，

---

(51) 宍戸常寿「ジャーナリズム」佐々木弘通＝宍戸常寿編著『現代社会と憲法学』（弘文堂，2015年）4頁以下。
(52) トーマス・ヴェスティング［毛利透＝福井康太＝西土彰一郎＝川島惟訳］『法理論の再興』（成文堂，2015年）130頁。
(53) 宍戸・前掲注(51) 9頁。

自由を目的論的に捉えてきたからこそ，国家による放送の介入の余地が生じたという批判も成り立つかもしれない。

　なお，放送（あるいはマスメディア）の規範的概念について，鈴木秀美は既に1990年代に，伝送路中立的に番組内容の総合性・報道性に着目して限定すべきことを指摘していた[54]。本稿では，それに加えて，国民の共通知識の「再・生産」という観点から，「専門職能による制作・編集・編成」という要素も重視しておきたい。その際，送信側がスケジュール編成を行う「リニア・サービス」（事業者が編集の責任を持つ通信による動画配信など）と，受信側が視聴のタイミングを選択する「ノンリニア・サービス」とに区別し，前者にはテレビと同等のルールを課すEUの「視聴覚メディアサービス指令」の考え方が参考になろう[55]。この点で，諸課題研「第一次とりまとめ」が，現行法上，「インターネットによる番組配信サービスは，放送に類似するとはいえ放送そのものではなく，通信サービスとして提供されており，放送と全く同一のコンテンツが同時に提供される場合であっても，その法的規律は大きく異なっている。このような状況は，提供者側・視聴者側の双方にとって，必ずしも有益となっていない側面がある」との指摘は重要である[56]。なお，放送とそれ以外のマスメディアの区別として，「放送の普及作用，即時性，（音声とテクストの［画像を必要条件に挙げていない］）暗示力という放送の卓越した意義」を指摘するドイツの憲法裁判所の考え方が役に立つかもしれない[57]。

　他方，第一のモデルに立つと，放送の自由も言いたいことを言い，言いたくないことは言わない自由，すなわち話し手個人の利益のための自由となる。したがって，メディアの「特権」も固有の責務も考えられない。それは，様々な情報を自由に取捨選択する受け手の自由を意味する「国民の知る自由」，「第一次とりまと

---

(54) 鈴木秀美『放送の自由〔増補第2版〕』（信山社，2017年）312頁［初出1998年］。
(55) 村上圭子「『これからのテレビ』を巡る動向を整理する Vol.9」放送研究と調査787号（2016年）12月号16頁以下。「通信側がスケジュール編成を行う『リニア・サービス』と，受信側が視聴タイミングを選択する『ノンリニア・サービス』とに区別し，前者にはテレビ放送と同等のルールを適用している」と指摘している。
(56) 前掲注（1）27頁。鈴木秀美・山田健太編著『放送制度概論』（商事法務，2017年）240頁以下［宍戸常寿］によれば，個別の送信要求という要素を視聴者の観点から実質的に理解する政府の立場では，IPマルチキャスト放送は「一般放送」に該当する一方，インターネット放送は通信に分類される。しかし，ウェブサイトベースの映像は配信サービスであっても，「ニコニコ生放送」や「AbemaTV」のように番組表やチャンネルといった枠組みでコンテンツを配信しているものもある。なお，放送法上，「放送」とは，公衆によって直接受信されることを目的とする電気通信をいう（2条1号）。
(57) Vgl. BVerfGE 119, 216f.

め」の強調する「視聴者の利益」に寄与するかもしれないが、社会が共有「すべき」「国民の知る権利」の実現につながるかは慎重な検討を要するように思える。

V 「社会的権力 vs. 個人」から「プロ vs. アマチュア」へ

では、第一のモデルと第二のモデルのいずれが説得的であろうか。本稿は、インターネットに溢れている玉石混交の情報に照らすと、信頼性のある情報を提供するためにも、国民の知る権利を土台とした第二のモデルの現実性がますます帯びてきたという立場をとりたい。ただし、成原慧は第一のモデルに立つ技術の自由としてのプレスの自由の可能性に言及されており、注目を要する[58]。

最高裁判所は、「博多駅事件」決定（最大決昭和44年11月26日刑集23巻11号1490頁）において、「報道機関の報道は、民主主義社会において、国民が国政に関与するにつき、重要な判断の資料を提供し、国民の『知る権利』に奉仕するものである」と指摘しており、民主主義の維持、国民の知る権利の奉仕という社会的役割の観点から報道機関の自由を把握する第二のモデルを採用しているように思える。また、「NHK期待権事件」（最判平成20年6月12日民集62巻6号1656頁）では、放送法の目的を定める1条、放送番組編集の自由を定める3条、放送番組の編集の準則を定める3条の2第1項（現在の4条1項）、そして放送事業者が定めた番組基準に従って放送番組の編集をしなければならないと定める3条の3第1項（現在の5条1項）といった「放送法の条項は、放送事業者による放送は、国民の知る権利に奉仕するものとして表現の自由を規定した憲法21条の保障の下にあることを法律上明らかにするとともに、放送事業者による放送が公共の福祉に適合するように番組の編集に当たって遵守すべき事項を定め、これに基づいて放送事業者が自ら定めた番組基準に従って番組の編集が行われるという番組編集の自律性について規定したものと解される」とも指摘している。

ただし、ここで注意を要するのは、日本の最高裁は、国民の知る権利の名の下、社会的権力たる報道「機関」を特権化し、主役たる国民を、一歩後ろを歩かせる「民主主義社会」を選択しているという蟻川恒正の指摘である[59]。この指摘に従うならば、放送の自由と個人の表現の自由は階層関係の中にあるといえ、国民の知る権利の眼目の一つである放送の責務が抜け落ちる恐れがある。そうであれば、放送機関の幹部が国民の存在を忘れて権力にすり寄ることも構造上、不思議では

---

(58) 成原慧『表現の自由とアーキテクチャ』（勁草書房、2016年）328頁以下。
(59) 蟻川恒正「人権論の名のもとに」法律時報69巻6号（1997年）41頁。

ない。また，放送の特権意識に対する反感がとりわけネット上におけるマスコミ批判として現れているのかもしれない。

　もっとも，社会的権力と個人を基軸とする最高裁の前提とする社会像は，インターネットの普及により反省を迫られている。「インターネットの普及をはじめ，情報社会の進行が急峻の度を増すなかで，『個人』その人が，情報空間の新たな担い手として，ときに既存の『報道機関』とも競合しながら，大規模に活動する事態を，必ずしも予断できない状況ではなくなりつつある。わが最高裁の所有する世界像は，向後，かかる展開の下で，試されていくのである」[60]。

　この点で注目されるのが，社会的権力と個人の関係に代えて，「プロの法」と「アマチュアの法」を基軸として従来のマスメディア法を捉え直す曽我部真裕の見解[61]とそれに賛同する宍戸の指摘である[62]。本稿の立場から興味深いのは，この「プロ」は，番組制作者はもちろん，新聞記者，そしてネットジャーナリスト，表現の自由を公共的に行使している一般の個人をも念頭に置いていることである。

　このように第二のモデルを「プロの法」と「アマチュアの法」の区別に読み替えるのであれば，そこから，放送をはじめとするマスメディアに関しては，「プロ」の集合体としての事業体という像が前面に出てくる。「プロの法」とは，「プロ」の職責が妨げられないようにするための法，放送の文脈では番組制作・編集過程の自律を保護する法といえるのではないか。

　そうであれば，現行の放送法が1条3号で「職責」を明示したうえで，3条で「放送番組編集の自由」，そして4条で番組編集準則を掲げているのは，非常に示唆的であるように思える。番組編集準則は，プロの番組制作・編集過程の自律を保障する準則として読み替えることができるように考えられるからである。番組編集準則は，放送事業者を名宛人として，この自律を歪めないように要請している。内部的自由[63]は，この文脈で再構築される。事業者側の経営・政治的圧力に対して，受動的な国民の知る自由ではなく，能動的な国民の知る権利[64]の理念を体現する，つまり，国民の一歩前，あるいは半歩前を歩いて国民の知るべき

---

(60) 蟻川・前掲注(59)41頁。
(61) 曽我部真裕「情報漏洩社会のメディアと法」Journalism 251号（2011年）44頁以下。
(62) 宍戸・前掲注(51)5頁以下。なお参照，成原・前掲注(58)328頁脚注135。
(63) 浜田純一『メディアの法理』（日本評論社，1990年）74頁以下［初出1982年］，本橋春紀「内部的自由の底にあるもの――ジャーナリストの主体性と組織」法学セミナー589号（2004年）112頁，花田達朗編『内部的メディアの自由――研究者・石川明の遺産とその継承』（日本評論社，2013年），山田健太『放送法と権力』（田畑出版，2016年）162頁以下など参照。
(64) 大石泰彦『メディアの法と倫理』（嵯峨野書院，2004年）14頁。

情報を選択していく番組制作者の自律を擁護する組織原理として番組編集準則を再解釈できるのであれば，放送事業者を名宛人とする限り，法規範性を有するともいえよう。そして，組織原理としてのこの編集準則は，放送法はもとより，新聞等にまで応用可能である。「職責➡自律➡編集準則」の連関を持つ放送は，将来のジャーナリズム法の範例として位置づけられるように考えられる。

Ⅵ　お わ り に

冒頭で述べたように，「第一次とりまとめ」は，番組編集準則について沈黙し，そしてさらに「国民の知る権利」についてもほとんど触れていない。あえて書いていないことには深い理由があろうかと思われるが，それはさておき，「第一次とりまとめ」が指摘した（1）新サービスの展開，（2）地域に必要な情報流通の確保，（3）新たな時代の公共放送という今後の諸課題の検討は，二元的な表現の自由か一元的な表現の自由かの選択を迫るものであり，仮に前者を採用するのであれば，内部的自由をはじめ，「プロ」の職責を確保する法，ジャーナリズム法として再構築する可能性を探るべきであるということを重ねて指摘しておきたい。

5 インターネット法の形成と展開

成原　慧

Ⅰ　はじめに
Ⅱ　インターネット法の回顧
Ⅲ　インターネット法の展望：現実空間とサイバースペースの融合
　　── 自由の空間の解体と再編

Ⅰ　はじめに

　インターネットが情報通信のインフラとして発展し，主要な情報メディアの一つとして広く利用されるようになるに伴って，インターネットに関する法的問題について扱う「インターネット法」ないし「サイバー法」[1]は，「情報法」ないし「メディア法」を構成する分野の一つとして，研究および実務において飛躍的な発展を遂げてきた。しかし，インターネット法の法分野としての固有性と方法論は必ずしも十分には確立されておらず，その存在意義や位置付けについて論争が続いてきた。

　以上のような背景と問題意識を踏まえ，本稿は，主に1990年代から今日に至るまでのインターネット法の歴史を回顧した上で，今後のインターネット法の行方を展望することを試みたい。本稿では，わが国のインターネット法に関する立法，

---

(1) わが国では，インターネットに関する法的問題は，「インターネット法」およびそれを包含する「情報法」ないし「メディア法」の枠組みにおいて論じられることが一般的である。情報法の枠組みにつき，浜田純一『情報法』（有斐閣，1993年），曽我部真裕＝林秀弥＝栗田昌裕『情報法概説』（弘文堂，2015年）等を参照。一方，米国では，インターネットに関する法的問題は，後述のように，インターネット上に形成された仮想空間である「サイバースペース」に関する法的問題を扱う「サイバー法」の枠組みのもとに論じられることが多かった。サイバー法につき，see e.g., Lawrence Lessig, The Law of the Horse: What Cyberlaw Might Teach, 113 HARV. L. REV. 501 (1999). サイバーロー研究会＝指宿信編『サイバースペース法 ── 新たな法的空間の出現とその衝撃』（日本評論社，2000年）等も参照。

判例，学説等の検討を行うとともに，国境を越えて情報が流通するインターネットの特性を踏まえ，欧米をはじめ諸外国のインターネット法についても必要な範囲で検討を行う。もっとも，筆者の能力と紙幅の制約上，外国法に関する検討の対象はアメリカ法が中心となることをお許しいただきたい。

II インターネット法の回顧

インターネットの原型は1960年代末にまで遡ることができるが，インターネットに関する法的問題が顕在化したのは，1990年代前半にインターネットが商業化され，一般の個人や団体に広く利用されるようになって以降である。インターネット法は当初，判例・裁判例や自主規制などを通じて自律分散的に形成されてきたが，2000年代に入ると，インターネットが社会生活のインフラとしての役割を果すようになるとともに，各国でインターネットに関連する立法が活性化し，インターネットの制度化が進展する。ところが，2010年代に入ると，いったん各国で制度化されたインターネット法のあり方をめぐり，グローバルな規模で抗争が生じ，インターネット法の揺らぎが顕在化している。このような推移を踏まえ，本稿では，インターネット法の歴史を以下の4つの時期に区分して，回顧することにしたい。

1．1969年〜1980年代：インターネット法の前史
2．1990年代：インターネット法の主題化と自律分散型の規範形成
3．2000年代：インターネットのインフラ化と制度化
4．2010年代：インターネット法をめぐるグローバルな闘争と揺らぎ

もっとも，上記の時代区分は，暫定的な作業仮説の枠組みに過ぎない。また，形式上の時期と実質的な時代区分が合致しない場合もある。例えば，わが国の公職選挙法の改正によるインターネット選挙運動の解禁は，2013年の出来事ではあるが，インターネットのインフラ化と制度化の文脈で論じるのに相応しい出来事であることに鑑み，3で論ずることにする。

1　1969年〜1980年代：インターネット法の前史

インターネットが商業化され，一般に普及し，各種の法的問題が顕在化したのは，1990年代以降の事象であるが，インターネットの起源は1960年代末の米国にまで遡ることができる。そこで，本節では，インターネットの母国である米国を

中心に、インターネット法の前史を概観することにしたい。

(1) 米　　国

1969年に国防総省高等研究計画局（ARPA）の支援の下に、インターネットの起源とされるARPANETが開設された。ARPANETは、カリフォルニア大学ロサンゼルス校やスタンフォード大学など全米の4大学のコンピュータをパケット交換法式によりネットワークで結ぶものであった。ARPANETは、国防総省の科学研究部門の支援を受けていたものの、軍事利用を直接の目的としたものではなく、ネットワーク科学のための研究プロジェクトとして運営されていた。ARPANETは、各大学・研究機関のネットワーク同士を結ぶ「ネットワークのネットワーク」として発展していった。1980年代後半に、ARPANETは、全米科学財団の運営するNSFNETに継承され、学術研究目的のネットワークという性格が強化された[2]。

ARPANETに参加した技術者らのコミュニティは、RFC（Request for Comments）と呼ばれるインフォーマルな方式により、インターネットに関する技術標準となる各種のプロトコルを形成してきた。例えば、インターネット上の多種多様な端末機器の間で通信を行なうために定められたプロトコル群であるTCP/IPも、ARPANEの技術者コミュニティにより開発された[3]。

(2) 日　　本

日本では、慶應義塾大学の村井純らにより、1984年にJUNETが開設された。JUNETは、東京工業大学、東京大学、慶應義塾大学のコンピュータを電話回線により相互接続する実験であった。このプロジェクトをリードした村井純によれば、JUNETは、翌年の通信自由化により電話回線に接続することのできる端末機器の自由度が高まることを見越して、試行的に開始されたものであった[4]。

そして、1985年には、日本国内における通信事業を独占してきた日本電信電話公社が民営化され、NTTが設立されるとともに、電気通信事業法が施行され、通信事業に競争原理が導入される通信自由化が行われた[5]。通信自由化は、我

---

(2) ALPANETの歴史については、Barry Leiner et al., *A Brief History of the Internet* (1997), http://www.isoc.org/oti/printversions/0797prleiner.html. 村井純『インターネットの基礎』（角川学芸出版、2014年）32頁以下等も参照。
(3) ローラ・デナルディス（岡部晋太郎訳）『インターネットガバナンス：世界を決める見えざる戦い』（河出書房新社、2015年）101-111頁を参照。
(4) 村井純『インターネット』（岩波書店、1995年）138-139頁、村井・前掲注(2)52頁以下等を参照。

が国における後のパソコン通信とインターネットの発展の土台を築くこととなった。

(3) 小　括

ここで，黎明期のインターネットの特徴を整理しておこう。インターネットは，ネットワークのネットワークとして発展した。すなわち，インターネットは，通信の機能をレイヤーごとに分割・分担することにより，多種多様なコンピュータやネットワークが相互接続・相互運用することが可能なオープンなネットワークとして，発展していったのである[6]。また，インターネットは，パケット交換方式による分散型のネットワークとして発展した。それゆえ，インターネットにおいては，中央集権的なコントロール主体が形成されず，利用者のコントロール能力が拡張されるとともに，自律分散型のガバナンスが促されることになった[7]。そして，黎明期のインターネットは，理工系の研究者・技術者を中心とするネットワークとして発展したため，参加者が質量ともに限定されたコミュニティの中で，ハッカー倫理など社会規範やRFCにより形成された技術標準が秩序形成と紛争解決を主導することとなった[8]。

2　1990年代：インターネット法の主題化と自律分散型の法形成

1990年代に入ると，各国においてインターネットが商業化され，一般の個人・企業に利用されるようになっていった。それに伴って，インターネットに関する各種の法的問題が顕在化した。

(1) 米　国

米国では，90年代初頭にインターネットが商業化され，一般の個人・企業への

---

(5) 電気通信事業法の制定に至る背景と経緯については，林秀弥＝武智健二『オーラルヒストリー電気通信事業法』（勁草書房，2015年）参照。
(6) Leiner et al., *supra* note (2).
(7) アンドリュー・シャピロは，インターネットの基本的特性であるパケット単位の分散型情報流通を，個人に情報流通へのコントロール能力を付与するものとして評価している。すなわち，インターネット上の情報流通がパケット単位で分散的に行なわれることによって，インターネットの利用者は，情報の流れを中間で抑止するゲートキーパーによる技術的検閲を回避することができるようになり，自身で情報流通をコントロールできる能力を手に入れることができたというのである。*See* ANDREW SHAPIRO, THE CONTROL REVOLUTION: HOW THE INTERNET IS PUTTING INDIVIDUALS IN CHARGE AND CHANGING THE WORLD WE KNOW 16 (1999)).
(8) RFCのプロセスにつき，デナルディス・前掲注(3)108-111頁等を参照。

5　インターネット法の形成と展開〔成原　慧〕

インターネットの普及が進んだ。この時期の米国では，インターネットの市民への普及に伴って，インターネットが表現の自由の理念とされてきた「思想の自由市場」を実現する新たな媒体として期待されるようになった[9]。すなわち，従来の社会では，マスメディアに実質的な表現の送り手が限定され，一般の個人は受け手の立場に固定されていたが，インターネットがこのような状況を打破することが期待されたのである。インターネットの普及により，一般の個人が表現主体として復権し，誰もが自ら情報を容易に発信できるようになるとともに，多種多様な情報を自由に享受できるようになることが期待された[10]。

他方で，インターネットの普及に伴って，インターネットに関する各種の法的問題も顕在化した。例えば，電子掲示板における名誉毀損・プライバシー侵害，ウェブでの著作権侵害，ウェブでの性表現の流通，迷惑メールの送信などの法的問題が生じ，裁判で争われることになった。インターネット上では，多くの主体が匿名性の高い形で，国境を越えて瞬時に情報を伝達できるようになったため，名誉毀損や著作権侵害などの法的問題を増大させ，その抑制を困難にした[11]。この時期の米国では，インターネット上の法的問題に対処する上で当事者間のセルフガバナンスによる自律的な紛争解決に加え，司法が中心的な役割を果たし，インターネットに関する判例法が形成されていった[12]。当時の米国のインターネット法では，判例・裁判例が規範形成において中心的な役割を果たしており，コモンロー的なアプローチが重視されていたのである[13]。

1990年代後半に入ると，インターネットの発展に対応した立法も試みられるようになっていく。1996年には，通信市場における規制緩和と競争原理の導入を図る1996年通信法が制定された。同時に，1996年通信法の一環として，青少年保護を目的としてインターネット上の表現を規制する通信品位法も制定された。通信品位法は，インターネット上の「下品な」および「明らかに不快な」通信を規制する条項を含んでいた。同法に対しては，インターネット上の表現の自由を抑制するとして，ネット利用者らによる反対運動が展開された。その中でも注目を集めたのが，電子フロンティア財団（EFF）の創設者の一人でありサイバー・アク

---

[9] 米国の判例における思想の自由市場論の起源として，Abrams v. United States, 250 U.S. 616,630 (1919) (Holmes, J., dissenting)。
[10] 松井茂記『インターネットの憲法学』（岩波書店，2002年）12-24頁等を参照。
[11] インターネット上のコミュニケーションの性質とそれに起因する法的問題につき，平野晋「サイバー法と不法行為」総合政策研究15号（2007年）96-97頁等を参照。
[12] 米国の初期のサイバー法の性格につき，山口いつ子『情報法の構造──情報の自由・規制・保護』（東京大学出版会，2010年）146-152頁等も参照。
[13] Lawrence Lessig, *The Path of Cyber Law*, 104 YALE L. J. 1743 (1995).

ティヴィストとして知られるジョン・ペリー・バーローによる「サイバースペース独立宣言」である。バーローは、「グローバルな社会空間」であるサイバースペースにおいて新たな「社会契約」が形成され、それに基づく独自のガバナンスが現れはじめているとして、サイバースペースの「独立」を宣言し、通信品位法をはじめとする政府による介入に抗議したうえで、いかなる国家の主権もサイバースペースに及ぶことはないと説いた[14]。バーローの『独立宣言』は、アメリカ独立宣言のパロディという形を取りながら、当時の米国の先端的なインターネット利用者に支持されていたサイバー・リバタリアニズムを象徴するものとなった。

　EFFらによる反対運動と並行して、アメリカ自由人権協会（ACLU）らが通信品位法の違憲訴訟を提起した。1997年、連邦最高裁は、通信品位法のうち「下品な」および「明らかに不快な」通信を規制する規定を違憲無効とした連邦地裁の決定を支持する判決を下した。法廷意見によれば、インターネットにおいては周波数の希少性や侵入的性格といった放送と同様のメディア特性は認められず、インターネット上の表現規制には、放送規制の場合とは異なり、表現の自由に適用される審査基準の原則は緩和されないと判示した。その上で、法廷意見は、「青少年を有害情報から保護する」という立法目的の正当性と重要性を認める一方で、同法の条文が規制する通信の範囲は曖昧かつ過度に広汎であり、成人の表現の自由に萎縮効果を与え、過大な負担を課すことになるなどとして、通信品位法の一部規定を違憲無効とした[15]。この判決は、インターネットを「新たな思想の自由市場」として評価した点でも[16]、同時代の米国におけるインターネットへの期待を見て取ることができよう。もっとも、この判決は、当時のインターネットの技術水準を前提にした判断であり、技術発展による憲法判断の変化の可能性を示唆している点にも留意する必要があるだろう[17]。

　一方、通信品位法にも違憲訴訟の対象とならず、生き残った条項がある。その中でも重要なのが、通信品位法230条の「双方向コンピュータ・サービスのいかなる提供者……も、他の情報コンテンツ提供者により提供された情報の発行者または代弁者として取り扱われない」という規定である。米国では、通信品位法230条を解釈・適用した多数の裁判例により、第三者の発信した表現についてプロバイダなどインターネット上の各種の情報流通の媒介者に広範な免責が認めら

---

[14] John Perry Barlow, *A Declaration of the Independence of Cyberspace* (1995), http://homes.eff.org/~barlow/Declaration-Final.html.

[15] Reno v. ACLU, 521 U.S. 844 (1997).

[16] *Id.* at 885.

[17] 山口・前掲注(10)158頁等を参照。

れてきた(18)。

　また，1998年には，デジタル・ミレニアム著作権法が制定され，利用者による著作権侵害に関するプロバイダの責任について定められるとともに，著作物の技術的保護手段の回避が規制された(19)。デジタル・ミレニアム著作権法は，通信品位法230条と並んで，その後の米国におけるプロバイダ等の媒介者の責任を裁判所が判断する上での基準となってきた。

　この時期の米国では，インターネット上のコミュニケーションが行われる領域が「サイバースペース」という空間として表象され，現実空間から独立した新たな自由の領域として期待を集めていた(20)。このようにインターネット上のコミュニケーションの領域を「サイバースペース」として空間的に表象する理解の下に，新たな自由の領域であるサイバースペースに既存の国家の法規制が及ぶことに反対する「サイバー・リバタリアニズム」が，インターネット法の研究者，インターネットの自由を擁護する運動家，インターネット利用者の間で支持を集めた。例えば，初期のサイバー法学者であり，バーローと並んで，サイバー・リバタリアニズムの代表的論者として知られるデビッド・ジョンソンとデビッド・ポストは，1996年に執筆された論文「法と国境」の中で，既存の主権国家によるインターネット上の行為に対する法規制の困難を指摘した上で，サイバースペースを現実世界から独立した新たな法域として位置づけ，サイバースペースにおける法秩序は，その住民による自律的なルールの形成とサンクション行使によって維持されるべきだと説いた(21)。

　一方，同時期の米国の法学界では，インターネットに関する法的問題を主題とする「サイバー法」の意義を否定する議論も有力であった。例えば，判事のフランク・イースターブルックによれば，馬の売買や馬に蹴られた場合の不法行為責任など馬に関する法的問題を寄せ集めても，「馬の法」に共通する一般的な原理

---

(18) 通信品位法230条に関する裁判例の展開を分析したものとして，David Ardia, *Free Speech Savior or Shield for Scoundrels: An Empirical Study of Intermediary Immunity under Section 230 of the Communications Decency Act*, 43 Loy. L.A. L. Rev. 373 (2010).
(19) デジタル・ミレニアム著作権法について，表現の自由との関係で検討したものとして，成原慧『表現の自由とアーキテクチャ』（勁草書房，2016年）第6章等を参照。
(20) 「サイバースペース」という言葉は，SF作家ウィリアム・ギブソンの小説『ニューロマンサー』の中の造語に起源を持っている。彼は「サイバースペース」の概念を人間の脳がコンピュータ・ネットワークに接続された状態を意味して用いていた。その後，この概念は，インターネット上に形成される仮想空間を意味するようになっていった（Shapiro, *supra* note（7）at 32）。
(21) David R. Johnson & David Post, *Law and Borders: The Rise of Law in Cyberspace*, 48 Stan. L. Rev. 1367 (1996).

を見出せないのと同様に，サイバースペースにおける法的問題を寄せ集めても，サイバー法に共通する一般的な原理を見出すことはできない。このような認識に基づいて，イーターブルックは，サイバースペースにおける法的問題に対しても，その特質を踏まえつつ，知的財産法，契約法，不法行為法など既存の法制度が適用されるべきであると説いて，サイバー法の意義に疑問を提起した[22]。

これに対して，後に代表的なサイバー法学者として知られるローレンス・レッシグは，国家によるサイバースペースへの規制を不可能だと主張するサイバー・リバタリアニズムを批判するとともに，サイバー法の意義を否定する「馬の法」論も退け，インターネット上で重要な役割を果たすようになっていた「アーキテクチャ」ないし「コード」と呼ばれる物理的・技術的構造による規制を主題化して[23]，サイバー法の可能性を切り拓いた。レッシグによれば，サイバー法は，法とアーキテクチャの関係を解明するなどして，普遍的に適用可能な方法論を構築することで法の全体を照らし出すことができる[24]。レッシグの提起した「アーキテクチャ」概念は，まさに同時代のインターネットで用いられるようになっていた有害情報のフィルタリング，児童ポルノのブロッキング，著作物の技術的保護など技術的手段による規制を主題化することとなった。

さらに，同時代の米国のサイバー法においては，レッシグがアーキテクチャの構築を通じたサイバースペースにおける憲法政治を説き[25]，ジョエル・ライデンバークも技術的手段による *Lex Informatica* の構築の可能性を説くなど[26]，アーキテクチャの構築を通じたグローバルな秩序形成の可能性が主題化された。

（2）欧　州

この時期に，早くからインターネットに関する立法に積極的に取り組んでいたのが欧州連合（EU）およびその加盟国である。例えば，欧州諸国では，1970年代からドイツやスウェーデンなどで個人データ保護法制が整備されてきたが，EUレベルでは，インターネット等による国境を越えた個人データの流通の増大等を踏まえ，1995年に，個人データ保護指令が採択された。後にみるように，個

---

[22] Frank Easterbrook, *Cyberspace and the Law of the Horse*, 1996 U. CHI. LEGAL F. 207 (1996).
[23] LAWRENCE LESSIG, CODE AND OTHER LAWS OF CYBERSPACE (1999).
[24] Lawrence Lessig, *The Law of the Horse: What Cyberlaw Might Teach*, 113 HARV. L. REV. 501 (1999).
[25] Lessig,, *supra* note (20) at 166-167.
[26] Joel Reidenberg, *Lex Infomatica: The Formulation of Information Policy Rules Through Technology*, 76 (3) TEX. L. REV. 553 (1998).

人データ保護指令は，個人データの第三国への移転規制などを通じて各国の個人情報保護法制に影響を与えるなど，後の世界のインターネット法に多大な影響を与えることになった(27)。

また，加盟国でも，インターネットを規制する立法が形成されていった。例えば，ドイツは，1997年にマルチメディア法を制定し，連邦政府と州政府との協力により，インターネットに関する包括的な法整備を行い，青少年保護を目的に有害情報などを規制した(28)。

（3）日　　本

1993年には，日本におけるインターネットの商用利用が開始された。わが国でも，電子掲示板での名誉毀損・プライバシー侵害などインターネットやパソコン通信上で様々な法的問題が顕在化した。後述のとおり，この時期のわが国においても判例・裁判例が紛争解決と規範形成を主導していた。

一方，90年代後半になると，インターネットの発展に対応した立法も活性化していく。例えば，1997年には，著作権法が改正され，著作者が自らの著作物をインターネット等により公衆に伝達する権利である公衆送信権等が創設された。また，1999年には，不正アクセス禁止法や通信傍受法が成立し，インターネット関連の刑事立法が整備されていく(29)。

また，同時期には，インターネット上のコミュニケーションを媒介するプロバイダの役割と責任について，裁判例などによる規範形成が進められた。この時期のネット上の名誉毀損と媒介者の責任が問われた裁判例のリーディングケースといえるのが，ニフティ「現代思想フォーラム」事件である。この事件は，厳密には，インターネットではなく，パソコン通信に関する事案ではあるが，後のインターネット法にも大きな影響を与えた事件といえるので，本稿でも触れておくことにしたい。この事件は，ニフティの「現代思想フォーラム」で他の会員により名誉毀損にあたる書き込みがなされたとして，女性会員が提訴したものである。一審判決は，名誉毀損による不法行為責任を認め，発信者に損害賠償を命じるとともに，削除義務を怠ったシスオペとその使用者責任を負うニフティにも損害賠

---

(27) EUおよび加盟国における個人データ保護法制の発展については，堀部政男「プライバシー・個人情報保護の国際的整合性」同編『プライバシー・個人情報保護の新課題』（商事法務，2010年）等参照。

(28) ドイツのマルチメディア法につき，鈴木秀美「インターネットと表現の自由——ドイツ・マルチメディア法制の現状と課題」ジュリスト1153号（1999年）91頁以下等を参照。

(29) わが国のインターネットに関する刑事法制につき，園田寿『情報社会と刑法』（成文堂，2011年）等を参照。

償を命じた[30]。一方，二審判決は，発信者の不法行為責任を認めた一審判決を支持する一方で，本件フォーラムの性質や対抗言論を重視する運営方針等を尊重して，シスオペの削除義務違反を認めず，シスオペおよびニフティに対する損害賠償請求を棄却した[31]。二審判決は，パソコン通信上の「フォーラム」という言論の場の性質とそれを支える媒介者の役割を尊重して，対抗言論の意義を擁護したものと評価することができよう。この点で，この判決は，インターネットを新たな思想の自由市場と位置付け，インターネット上での利用者らによる自律的な規範形成と対抗言論に期待した同時代の米国のサイバー法の動向とも軌を一にしたものということができよう。

このような立法と判例の動向を背景に，同時期には，研究者や実務家によるインターネット法の学際的研究も試みられはじめられていた[32]。

3　2000年代：インターネットのインフラ化と制度化

2000年代に入ると，インターネットが社会生活のインフラになるとともに，インターネットに関する重要な立法が相次ぐなど，各国においてインターネットに関する法制度が整備されていく[33]。

（1）米　　国

米国の法学者オーリン・カーによれば，2000年代前半のサイバー法は，従来のインターネット利用者の体験に着目して新たな仮想世界の法を解明することを目指すものから，憲法や知的財産法など既存の各法分野の法理をインターネットが提起する新たな問題に適用するものへと，変化していった。カーは，この時期のサイバー法の変化の原因を，ブロードバンドやWi-Fiの普及により，インターネットの利用者の体験の質が洗練されるとともに，インターネットが利用される領域も拡張し，インターネットが，物理世界から隔離された別個の仮想世界ではなく，物理世界と一体化して我々の経験に統合された点に見出している[34]。このよう

---

(30) 東京地判1997年5月26日判時1610号22頁。
(31) 東京高判2001年9月5日判時1786号80頁
(32) 例えば，岡村久道＝近藤剛史『インターネットの法律実務』（新日本法規，1997年），高橋和之＝松井茂記編『インターネットと法』（有斐閣，1999年）等を参照。
(33) 同時代において，インターネットが社会生活のインフラとなるに伴って，法的紛争が顕在化し，後追い的に法制度の整備が行われるようになっていると指摘するものとして，岡村久道『迷宮のインターネット事件』（日経BP社，2003年）2-3頁参照。
(34) Orin Kerr, *A Brief History of Cyberlaw*（August 29, 2005），https://balkin.blogspot.jp/2005/08/brief-history-of-cyberlaw.html

なーカの分析は，同時代の米国におけるインターネットのインフラ化と制度化を的確に捉えたものということができよう。

　また，情報法学者のクリストファー・ユーが指摘しているように，インターネットの利用者と情報量の飛躍的増大などにより，初期のインターネットにおいて想定されていたインフォーマルなガバナンスの実効性が低下することとなった。したがって，インターネットにおける，公式的なガバナンスの必要性が増大し，権力の集権化が進んでいく。例えば，スパム・メールについても，初期のインターネットでは，ネチケットなど利用者のコミュニティの社会規範などによる自主的な対処が期待できたが，インターネットの利用者と情報量の飛躍的増大により，そのようなインフォーマルなガバナンスのみによる対処の限界が露呈することになった[35]。このような背景の下で，多くの州で広告メールの送信等を規制する州法が制定され，連邦レベルでも，2003年に，CAN-SPAM法が制定され，広告メールについて，虚偽ないし誤解を招く伝送情報および表題が禁止されるとともに，オプトアウト規制が導入されることになった[36]。

　米国では，2001年の9.11テロをきっかけにして，インターネット上の安全・セキュリティを確保するための立法が整備されていく。例えば，2001年に制定された愛国者法は，捜査機関がテロ対策のためにインターネット上で行う捜査や諜報の権限を強化し拡大した。特に同法の第2章は，外国諜報監視法を改正し，通信傍受の権限を強化する規定を含んでいたことから，市民的自由との関係で激しい論争を巻き起こした[37]。

　この時期には，インターネットが情報通信のインフラとして社会生活において枢要な役割を果すようになったことを踏まえ，通信事業者やケーブル事業者などブロードバンド接続事業者によるコンテンツやアプリケーション等の不合理な差別的取り扱いを禁じる「ネットワーク中立性」の理念が提唱され，その制度化が試みられていく。2003年に，ティム・ウーが「ネットワーク中立性」の概念を提唱した[38]。2010年に連邦通信委員会（FCC）は，1996年通信法に基づき，ブロードバンド接続事業者に合法的なコンテンツやアプリケーション等のブロッキング

---

[35] クリストファー・ユー（波多江崇＝小竹有馬訳）『ICT実務のためのインターネット政策論の基礎知識』（勁草書房，2017年）113-117頁等を参照。
[36] CAN-SPAM法の意義と限界につき，フィン・ブラントン（生貝直人＝成原慧監修，松浦俊輔訳）『スパム――インターネットのダークサイド』（河出書房新社，2015年）等を参照。
[37] 9.11後の愛国者法等による米国の通信傍受法制の再編について，ダニエル・ソロヴ（大島義則＝松尾剛行＝成原慧＝赤坂亮太訳）『プライバシーなんていらない！？』（勁草書房，2016年）16章等を参照。

や不合理な差別的取り扱いを禁じる規則を策定した[39]。この規則の一部は裁判所により無効とされたが，FCCは，2015年にネット中立性に関する新たな規則を制定するなど，ネット中立性をめぐる攻防は続いている[40]。

同時期の米国では，インターネット上の情報量の増大などに伴い，検索エンジンをはじめとする各種の情報流通の媒介者が果たす情報の取捨選択やキュレーションの役割が高まり，媒介者の責任が問われる場面も増大した[41]。そのため，この時期には，アーキテクチャの設計・管理を行う媒介者を規制する立法が増大するとともに[42]，媒介者の責任を問う司法の判断も活性化していく。例えば，利用者による著作権侵害について，P2Pソフトの提供者の寄与責任が問われたグロックスター事件において，連邦最高裁は，著作権侵害を助長する明示的な表現その他の積極的な行為により，著作権侵害を促す意図をもって製品が頒布されたと認められる場合には，当該製品の提供者は利用者による著作権侵害について寄与責任を負うと判示した[43]。

このような立法および判例の動向と並行して，同時期のインターネット法の研究においても，アーキテクチャの設計・管理を通じて情報流通をコントロールする主体として媒介者の役割と責任が主題化されていく[44]。米国のサイバー法学では，かねてより媒介者責任が論じられてきたプロバイダのみならず，P2Pの管理者・提供者，検索エンジンなど，新たな各種の媒介者の責任への関心が高まっていく。例えば，ジットレインによれば，米国の立法府と裁判所は各種の媒介者を規制のゲートキーパーとして活用することにより，サイバースペース上の活動に対する介入の謙抑性を維持しつつ，害悪の大きい活動を抑止しようと試みてきた[45]。だが，ジットレインも指摘しているように，2010年代になると，プロバイダ等による権利侵害情報の遮断のような「伝統的ゲートキーパー」を通じた規制の実効性が相対的に低下する一方で，P2Pソフトの開発者等の「技術的ゲート

---

(38) Tim Wu, *Network Neutrality, Broadband Discrimination*, 2 J. Telecomm. & High Tech. L. 141 (2003).

(39) *In re* Preserving the Open Internet, Report and Order, 25 F.C.C.R. 17905 (2010).

(40) その後，トランプ政権により新たな委員長が任命されたことなどを受けて，2017年12月，FCCは，ネット中立性規則の廃止を決定し，2018年6月に発効した。FCC, Restoring Internet Freedom Order (Dec 14, 2017).

(41) ユー・前掲注(31)151-155頁等を参照。

(42) 米国における媒介者を規制する立法等の動向について，成原・前掲注(19)4章等を参照。

(43) MGM Studios, Inc. v. Grokster, Ltd., 545 U.S. 913 (2005).

(44) *See, e.g.*, Jack Goldsmith & Tim Wu, Who Controls the Internet?: Illusions of a Borderless World (2006).

(45) Jonathan Zittrain, *A History of Online Gatekeeping*, 19 Harv. J.L.& Tech. 253 (2016).

キーパー」が利用者の行為を技術的なコントロールする能力が拡大していくことに伴って，政府が新たな種類のゲートキーパーを通じて利用者の行為を間接的に規制するリスクが主題化された[46]。

(2) 欧　州

2000年代の欧州では，インターネットに関する EU およびその加盟国の立法が活性化していく。2003年には，EU の『より良き立法』(better law making) において，「立法機関によって定義された目的の達成を当該分野で認められた（企業，社会的パートナー，非政府組織，団体等の）主体に委ねる欧州共同体の立法手法」である「共同規制」の概念が提唱され，EU の原理に適った柔軟な規制手段として活用されることが推奨された[47]。その後，EU およびその加盟国のインターネットに関する各種の政策において，共同規制が活用されていくのみならず，日本や米国のインターネット法の実務や研究においても，共同規制的な手法が取り入れられていく[48]。

2007年には「国境を越える視聴覚メディアサービス指令」が採択され，通信と放送の融合に対応したレイヤー型の法整備が行われるとともに，2009年には「電子通信規制に関する規則・指令」（テレコム改革パッケージ）が採択され，欧州レベルでの情報通信に関する規制の調整機関として BEREC（欧州電子通信規制団体）が設立されるなど，単一市場の形成と消費者保護などを目的に，情報通信分野において柔軟で協調的な規制手法が導入されていった[49]。

(3) 日　本

この時期の日本では，インターネットに関する重要な立法が相次いだ。まず，2000年に高度情報通信ネットワーク社会形成基本法（IT 基本法）が成立し，高度情報通信ネットワーク社会の形成に関する基本理念と基本方針を定めるとともに，同法に基いて IT 戦略本部が設置された[50]。

---

(46) *Id.* at 296-298.
(47) European Parliament, Council, Commission, Interinstitutional Agreement on Better Law-Making (2003/C 321/01).
(48) 共同規制については，生貝直人『情報社会と共同規制――インターネット政策の国際比較制度研究』（勁草書房，2011年）等を参照。
(49) 国境を越える視聴覚メディアサービス指令については，西土彰一郎「EU の『レイヤー型』通信・放送法体系」新聞研究682号（2008年）43頁以下等を参照。テレコム改革パッケージについては，寺田麻佑『EU とドイツの情報通信法制：技術発展に即応した規制と制度の展開』（勁草書房，2017年）2章等を参照。

2001年には，プロバイダ責任制限法が制定され，利用者が発信した他人の権利を侵害する情報について，プロバイダの損害賠償責任が制限されるとともに，権利を侵害されたとする者がプロバイダに対して発信者情報の開示を請求する権利が創設された。プロバイダ責任制限法を踏まえ，関係業界団体等においてガイドラインが策定され，権利侵害情報の削除などプロバイダによる対応に指針を与えてきた(51)。

2003年には，個人情報保護の強化に向けた国際的動向も背景に，個人情報保護法が成立し，インターネット分野にも大きな影響を与えた。

2008年には，青少年インターネット環境整備法が制定され，携帯電話事業者等の各種の情報流通の媒介者に青少年保護のためのフィルタリングの提供等が義務づけられた。青少年インターネット環境整備法は，表現内容に対する政府の直接規制を控え，民間の第三者機関を中心とするフィルタリング等による有害情報の流通抑制のための環境整備に主眼が置かれることになった(52)。

この時期の日本では，インターネットをはじめとする通信と放送の融合を見据え，通信と放送の融合法制の実現に向けた検討が試みられた。2007年に総務省の通信・放送の総合的な法体系に関する研究会は，同時代のEU等の法整備の動向も参照しつつ，「情報通信法」の構想を提示した(53)。「情報通信法」は，従来の通信・放送関連9法を一本化し，従来の通信・放送の枠組みを越えて，「コンテンツ」，「プラットフォーム」，「伝送インフラ」というレイヤーごとに規律することを目指す，ラディカルな改革を伴う構想であったが，放送業界やインターネット利用者による反対などもあり，実現しなかった。

2010年には，放送法の改正が行われ，ハード・ソフトの分離等の改革が進められたが，情報通信法の構想に比べると，局所的かつ限定的な改革に留められた。改正放送法は，インターネット上の放送類似サービスの発展も踏まえ，放送概念を従来の放送概念にケーブルテレビ等を取り込む形で「公衆によって直接受信さ

---

(50) この時期の日本におけるIT基本法をはじめとするインターネット関係の法律の相次ぐ制定は，「立法の再活性化」と呼ばれる同時代の一般的現象を反映しているといえるかもしれない。井上達夫編『立法学のフロンティア1』i頁（ナカニシヤ出版，2014年）参照。

(51) プロバイダ責任制限法の制定に至る経緯ならびに制定後の裁判例および運用状況につき，堀部政男監修『プロバイダ責任制限法 実務と理論── 施行10年の軌跡と展望』（商事法務，2012年）参照。

(52) 青少年インターネット環境整備法の意義と課題につき，堀部政男「インターネットと青少年－青少年インターネット環境整備法の運用と課題」ジュリスト1411号（2010年）14頁以下等を参照。

(53) 通信・放送の総合的な法体系に関する研究会『報告書』（2017年）。

れることを目的とする電気通信（…）の送信」と再定義することにより，通信と放送の区分を改めて整理・明確化した[54]。

2013年には，公職選挙法が改正され，インターネット選挙運動が部分的に解禁された。改正後の公職選挙法では，何人も，ウェブサイト等を利用して選挙運動を行うことが認められる一方，電子メールによる選挙運動は，候補者・政党等に限って認められた[55]。

この時期のわが国の判例では，インターネットの情報メディアとしての未成熟性や特殊性を根拠にして，インターネット上の情報発信者に対して特別な配慮を求めるべきか否かが問われることになった。インターネットによって情報発信能力を獲得した個人利用者が，従来のマスメディアと同様に，法的責任を負うことになるのかが問われたリーディングケースが，インターネット利用者によるラーメンチェーン店に対する名誉毀損の刑事責任が争われた事件である。一審の東京地裁は，インターネットの個人利用者が発信した情報は一般に信頼性の低いものとして受け止められており，インターネット上では反論も容易であるなどとして，このようなネットの特性等に配慮して，インターネットの個人利用者に関する名誉毀損の免責の基準を緩和し，被告人を無罪とした[56]。ところが，二審の東京高裁は，このようなネットの特性を理由にネットの個人利用者への免責の基準を緩和することを否定し，被告人を有罪とした[57]。最高裁は，個人利用者がインターネット上に掲載した情報が必ずしも信頼性の低いものと受け止められとは限らず，ネット上の反論によって十分に名誉の回復が図られる保証もないなどとして，インターネットの個人利用者による名誉毀損について，他のメディアの場合よりも緩やかな基準で免責を認めることを否定した。そして，インターネットの個人利用者の場合も，真実であると誤信したことについて，確実な資料，根拠に照らして相当の理由があると認められるときに限り，名誉毀損罪は成立しないとして，被告人を有罪とする原審の判断を支持した[58]。この最高裁決定は，インターネットが既存のメディアと制度の枠組みに組み込まれていく同時代の文脈を背景に，インターネットの個人利用者の法的責任について，従来のメディアと同一の基準

---

[54] 2010年の大改正後の放送法の全体像につき，鈴木秀美＝山田健太編著『放送制度概論——新・放送法を読みとく』（商事法務，2017年）参照。

[55] 公職選挙法の改正によるインターネット選挙運動解禁の意義と課題については，宍戸常寿「表現の自由」岡村久道編『インターネットの法律問題——理論と実務』（新日本法規，2013年）134-136頁等を参照。

[56] 東京地判平成20年2月29日判時2009号151頁。

[57] 東京高判平成21年1月30日判タ1309号91頁。

[58] 最決2010年3月15日刑集64巻2号1頁。

を適用した判例として注目に値する。

同時代のわが国では，インターネットに関する立法や判例の蓄積も踏まえ，2002年に情報ネットワーク法学会が設立されるなど，インターネット法に関する知の制度化も進展していった(59)。

4　2010年代：インターネット法をめぐるグローバルな闘争と揺らぎ

前節でみてきたように，2010年代の日米欧ではインターネット法の制度化が進展した。しかし，2010年代になると，いったん制度化したかに見えたインターネットのあり方がグローバルな規模で動揺し，国家間の価値対立が顕在化し，インターネット法の再編成が迫られるようになっている。

（1）米　　国

2010年代のインターネット法の歴史の幕開けを象徴する事件が2010年のウィキリークス事件である。ウィキリークスは2006年に設立され，内部告発者からの情報提供を受けて，各国の政府や企業の機密情報を暴露してきたが，2010年に米国の外交公電やイラク・アフガニスタンでの戦争記録を公表し，国内外で大きな反響を呼んだ。これに対して，米国政府の働きかけを受けたアマゾンがクラウド・サービスを停止するなど，政府の働きかけを受けた各種の媒介者によるウィキリークス包囲網が形成された(60)。ウィキリークス事件は，ネット上の「無責任」なメディアが国家機密を大量に暴露したという点で，ネット時代の報道の自由・取材の自由の意義と限界を問い直すとともに，このような新たなメディアへの規制のあり方が模索されることになった。

続いて，2013年には，スノーデン事件が発生する。NSA の元契約職員エドワード・スノーデンの暴露により NSA 等の米国の情報機関・捜査機関のネット監視プログラム（PRISM 等）の実態が暴かれ，国内外のインターネット上の通信を広汎に傍受していたことが明らかにされた。スノーデンによる暴露を受けて，米国のネット監視に対して国内外で批判が高まった。とりわけ，後述するように，プライバシー・個人データ保護を重視する欧州諸国の反発を招いた。この事件をきっかけにして，ネット上のプライバシーや表現の自由等の人権と安全との調整のあり方が改めて問われ，国際的な議論を喚起することになった(61)。

---

(59) その後，2016年には情報法制研究所が，2017年には情報法制学会が設立されるなど，インターネット法の知の制度化は着実に進展している。

(60) Yochai Benkler, *A Free Irresponsible Press: Wikileaks and the Battle over the Soul of the Networked Fourth Estate*, 46 HARV. CR.-CL.L. REV. 311 (2011).

（2）欧　　州

従来から EU は個人データ保護指令に基づいて国際的に個人情報保護を牽引してきたが，2010年代には，データ保護指令を強化した一般データ保護規則案が提示され，欧州委員会，欧州議会等で議論が行われた。2016年に EU 一般データ保護規則が成立し，データポータビリティ，プロファイリング規制，消去権（忘れられる権利）等が導入された[62]。EU のデータ保護法制は，「十分な保護の水準」を確保していると認められない限り，原則として第三国への個人データへの移転を禁止する規定を設けてきたため，諸外国にとっては EU から「十分性認定」を得ることが，データを利活用したビジネスを振興する上で重要な課題となってきた。

また，同時代の EU は，競争法により米国のプラットフォーム企業を規律する姿勢も強化してきた。例えば，2015年，欧州委員会は Google が検索結果において自社のサービスを優先的に表示することにより，欧州市場において支配的地位を濫用し，競争法に違反している疑いがあるとして，同社に対して異議申立書を送付している[63]。

このように，近年のインターネット法においては，EU が各種の規制に関する国家間調整の実験の場となっていることを背景に，EU がグローバルな規模で情報法の規範形成に影響を与えるようになっているといえよう[64]。

（3）日　　本

こうした国際的な動向も踏まえ，日本でも，2015年に個人情報保護法が改正され，センシティブな情報が利用されることで不当に差別されるリスクから個人の権利利益を保護する見地から要配慮個人情報が導入されるとともに，個人情報を保護しつつビッグデータの活用を推進する見地から匿名加工情報の制度が導入され，域外適用・国際的な執行協力が強化された上で，2016年に個人情報保護委員

---

(61) スノーデン事件について表現の自由の観点から検討したものとして，成原・前掲注(19) 7 章等を参照。

(62) Regulation (EU) 2016/679 of the European Parliament and of the Council of 27 April 2016 on the protection of natural persons with regard to the processing of personal data and on the free movement of such data, and repealing Directive 95/46/EC (General Data Protection Regulation). EU 一般データ保護規則につき，石井夏生利『新版 個人情報保護法の現在と未来』（勁草書房，2017年）2 章等を参照。

(63) European Commission, *Antitrust: Commission sends Statement of Objections to Google on Comparison Shopping Service*, 15 April 2015.

(64) 市川芳治「インターネット上の情報流通と法的規制——根底への問い：憲法・競争法からのアプローチ」法学セミナー707号（2013年）7 頁等を参照。

会が設置された(65)。また，欧米における「忘れられる権利」に関する議論を背景に，わが国の裁判所も，プライバシー権等の人格権を根拠に検索結果の削除請求を認めるようになっているが，最高裁は，検索エンジンがインターネット上の情報流通において果たしている役割等を踏まえ，事実を公表されない法的利益が情報を提供する理由に「優越することが明らか」な場合に検索結果の削除を求めることができるという，表現の自由を尊重した基準を示した(66)。

また，この時期のわが国では，尖閣諸島沖での海上保安庁の巡視船衝突映像のYouTubeでの漏洩事件やイスラム教徒に関する公安情報のP2Pソフトによる流出事件など，インターネットを通じた国家機密に関する情報の漏洩も顕在化した。その後，スノーデン事件など海外でのインターネットによる機密情報の漏洩なども背景に，2013年に特定秘密保護法が制定されるなど，わが国でも国家機密の保護の強化が図られている(67)。

日本のインターネット法制の基本設計として機能してきた通信の秘密の保護のあり方も揺らいでいる。2018年4月に政府の知的財産戦略本部・犯罪対策閣僚会議は，一定の要件の下でプロバイダが海賊版サイト（著作権侵害サイト）のブロッキングを行うことが適当であるとの方針を示した。かかる政府の方針に対しては，ネット事業者，利用者団体，インターネット法の研究者・実務家らから，憲法および電気通信事業法で保障された通信の秘密を法律の根拠なしに侵害するものであり，緊急避難による違法性阻却も認められ難いとの批判が示された。なお，児童ポルノについては，すでに2010年からプロバイダによる自主的なブロッキングが行われているが，その導入の際には，児童ポルノのブロッキングはあくまでも例外的な措置であり，著作権侵害の場合には，緊急避難に基づくブロッキングは認められないとの整理が行われていた。仮に法律の根拠すらなく海賊版サイトのブロッキングが認められることになれば，通信の秘密という「自由の盾」により表現の自由やプライバシーが実質的に手厚く保障されてきた日本のインターネット法制の基本設計は崩壊し，他のさまざまな領域にもブロッキングやネット監視が際限なく広がっていくおそれがあるだろう(68)。

---

(65) 改正個人情報保護法につき，岡村久道『個人情報保護法〔第3版〕』（商事法務，2017年）等を参照。
(66) 最決平成29年1月31日民集71巻1号63頁。
(67) わが国おける国家機密の保護のあり方につき，情報法の一般理論の体系から検討したものとして，林紘一郎『情報法のリーガルマインド』（勁草書房，2017年）88頁以下。
(68) 成原慧「海賊版サイトのブロッキングをめぐる法的問題」法学教室453号（2018年）45頁以下等参照。

(4) 小　括

　2010年代には，欧州と米国の間で，プライバシー・個人データ保護と表現の自由との調整をめぐる対立が激化した。例えば，EU の議会や裁判所が「忘れられる権利」を承認しようとする姿勢を示してきたのに対して[69]，米国のインターネット法の研究者やネット企業は，「忘れられる権利」を表現の自由やイノベーションを抑制するものとして批判してきた。このように「忘れられる権利」の評価をめぐり対立する欧米の間には，プライバシー・個人データの保護と表現の自由・情報の自由な流通のどちらを重視するのかという対立にはとどまらず，「尊厳」と「自由」との対立という，より根本的な価値・原理のレベルでの対立を見出すこともできよう[70]。

　また，スノーデンの暴露した情報に依拠して，米国における EU 市民のデータ保護は十分な水準を満たしていないとして，Facebook のアイルランド法人から米国法人へのデータ移転の禁止を求めるオーストリア市民の申立を受けて，2015年に欧州司法裁判所は，米国では国家の安全保障，公共の利益または法執行上の要請がデータ保護に関するセーフハーバー原則に優越する地位を与えられていることなどとして，欧州と米国の間のセーフハーバー協定による個人データの保護の水準の十分性を認定した欧州委員会の裁定は無効であるとの先決判決を下した[71]。欧州司法裁判所の判決を受けて，2016年には，セーフハーバー協定に代わる，米欧間で新たなデータ保護の枠組みである「プライバシー・シールド」が合意された[72]が，今後の運用において，米欧の間の緊張が再燃するか否かは余談を許さない。このように，グローバルな規模でプライバシー・個人データ保護と安全保障の間の緊張関係も改めて顕在化している。

　さらに，視野を広げると，今日のインターネット・ガバナンスを取り巻く世界の中には，より深刻で根底的な対立も見出すことができる。すなわち，国際的なインターネット・ガバナンスの場面では，「情報の自由な流通」が国家を越えた

---

[69] Case C-131/12, Google Spain SL, Google Inc. v. AEPD, Mario Costeja González (May 13, 2014).
[70] 宮下紘『プライバシー権の復権』（中央大学出版部，2015年）等
[71] Case C-362/14, Maximillian Schrems v. Data Protection Commissioner (Oct. 6, 2015).
[72] European Commission, *Commission Implementing Decision (EU) 2016/1250 of 12 July 2016 pursuant to Directive 95/46/EC of the European Parliament and of the Council on the adequacy of the protection provided by the EU-U.S. Privacy Shield,* Jury 12, 2016. 宮下紘「EU-US プライバシーシールド」慶應法学36号（2006年）145頁以下も参照。

普遍的な価値を持つと考える日本を含む西側先進国と，国家主権を上回るものではないと考える中・露をはじめ旧東側・新興諸国との対立が先鋭化している(73)。

このような対立構造を背景に，国家間の「サイバー戦争」も激化し，旧東側諸国による西側諸国へのサイバー攻撃も頻発していると指摘されている。例えば，2016年の米国大統領選挙では，ロシア政府が，米国の民主政のプロセスへの信頼を毀損し，クリントン候補の当選を妨害する目的で，政府機関とその影響下にある組織・個人を通じて，米民主党本部に不正アクセスしてヒラリー候補に関連するメールを窃取し，ウィキリークス等を通じて公表させるとともに，フェイクニュースを含むクリントン候補を批判するニュースの拡散に関与するなどして，米国大統領選挙に干渉したとの疑惑が指摘されている(74)。このように，今日においては，インターネット上の（外国勢力による）ハッキングやフェイクニュースの拡散が民主主義のプロセスの信頼性を揺るがすようになっており，インターネットが国家間の「サイバー戦争」の戦場と化しているとすら言えるかもしれない。

III　インターネット法の展望：現実空間とサイバースペースの融合
—— 自由の空間の解体と再編

以上で見てきたように，インターネット法には，少なくとも20年あまりの歴史の蓄積があり，その過程でインターネット法の性格は少なからず変化してきたものの，一貫して培ってきたと思われる以下のような理念，主体間のダイナミズム，方法論を見出すことができる。

まず，インターネット法の理念としては，表現の自由に裏付けられた情報の自由な流通，自律分散型のセルフガバナンス，情報の共有・オープン化などの理念は，多くのインターネット法の研究者・実務家に共有されてきたといえる。これらの理念は，各国の実定法において少なからず反映されるとともに，インターネット法の実務家・研究者のエートス(75)として内面化されているということができよう。

次に，インターネット法に関係する主体としては，各国政府（省庁），ネット

---

(73) 林紘一郎「情報法の一般理論はなぜ必要か」情報通信法学会誌33巻3号（2015年）等を参照

(74) ロシアによるインターネットを用いた2016年アメリカ大統領選挙への干渉について米国の情報機関が分析した報告書として，see OFFICE OF THE DIRECTOR OF NATIONAL INTELLIGENCE, ASSESSING RUSSIAN ACTIVITIES AND INTENTIONS IN RECENT US ELECTIONS (6 Jan. 2017).

5 インターネット法の形成と展開〔成原　慧〕

企業，専門家（技術者等），利用者（個人等）が挙げられる。これらの多様な主体の間の相互作用が，「マルチステークホルダー」と呼ばれるプロセス[76]を通じて，インターネット法の姿を形作ってきたといえよう。

　また，インターネット法の方法論としては，アーキテクチャによる規制，媒介者による規制，自主規制・共同規制などの規制手法が用いられ，議論の対象となってきた。このような多様な規制が用いられてきた点で，インターネットは「規制の実験場」として位置づけることも可能だろう。

　しかし，以上のようなインターネット法の理念，主体間のダイナミズム，方法論については，インターネットを取り巻く環境の変容により，今後見直しを迫られる可能性も否定できない。

　近年では，IoTやAI・ロボット等の発展によるサイバースペースと現実世界の融合が進んでいる。インターネットと現実世界の融合により，経済や社会への便益が期待されるとともに，各種のリスクの発生も懸念されている。例えば，3Dプリンタによる銃の製造，ドローンの遠隔操作による事故，位置情報ゲームの利用者による交通事故などのリスクがすでに顕在化するとともに，今後は，自動走行車へのハッキングなどのリスクも懸念されている[77]。

　このようなインターネットを取り巻く環境の変化に伴って，IoTのセキュリティをはじめインターネット法においても「安全の論理」（national security, cyber security）が前面に現れるようになっている。また，「安全の論理」を支える国家の復権も進んでおり，中国など旧東側諸国がインターネット・ガバナンスに与える影響力も増大している。

　このようなインターネット法をめぐる国際的な闘争の激化やインターネットと現実空間との融合に伴って，現実空間から独立した「自由の領域」として「サイバースペース」を観念する初期のインターネット法にみられたユートピア像は，

---

(75)「言論の自由」を保障した米国修正第1条が，グローバル・プラットフォームによるルール形成を担う法律家の「背景的な規範」としての役割を果たしており，彼らが形成する「国際」法の規範にも反映されていると指摘するものとして，Marvin Ammori, The "New" New York Times: Free Speech Lawyering in the Age of Google and Twitter, 127 Harv. L. Rev. 2259, 2283-2284 (2014).

(76) マルチステークホルダー・プロセスにつき批判的に検討したものとして，Milton Mueller, Networks and States: The Global Politics of Internet Governance 264-266 (2010), デナルディス・前掲注（3）313-316頁等を参照．

(77) AIがインターネット等を通じて相互に接続し連携する「AIネットワーク化」に関する法的問題と規範形成につき，成原慧「AIネットワーク化をめぐる法的問題と規範形成」自由と正義825号（2017年）等を参照．福田雅樹＝林泰弘＝成原慧『AIがつなげる社会——AIネットワーク時代の法・政策』（弘文堂，2017年）も参照．

いよいよ非現実的になっていくかもしれない。

しかしながら、インターネット法がこれまで培ってきた理念、主体間のダイナミズム、方法論は、インターネット法をめぐる国際的な闘争や、サイバースペースと現実空間の融合に伴う調整を迫られつつも、今後もインターネットに関するグローバルな規範形成を導き、インターネットに関する様々な法的問題の解決を導いていく指針となり得るように思われる[78]。

このように考えると、インターネット法の黎明期に語られた、新たな社会契約の形成（バーロー）、*Lex Informatica* の形成（ライデンバーク）、サイバースペースにおける憲法政治（レッシグ）といった構想は、黎明期に特有の夢想と簡単に片付けられるものではなく、インターネット法の未完のプロジェクトというべきものかもしれない。インターネット法をめぐるグローバルな規範形成と抗争は、火蓋を切られたばかりであり、インターネット法が培ってきた理念や方法論を活かしつつ、今後のダイナミズムを見据え、インターネット法の研究と実務を野心的に切り拓いていくことが期待される。

〔付記〕

本稿は、2017年1月22日に慶應義塾大学で開催された「メディア法研究会」発足記念公開シンポジウムでの報告を元にしている。シンポジウムにおいて私の拙い報告に対して、貴重なご意見やご質問を下さった先生方にこの場を借りて改めて御礼申し上げたい。本稿は、2017年10月に脱稿した。校正時（2018年8月）に必要最小限の加筆修正を行っている。

本稿は、科研費（16K17038）による研究成果の一部である。

---

[78] 例えば、サイバー法の方法論のロボット法への示唆につき論じたものとして、see Ryan Calo, *Robotics and the Lessons of Cyberlaw*, 103 CAL. L. REV. (2015). 関連して、ウゴ・パガロ著、新保史生監訳『ロボット法』（勁草書房、2018年）、平野晋『ロボット法』（弘文堂、2017年）、弥永真生＝宍戸常寿編『ロボット・AIと法』（有斐閣、2018年）等も参照。

〈特別企画〉放送法の過去・現在・未来

基調講演

「放送の自由と規制」論は越えられるか？

濱田純一

はじめに
1　「放送の自由と規制」論 ── 「放送制度」論は越えられるか？
2　社会的機能を含みこんだ放送の自由論の可能性
3　放送の自由の要素としての社会環境
むすび ── 放送制度論，その先へ

はじめに

　何よりもまず，メディア法研究会の発足をお祝い申し上げたいと思います。この研究会は，メディア法をめぐるさまざまな課題を議論していく中核としての役割を果たすことになると期待しています。
　また，2009年に刊行された『放送法を読みとく』に続いて，このたび『放送制度概論』が出版されたことをお祝い申し上げます。放送をめぐる法のダイナミズムが描かれており，『放送法を読みとく』とセットになって，放送制度全体を，その生きた姿において理解することができる著作と感じます。
　今日は，この2つの本をベースにしながら，どのような方向でこれからの放送法制をめぐる議論を行っていくべきなのか，私が考える若干の視座についてお話し申し上げたいと考えています。

1　「放送の自由と規制」論 ── 「放送制度」論は越えられるか？

　その視座の方向性を，〈「放送の自由と規制」論は越えられるか？〉という，報告のタイトルで示してみました。要するに，放送には規制があって当たり前という感覚を乗り越えた議論も，次の時代には必要だろうということです。
　新聞については，「新聞の自由と規制」という課題設定はあまりしません。むしろ，「新聞の自由」を基本として論じており，規制はあくまで例外というスタンスです。放送の場合も，憲法21条の観点からすれば同じはずなのですが，どうも議論の仕方として，「放送制度論」という言い方を普通にします。しかし，「新聞制度論」とはまず言いません。放送の分野では，放送法，電波法といった法律

があることもあって，何となく制度論的な観点からの論じ方が自然になっています。

そこで，いったん制度論を意識的に離れるという姿勢をとることで，放送をめぐる議論で見えなかったものがもっと見えてくるかもしれない，未来に向けた放送法のあり方について議論が深まるかもしれない，と考えるわけです。もちろん，現に法制度があることを所与として，その解釈と運用をしっかり論じることがまず重要であることは言うまでもありませんが，そこにはどうしても議論の視野が枠づけられてしまうリスクがあります。そうした状況を，いわば方法的にちょっと乗り越えて議論してみようということです。

では，どうすれば制度論を離れられるのかと，いうことです。それは端的な言い方をすれば，「放送の自由」というものの本質を詰める議論をさらに深めていくことだろうと思います。

一般に日本における自由論議の特徴として，自由の本質を詰めていくというよりも，政府介入との境界線づくりにかなりのエネルギーを割いてきました。表現の自由の分野をはじめとする憲法訴訟論はその典型です。いわば境界線の制度を作ってきたという面があるかもしれませんし，その背景に日本の戦後の社会的政治的状況があったことは言うまでもありません。もちろん，自由の本質・機能の捉え方が境界線論にも影響するわけで，それは，アメリカの表現の自由論の展開でも見られる通りです。例えば，芦部信喜先生の憲法訴訟論はそのことをはっきり意識されていたと思いますし，表現の自由の本質論という意味では，奥平康弘先生のご研究が果たした役割なども実に大きいと思います。

ただ，全体として見れば，日本ではアメリカと比べて，表現の自由の性格に立ち入った議論は少なかったように見えます。基本的には，自己実現と民主主義，さらには真理のための思想の自由市場，といったベーシックなところを大ぐくりで語ることで満足してきたところがあるように感じます。

表現の自由を保障するためには，これで済むと言えば済む話です。ただ，こうした考え方が，ある意味分かりやすすぎるがために，本当に社会に消化されて受け入れられているのか，心もとない気がするのも事実です。たとえば，いまあげた3つの原理は，その根幹において，「過ちをする自由」や「異なった考え方をする自由・多様な意見の存在」を前提にしています。しかし，現状を見ると，とくにメディアも社会も，「過ちをしないこと」に過度にナイーブになっていないかという印象を受けることもあります。あるいは，「異なった考え方をする自由・多様な意見の存在」については，いまの時代の不寛容さがしばしば話題になります。寛容がないと表現の自由は意味をなしませんが，それが社会にきちんと理解

されているのか気になるところです。

　つまり，表現の自由が本当に社会で受け入れられ根付いているというためには，その価値の本質が社会において十分に理解されていることが求められると思いますが，その点については，まだまだ幅広い議論が必要だし研究者の役割もなお大きいと思います。

　放送の自由に関しても，そうした流れで，やはり政府介入を排除する境界線を意識した議論が多い傾向があります。それはそれとしてきわめて重要な議論であることは言うまでもありませんが，ただ，この自由を本当の意味で日本社会に定着させ生かしていくためには，同時に，この放送の自由の本質について，またこの自由を支え構成する要素について，より深めた議論をしておく必要があると感じています。

2　社会的機能を含みこんだ放送の自由論の可能性

　放送の自由は何かという議論をする時に，端的な設題として，この自由が，一般的な表現の自由と同じなのか，それとも異なる自由なのか，とくに一定の任務・責任ないし役割を本質的に内在させた自由なのか，という問いかけがありえます。そもそも，日本の最高裁判所も「報道の自由」は「国民の知る権利に奉仕する」ために認められているとも言っているわけですが，憲法論を離れて放送法の仕組みや社会の意識でも，放送には新聞以上に公共的な役割があるという捉え方が明確なのは，間違いのないところです。

　この点，ドイツでは，鈴木秀美先生がまさにその専門家ですが，伝統的に「制度的自由」論という法理があることは，ご存知の通りです。プレスの自由も放送の自由もその大きな理論的ベースの上で議論されています。こうした形であれば，放送の自由論の構成は，それなりに議論しやすいところがあります。

　ただ，日本の場合は，こうした自由の本質に触れる議論はあまり好まれてこなかったように思います。おそらく人権の理念的な本質論からして「制度的」という要素を法理論的に処理しにくいということだろうとも思いますが，たしかに報道の自由という特別のカテゴリーはあるものの，一般的な表現の自由の延長上に位置づけて議論するのが基本であろうと思われます。そのように一般的な自由を前提としますから，放送の自由の規制根拠というのも大きな議論になってくることにもなります。ドイツ型の制度的自由論では，一定の制約は，外部からの規制というよりは，むしろ本質的な要素として放送の自由の構造に最初から組み込まれているという印象を受けます。

　ただ，すでにお感じのように，放送に対する規制根拠論というのも，周波数の

希少性が大幅に緩和され，またインターネットを中心に一見類似のメディアが多様に存在する時代になると，なかなか曖昧さをぬぐい切れないのも事実です。そういうところで，私も，制度論にはシンパシーがありましたが，それ以外に一般的な自由権論の枠組みの中でいまの規制や法制度を説明できるだろうかと考えて，「未成熟な自由」論や「部分的規制」論について記したことがあります。

「未成熟な自由」論は，メディアの自由には，物事を表現する送り手側の側面と，多様な情報を受け取るという受け手側の側面があって，まあこれは，ドイツ流に言えば，自由に主観的側面と客観的側面があるということですが，新聞の場合は，主観的側面が発揮されれば客観的側面が自然に実現されるという信頼が歴史的に確立されてきているのに対して，放送の場合はそれがない。だから，主観と客観をつなぐために一定の規制が許容されるのだという議論ですが，いま思えば，放送事業者の皆さんに対して，ちょっと失礼な議論だったかもしれません。ただ，自由の成長過程というダイナミズムを，私たちが自由権の議論をする時に取り入れて考えていくことは，必要なことだろうと思います。

もう一つ，「部分的規制」論の方は，ご承知のように，アメリカのリー・ボリンジャーが主張していた考え方で，長谷部恭男先生たちもこの立場をとっていらっしゃるので，皆さまもご存知かと思いますが，新聞の自由も放送の自由も自由の本質においては同じだけれども，一方だけを規制することで，規制によって技巧的に生み出される多様性と自由とを効果的に組み合わせようとする考え方です。論理的には，新聞でも放送でも，いずれを規制してもよいというわけですが，私の場合は，規制の歴史的な経緯と，さきほどの未成熟な自由論を組み合わせて，だから新聞ではなくて放送の方を規制するという議論をしました。

こういった議論に賛同いただけるかどうかはともかくとして，放送の自由はこうした，ある意味チャレンジングな（無茶な，といわれるかもしれませんが），いろいろな捉え方を試みることができる，いわば開拓の余地の大きい自由です。ぜひ，この研究会でもこれから議論を深めていただければと思います。

こうした放送の自由の性格をめぐる議論をしていく時には，当然，放送の社会的機能・役割ということが問題になりますが，放送の機能の捉え方はなかなか一筋縄ではいきません。番組調和原則で「教養，教育，報道，娯楽」ということも言われますが，新聞に比べて娯楽的機能も強い放送メディアの性格をどのように放送の自由の論理構築の中に組み入れて反映させるのかといったところも，少し気になっているところです。

また，真っ向からの課題ということでいえば，放送番組の公平性といったものをどう取り扱うかは，放送のメディア特性も考慮しながら，議論していく必要が

あります。この問題は，政治や行政との緊張関係の場面で，自由と規制の境界線の問題として議論になることが多いのですが，そもそも放送において期待されている公平性とはどのようなものなのか，個別ケースや規制云々の問題を離れてあるべき姿を，国民・社会の利益の観点からも積極的に議論していく必要があると思います。

改めてこんなことを思ったのは，最近のトランプ現象に関連して社会の両極化・分断といったことが話題になることが多いのですが，先日，ある新聞の紙面で，かつてアメリカで「公平原則」が廃止されたことの影響に関連して，上智大学の前嶋和弘先生が，「ケーブルテレビでの左派，右派への両極化などで人々のマスメディア不信が広がっている。トランプ氏はそれを巧みに利用した」と発言なさっているという記事に触れたからです。

放送というのはある意味，多様な視点・価値の共有という意味では，新聞以上に効果的なメディアです。そうしたメディア特性を，だから規制が必要だという話だけにしてしまうのではなくて，この自由の本質的な性格を議論する際にどううまく生かす論理構築が可能なのか，もっと掘り下げて議論されてよいように思います。

3　放送の自由の要素としての社会環境

放送の自由を議論する時に，法学的な視点から見る時は，その内在的な論理の構成が主眼になるわけですが，これから発足する次の時代を見据えた研究会活動ということですから，ぜひ狭い意味の法律学だけでなく，社会学的というか，法律の価値を実際の社会の中で維持し発展させていく事実的な構造やダイナミズムについての議論や研究も展開いただけることを期待したいと思います。言うまでもなく，法律上の概念や価値というのは論理の真空の中に存在しているわけではなく，社会的な事実条件によってこそ支えられていくはずのものです。その条件を整えることは，放送の自由の理論をより精緻に作りこんでいくのと同じ程度に重要なことであると，私は考えています。

その条件というか，環境というか，ここではそうした点について例示的に，ごくいくつかの点にだけ触れておきたいと思います。

一つは，イェーリングの有名な本の名前ではありませんが，一般に「権利のための闘争」がないと，自由の中身はなかなか固まっていかないということです。ご承知のように，自由は訴訟などで争われることによってその外延や内包が見えてきます。ドイツなどを見ていると連邦憲法裁判所による判決によって，放送の自由と制度の重要な枠組みが形成されてきています。裁判所などによって法的な

決着が行われることは，放送事業者にとってはもちろん，実は放送行政にとっても規律の曖昧さの解決のために望ましい場合もあります。そのように，放送事業者があえて争うために事業者としての体力や責任感をどのように担保していくかも，議論しておかなければなりません。

　また，国民に対する放送の責任を果たしていくうえで，番組の多様性が求められることは言うまでもありませんが，それを生み出すのは，番組制作者の創造性です。視聴率競争や事業者間，メディア間の競争も激しくなる中で，放送の自由の源ともいうべき制作者の創造性をどのように担保していくのかという議論は，もっとなされるべきだろうと思います。法的には「内部的自由」といった議論もありえますが，日々の活動の中でいかなる条件があれば制作者は創造的でありうるのかは，いわゆるジャーナリズム論の世界だけでなく，法学者の立場からも議論を深めていくべき課題です。

　さらには，自由に求められる自律の問題も考えておかなければなりません。自由は，ただ個人の権利として主張されるだけでなく，それが社会的に意味あるものとして理解され信頼されるときに，もっとも確実な保障の裏付けを持つことができます。とくに社会に対して影響が大きいメディアの自由，放送の自由については，自由の行使に伴う自律の仕組みも，論理として，また装置として，自由の中に組み込まれておく必要があります。この意味での自律は，規制に代替するものというより，自由を社会的存在たらしめるために不可欠な部分と理解すべきものであり，また，そのような趣旨を踏まえて自律の仕組みが設計されるべきであろうと思います。放送の分野では，放送倫理・番組向上機構（BPO）を媒介とした自律は，その有効な一つということになると思いますが，これについてはまた後ほど触れることにします。

　これは，放送に限らないことですが，メディアがより柔軟な自由を持つためには，読者や視聴者のメディア・リテラシーのいっそうの成熟が重要な意味を持ちます。ごく素朴な例で言えば，例えば放送番組による名誉毀損等が争われるケースで，摘示事実が何かということや，社会的評価の低下の有無について，判決はしばしば，「一般の視聴者の普通の注意と視聴の仕方とを基準として判断」すべきといった言い方をします。つまり，判断に何か形式論理的な尺度があるわけではなくて，受け手の意識に大きく依存しているわけです。であるとすれば，論理的には，番組に対する視聴者の判断能力が高まれば高まるほど，放送番組における過誤に対する許容度も広がってくると言えるはずです。過ちをおかすことに無神経であっては決していけませんが，自由は本来的に誤りをおかす可能性をも含みうるものであり，それをある程度許容することによってこそ自由の本来的な意

味が達成されるという考え方に立てば（名誉毀損案件についての，「真実であると信じた相当の理由」の存在による免責などはその一例です），視聴者のリテラシーを信頼することによって，自由の幅や質が高まる可能性があるはずだと思います。その意味では，視聴者のメディア・リテラシーの存在は，放送の自由のインテグラルな部分であるとさえ言ってもよいと，私は考えています。

ほかにも，自由を支える社会的環境条件としていろいろな要素がありえますが，さしあたりこのあたりまでにしておいて，こうした議論に関連して付け加えておきたいのは，このように，自由を社会的事実から支える要素を考えていくという取組みが，より望ましい社会のあり方を考え構築していくという営為と連動しているということです。それは，一言でいえば，抽象的ですが，「市民社会の成熟」というテーマと重なり合っています。私はBPOの理事長になってから，BPOの活動というのは，市民が自分たちの問題を，公権力の手を借りることなく，自分たちで解決していこうとする活動であって，その取組みの延長上に市民社会の成熟をも視野においているのだ，ということを言ってきました。こうした第三者の関与を媒介とした自律の問題に限らず，さきほど取り上げて言及した，「権利のための闘争」，制作者の自由，メディア・リテラシーといったテーマは，実はいずれも，市民社会の成熟というテーマと深くかかわっています。これから放送の自由の本質についての考察を深めていくにあたっては，ただ放送だけを狭い視野で焦点化するのではなく，社会全体のあり方を俯瞰的に視野に置きながらすすめていくことが，放送の自由を本当の意味で社会に根付かせていくために必要なことであると考えています。

むすび――放送制度論，その先へ

そろそろ結びに入りたいと思いますが，私たちは一般に，放送あるいは放送の自由を，所与のものとして，それをどう取り扱っていくかを議論してきています。しかし，言うまでもなく，これからのIT時代に，放送は技術的のみならず，おそらくはサービス的にも，またあるいは事業的にも，さまざまな情報通信メディアの中に解消されていくという局面に直面することにならざるをえないでしょう。そこでしっかり議論しておかなければならないのは，これまで私たちが育んできた放送，放送の自由という仕組み，カテゴリーを，意図的に，人為的に確保し続けるべきかどうか，というテーマです。ただ所与であるから維持し続けるという姿勢はもはや難しいと思います。こうした積極的な議論を民主主義や文化や国民生活などを踏まえながら展開していく前提として，早い段階で，今日お話ししてきたような，放送，放送の自由の本質，その固有の意義について議論をさら

に深めておく必要があると考えます。

　こうした意味でも，冒頭で申し上げたように，『放送制度概論』から，次は，『放送の自由概論』への展開をぜひ期待したいところです。ただ，実は私が今日最初に問題設定した「『放送制度』論を越える」と言った時の「放送制度」という概念は，気づいていただけたかどうかわかりませんが，より正確には「放送法制度」でした。制度概念にはいわば二重性があります。自由が社会で実現され安定的に保障されていくためには，さきほども申し上げたように，法律，法制度のほかに，さまざまな，いわば社会学的意味での制度的な仕組みが必要です。今回，鈴木秀美先生と山田健太先生が編まれた『放送制度概論』の本は，お読みになった方はお分かりのように，まさしく，法というものを軸に置きつつも，こうした広い意味での制度を視野に入れながら放送の価値や仕組みの問題を取り上げておられます。たとえば，放送産業の問題や，BPOといったテーマ，また放送事業の実態・実情に関する話題にも幅広く触れられています。つまり，ここでは，「放送制度」の制度概念を法学的意味にとどめずに，社会学的意味における制度をも視野に入れながら議論を展開されているということで，これは先ほど来，私がこういった議論であってほしいとリクエスト申し上げてきたことに重なります。こうした幅広い裾野をもった『放送制度概論』が，今日のようなメディア法研究会の場などを通じてさらにバージョン・アップされ続けていくことを願いながら，私の話を閉じさせていただきます。

パネルディスカッション

放送法の過去・現在・未来

2017年1月22日

濱田　純一（東京大学名誉教授，前東京大学総長，放送倫理・番組向上機構［BPO］理事長）

宍戸　常寿（東京大学大学院法学政治学研究科教授）

曽我部真裕（京都大学大学院法学研究科教授）

本橋　春紀（日本民間放送連盟，元放送倫理・番組向上機構［BPO］理事・事務局長）

コーディネーター　山田　健太（専修大学文学部教授）

　Ⅰ　はじめに
　Ⅱ　日本の放送制度の特徴
　Ⅲ　特徴の背景と時代変遷
　Ⅳ　行政権との関係
　Ⅴ　デジタル時代を迎えて ── 公共放送を中心に
　Ⅵ　おわりに ── 今後の課題

Ⅰ　はじめに

　鈴木　「メディア法研究会」発足記念公開シンポジウムの第2部は，濱田純一先生の基調講演「『放送の自由と規制』論は越えられるか？」に続きまして，これからパネルディスカッションに入ります。ここから先は，第1部でもご報告いただきました専修大学の山田健太先生にコーディネートしていただきます。よろしくお願い致します。

　山田　ただいま基調講演をしていただきました，濱田先生に加えまして，お三方をお迎えしてのディスカッションをはじめさせていただきます。これから先は，「先生」ではなくて，「さん」という言い方で進めさせていただきますが，ご了解いただければと思います。

　順番に，濱田さんの隣が，宍戸さん，曽我部さんという，東西の論客の二人をお呼びしております。それから，いちばん端が本橋さんになります。業界代表で

はありませんが，現場を代表する形として，『放送制度概論』の執筆者の中から，今日の登壇者を選ばせていただいております。

　このパネルディスカッションは，鈴木秀美＝山田健太編著『放送制度概論』（商事法務）の出版を記念して企画されました。ただいま，濱田さんから「放送制度論」にとらわれていてはダメだということをご提案いただいたわけでありますけれども，まさに私たちとしては，放送の自由という社会的な機能をどういうふうに実現していけば良いのかということを念頭に置いて，現状と課題をこの本の中でまとめたつもりです。

　この本は，今日のシンポジウムの最初に鈴木さんからご紹介がありましたように，2009年に出版した『放送法を読みとく』の改訂版という位置づけです。『放送法を読みとく』は，いわゆる当時の放送法の逐条解説をベースにしたものでありました。その後，2010年の放送法の全面改正を受けまして，改めて放送制度の全容を，しかも法律だけでなく，法社会制度全体を網羅するような全体像を示す必要があるというふうに考えまして，ここにありますように，10人を超える，研究者，そして放送関係者による研究会を組織し，このたびまとめさせていただいた，というものであります。

　この本の内容については，濱田さんのお話で触れていただきましたとおりになりますが，これからの時間，執筆陣の3名を加え，放送法あるいはその放送制度の全体像の過去を振り返りながら現状を整理し直して，将来的な課題を探っていければ，というふうに思っております。

II　日本の放送制度の特徴

　山田　では，さっそくはじめさせていただきたいと思いますが，まず，自己紹介を兼ねて，少し短めのお話をいただければと思っております。

　最初は，この本が出た今日の段階［2017年1月22日］において，宍戸さん，曽我部さん，本橋さんの順番に，それぞれ日本の放送制度の特徴を一言，お話をいただきながら，討論をはじめられればと思っております。

　とくに宍戸さんと曽我部さんには，ご自身の研究のベースになっている，国際比較を行っている国を参照しつつ，日本の放送制度の特徴について触れていただければと思います。

　宍戸　東京大学の宍戸です。私は，一応放送法，情報法を勉強していることになっていますけれども，お役所や企業の研究会に呼んでいただいて耳学問をしているだけですので，そのレベルのお話しかできないことを予めお断りしたいと思

います。

　もともとは鈴木先生，濱田先生のお仕事を通じて，ドイツの放送法を若干勉強しましたので，ドイツと日本との対比を，今回期待されているのではないかと思いますが，ドイツの放送法については西土先生の『放送の自由の基層』（信山社）を読んでいただくのが良いと思います。ここでは，日本の放送制度について感じていることを3点指摘したいと思います。

　第1点は，濱田先生が講演で指摘された，広い意味での社会学的な放送制度を見た場合，法律上の制度以上に，いわゆる実態と言いますか，ビジネスを含めて，NHKと民間放送のほどよいバランスが，業界では「世界に冠たる二元放送」と言われますけれども，機能している，と思います。

　ただし，それが，濱田先生のおっしゃった，「権利のための闘争」，規範的な自由を創造するというプロセスになっていない。政と官と民，民の中のNHKと民間放送の間の，どちらかといえば権力間の反発均衡であるというのが現実ではないか，というのが1点目です。

　2点目は，NHK放送文化研究所の村上聖一さんが最近，『戦後日本の放送規制』（日本評論社）で述べられたことですけれども，公式の放送規律というよりは，非公式の規制がこれまで強い力を発揮してきた。本来，放送サービスがこうあるべきだと考えて規律をしたいのであれば，メディア環境の変化に応じて大きな立法をして，放送をダイレクトに正面から規制するのが筋です。例えば，ドイツでは，放送に関する法律や州際条約がメディア環境の変化の中でバージョンアップされています。これに対して日本では，社会学的な意味の制度と言いますか，事業者の慣行や，視聴者でも放送はこういうものだという受け止め方が強いので，例えば情報通信法という形で，メディア全体を規律する新しいシステムを作り出すことに，なかなかなりにくいということです。

　それから最後に申し上げたいのは，フォーマルな制度としても，例えば，基幹放送普及計画や放送法施行規則といったような，法律以下のルールの力が強い。

　その結果，経営企画部門とか，制度に詳しい方以外には，放送事業者の中で働いている方でも，放送制度の全貌をわかりやすく理解する，説明することはおそらくできないだろうと思います。

　その背景には，まさにドイツでは，制度のあり方が，公に憲法裁判所で争われ，判例という形で，放送の自由の理念や限界が議論されるのに，日本ではそういうことが基本的にない。さきほど申し上げた政官業のインフォーマルな交渉という形で，放送制度が形成されていることに問題があるのではないかな，と私は思っております。

山田　有難うございます。それでは，まとめはせずに，そのままお話しいただきましょう。

　曽我部　はい。京都大学の曽我部でございます。

　私は，この場にいらっしゃる多くの先生方と同じように，憲法学をバックグラウンドにしておりまして，憲法の観点からメディアの問題について，研究をしてきたということでございます。

　ただ，かれこれ10年近く，いろいろなところで，放送を管轄されている行政機関での議論ですとか，あるいは実際のメディア企業の皆さんと意見交換させていただいたり，あるいは実際の問題について一緒に考えさせていただくような機会をいただいており，あとは関係者ご在席ですけれども，BPOの放送人権委員会というところで，2013年から委員を務めさせていただいておりまして，いろんな問題を考えさせていただく機会を頂戴しているというところです。

　放送制度というのは，なかなか全貌がつかみにくいところがあります。とりわけ，門外漢にとってハードルの高い分野だろうと思います。ですので，私も実際に関係されている方々と話をするようになってから，だんだん勉強を進めてきたというところであります。

　それで，その中でちょっと気づいたこととして，茫漠とした話になるんですけれども，日本の放送制度の特徴として，漸進的な性格があると思います。つまり，基本理念があってそれに基づいていろんな仕組みが組み立っていくというようなアプローチが，基本的にとられていなくて，走りながら考えていくというか，そのときそのときの問題に対応するために，新しい制度が考え出され，それが積み重なっていく，そういうやり方で今まで来たんではないか，というふうな印象を強く持っております。

　これは，たぶんその出発点，戦後の電波三法という，1950年の法律の時からもおそらくそうで，戦前がNHKの前身，実質的前身であるところの日本放送協会に対して，政府が過剰な国家管理に対する反省があったということで，そのような体制が戦後完全に解体されて，言わば更地からスタートしました。

　ヨーロッパですと，公共放送，あるいは国営放送という仕組みが，戦後も確固たるものとしてあるわけですけれども，日本の場合は戦前の反省があって，表だって政府が放送に，とりわけ放送内容に関与するということが，非常に忌避されたというところがあって，ある種，空白状態があったのではないか，と思うんですね。

　他方で，放送というのは非常に収益性が高いということが，あるとき気づかれて，放送局をやりたいという会社が殺到するわけです。それでどうなるかという

〈パネルディスカッション〉放送法の過去・現在・未来〔濱田・宍戸・曽我部・本橋・山田〕

と，昭和30年代半ば，田中角栄郵政大臣の強力なリーダーシップの元で，調整がなされるわけですけれども，あのときも，結局何か理念があってやったわけではなくて，要するに政治的な調整が行われたというところだろうと思います。

その後は，今，放送法の原則でいうと，多元性，多様性，地域性ということを言うわけですけれども，これはさっきお名前が出た，村上聖一さんの研究で実証されていると思うんですけれども，おそらくこの三原則というのは，その後の，ある種の後付けなんじゃないかという印象を持っているわけです。

とりわけ地域性というのがそうで，結局各地域でいろいろな事業者が殺到して，そうすると地域ごとにまとめましょうということで，なるべくたくさんの事業者に収益機会を保障する，というような観点で，ああいう県域免許ができたのではないかと。地域性というのは，あとから原則として格上げされたものではないかという気がしております。

もう1つは，その関係で，これはさきほど濱田先生のご講演にもありましたけれど，日本の放送というのは，やっぱり娯楽をやるものである，ということが，どうも強いと思うんですね。ヨーロッパですと，やっぱり民主制を支える，ドイツなんかはそれが強いです。フランスだと，民主制もありますけれども，文化ですね。フランス文化をきちんと振興する，というところがあるんだと思うんですけれども，日本ではそういうのはあまりなくて，娯楽を提供するものだということになっている。それはそれで，非常に重要なことではあるんですけれども。そういうところで，今の放送の性格づけというのがあるのではないかというところです。

さきほど，第1部のご報告で山田先生から「忖度」というお話があったんですけれども，それと根っこのところがつながっている気がするのは，結局，制度がきちんとしていないということです。今，宍戸先生からお話があったところですが，インフォーマルな部分に委ねられるところが非常に強いので，結局，その事業者と監督官庁の間のいろんな関係で，実際の放送などが左右されている，いうところがあるのかないのか。忖度というのは，もちろんあるんだろうとは思うんですけれども，そこに，もう少し制度的な要因がないのかとかいったところを考えていく必要があるのかなというふうに思っております。

山田　有難うございます。では，最後になりましたけれども，本橋さんの方から，せっかくですから民放の話を少し入れ込みながら，お話しいただければと思います。

本橋　民放連の本橋でございます。今日の登壇者の中では，唯一大学の肩書きを持たないので，相当プレッシャーを感じながら登壇しており（笑），ちょっと

緊張しております。

　民放連に所属していることもありますので，民間放送のことを言いたいと思います。民放は普通だったら，コマーシャル・ブロードキャスター，商業放送ということですが，戦後，更地になったところから，戦争の反省を踏まえて，新しい放送を立ち上げるっていう流れの中で，いろいろな議論があって「民間放送」という言葉を，我々の先輩は選択をしました。

　そのことがたぶん，公共放送の強いヨーロッパや，公共放送があまり機能していないアメリカ合衆国の状況と比べて，放送制度を特徴づけていると思います。

　僕らの先輩が，志として民主主義や言論の自由に貢献するというためにあえて「民間」という言葉を選んだ。それが，どの程度機能しているかということについては批判があります。視聴率競争も含めて，商業放送そのものではないかと言われるかもしれませんが，それでも災害放送の準備にものすごいお金をかけ，報道機関として自前で取材をして放送するという金を食う仕事をやっている。これは，少しは認めてもらってもいいのかなと思います。NHKは予算案を国会で認めてもらわなければいけないという性格を背負っているのに対して，民間放送はそこは自由にできるという面があります。

　ただ，もちろんさきほどから議論にある，インフォーマルな形での総務省とのやりとりがあり，その中でいろんな圧力を受けたりということもあると思いますが，報道の多元性というものを保つかたちで民放はやってきた。「民間放送」という言葉で自己規定したところから，変わっていないというところはあると思います。

　ただ，曽我部先生からご指摘があったように，収益性が高い，だから報道にお金をかけることができる，ということは間違いないことで，今後，収益性がだんだん低下をしていくと，はたしてこれが継続できるのかどうか，という問題はあります。

　今出しているグラフ（図1）は，総務省の「放送を巡る諸課題に関する検討会」（以下では，「諸課題検」）第1回で総務省事務局が配布した資料からそのまま持ってきたものです。NHK受信料などを含めた全体の産業規模ですが，民放の営業収益もほぼ横ばいでそのまま来ているというのが，なんとなくわかるかと思います。インターネットとかの関係で，厳しい状況にさらされているんですけれども，まだまだなんとかなっていますよね，というところをお見せしたいと思った，ということです。

　山田　有難うございます。自己紹介代わりにということでお話しいただいたわけですけれども，すでに，大きな課題も見え隠れするような特徴をお話しいただ

(図1) 放送メディアの営業収益の推移

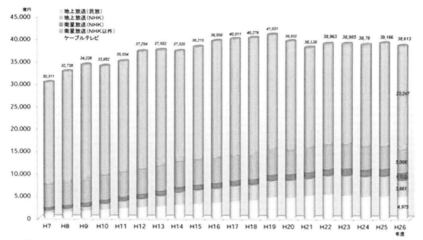

総務省「放送を巡る諸課題に関する検討会」配付資料から

いたと思っております。

Ⅲ 特徴の背景と時代変遷

山田 せっかくですから，もう少し今の話を詰めていくのが良いかなと思っております。すでに話がでました，NHKと民放の並列体制と申しましょうか，その裏には公共放送をどうするのかということが出てくるのかもしれませんが，その話が1つ，あるかと思います。その前提としてのインフォーマル，あるいは後付けという言葉が出ましたが，制度の問題がもちろんあります。その制度としては，免許制度というものが現実にはあるわけですが，この免許制度についてどう考えれば良いのか，ということについてはこの『放送制度概論』でも大きなページを割いて，議論をしているわけであります。

それから，今の話の中には直接的には出てきませんでしたが，いちばんベースにあるのは，放送の自由をどういうふうに担保していけば良いのかということがあろうかと思います。この『放送制度概論』における，まさに中心テーマであります。日本の放送制度の特徴を議論する際の主要テーマとしてふさわしいかどうかという問題があるかもしれませんが，今日はこの本をベースにということもあ

りますので，自由の問題ということも取り上げてみたい，と思っています。
　やはり，いちばん話として大きく出ていた制度の話からしていきましょうか。曽我部さんあたりからでよろしいでしょうか。少し踏み込んでお話しをしていただけますか。

◆免許制度

　曽我部　放送をするのに免許が必要だ，ということがあるんですけれども。これを短時間で語るのは非常に難しいところがあるんですけれども。

　ご案内のとおり，もともとはですね，戦後直後は，電波監理委員会という独立行政委員会がございました。1950年に電波三法ができますが，電波法，放送法と，その電波監理委員会を設置する法律という3本立てだったわけです。この時点では，先ほど来，独立行政委員会による規制がないのが，日本の特徴であるというのが，第1部でも指摘されていたことですけれども，実はこの時点では国際スタンダードの状況だったということです。ただ，これが2年あまりで改正されてしまいまして，当時郵政大臣ですね，今の総務大臣の権限になっていった，というところから，いろんな問題が生じていったところがある。

　先ほど来，これは第1部ででていた，番組編集準則なんですけれども，行政指導との関係でよく語られるわけですけれども，免許の時には，やはり免許の更新，再免許ですかね，の時にも実は番組編集準則が守られているかというのが，チェック項目にあがっていると思います。放送事業者にとっては，行政指導もさることながら，こちらの方がかなり心配事なのではないかなと思っておりますので，番組編集準則を考える際には，こっちの側面を考えていく必要があるんだろうと思います。

　それから，近年，いろんな展開がありまして，2007年でしたか，認定持株会社という制度ができました。マスメディア集中排除原則の問題です。

　これはさきほど，本橋さんの資料にもありましたけれども，だんだん民放の収益性に，頭打ちの状況が出てきた。とりわけローカル局の状況が厳しいというところの背景に，マスメディア集中排除原則が，段階的に緩和されてきているわけです。

　これが，さきほど申し上げた，漸進的な制度改革，というところの1つだと思うんです。2014年の放送法改正でまた緩和がされておりまして，今では，県域免許なんですけれども，一定の経営基盤を強化するという，その計画を総務大臣に提出して，認定を受けると，じつは2つの県で同じ内容の放送ができる，という制度が実はもうすでに入って来る，というようなところで，集中排除原則という

〈パネルディスカッション〉放送法の過去・現在・未来〔濱田・宍戸・曽我部・本橋・山田〕

のは，徐々に緩和されてきているわけです。

　この問題は，ローカル局の経営問題として語られがちなのですが，このローカル局の問題というのは，非常に難しい問題もありまして，あとは，キー局によるインターネット配信の問題にも関わっているわけです。

　もともと集中排除原則というのは，地域性を守るという趣旨もあったわけですけれども，この地域性という原則を真剣に考える，つまり放送によって地域性を確保するということが真に必要ということであるのならば，いろいろと考えるところがあるのではないかというふうに思ったりもします。

　ということで，免許制度というのは，要するに放送を前提とする，要（かなめ）の話ですので，放送全体に関わってくるところなんですけれども，個別の番組編集準則の遵守の話から，地域性の話，いろんなところに関わってきてですね，話は拡散していくんですけれども，概括的に免許制というというのは，そのあたりに出てくる話です。

　山田　引き続き本橋さん，宍戸さんにもお話を聞きたいのですが，今の話を聞いたら，認定持株会社あるいはマスメディア集中排除原則もそうだと思うのですが，何が今，原則かわからないという形になっているような気がします。それとも現状にあわせてずるずる，ずるずると言って良いかどうかわかりませんけれど，実態に引っ張られてしまっている状況もやむなしなのですか。

　曽我部　そこは，どこを出発点にするかというのもありますし，すごく難しくてですね。本当に更地から考えると，例えば地域性というのを考えたときに，まず，今，インターネットがある中で，放送というメディアにおいて地域性というものを確保するのが，良いのかどうかということまで議論になりえます。広い地域に，一気に情報を提供できるという特性が放送にはあるわけですから。この点をまず整理した上で，制度論を組み立てていく，というプロセスになるんだろうと思います。

　しかし，現状，すでに長い間，積み重ねがあるものですから，その点はなかなか更地からの議論というのは難しいので，漸進的な議論をやらざるを得ないのかなと思うんです。

　ただ，中長期的に見てどうするのが望ましいのかという，そういう議論は常にしておくべきだとは思うんですね。それが漸進的に調整していく中で，どういう方向に少しずつ向かっていくべきなのか，ということを考える1つの羅針盤として，そういう議論はしていくべきだとは思うんです。ただ，それが時々の制度改革の直接の目標，ということにはならないだろうと思うんですね。

◆放送の自由の確保

山田　では宍戸さん，さきほど，インフォーマルというお話をされたわけですけれども，例えば，現在ですと1県3局ないし4局体制ということ自体にも，放送普及基本計画という，今は一定程度の制度化はされましたけれども，もともとで言うならば，さきほどの言い方によりますと，法律以下の制度として運用されてきたという状況があったわけですね。その辺を踏まえながら考えていくと，放送免許制度というものをどのように考えればよいのでしょうか。

宍戸　曽我部さんのご発言に基本的に賛成なんですが，私の感じていることを，外側から，曽我部先生がおっしゃらなかった言い方をしたいと思います。これも，濱田先生の基調講演の中にありましたが，放送のメディア特性は，一定の時期まではっきりと，技術的な与件として存在していましたが，とりわけ地デジ化以降は，人為的にメディア特性を作り出していることが非常にはっきりしてきたと思うのです。

例えばデジタル化がなされたときに，それまでの放送番組の画質でやれば，チャンネル数は3倍に増やすことができたわけですけれども，チャンネル数を維持・固定したわけです。それは既存の事業者がいるからですね。デジタル衛星放送についても，結局は，既存の地上波のネットワークに電波を割り当てることになっている。

そもそも県域免許も，現在では，県単位で電波を送らなければいけないという与件は，それほどはっきりしていない。放送法改正によって，ハード・ソフト分離がなされるようになって，ソフトの部分について認定制度が導入され，もう免許制ではなくなっていますから，本当はもっとチャンネルを増やすことができるわけですね。

そう考えていけば，いったい何のために我々が，過去の技術的な与件の下での放送のメディア特性を，新しい技術的な与件の下で，なお人為的に維持していくのか，「そもそも論」をちゃんと議論しないといけない段階に来ているのではないか。曽我部先生のおっしゃるように，これまで漸進的にやってきたけれども，そろそろきちんと議論しないといけないと思います。

もう1点，放送三原則のうちの多元性には，まさに競争という観点が含まれていますが，真面目に競争の議論として考えてみたら，消費者厚生を最大化するという観点から見てどの程度の多元性が資するのかという観点から，地域の広告市場における適切な供給量を規制当局として決めることになっていなければいけないはずです。地域情報を確保するという政策目標が重要なのであれば，そこについてしっかりした評価をしなければいけないわけですけれども，『放送法制度概

論』に詳しく書かれているとおり，実際には再免許・再認定の際に，ポイントとしては1ポイントという非常に低い位置付けしか，現実には与えられていません。

　このあたりが，普通の技術や経済の方には非常にわかりにくい議論になっていて，視聴者全体からみて，放送制度，あるいはその根幹にある認定制度についての，いかがわしさを感じさせることになってはいないか，私は恐れています。

　山田　「人為的」という言葉が出てきて，最後は「いかがわしい」という言葉が出てきたわけですが，その後に，民放連職員が語るのは，なかなか難しい気がするんですけれど（笑）。まさに，今の話でいうと，漸進的な状況の中での免許制度，いわゆる放送局自身，とくにその民放にしてみると，この免許制度というのは，どういうものになっているのか，質問がおおざっぱな言い方になりますけれども，その部分を，制度の面からではなくて，実務の面から少しお話しいただくことができれば良いなと思います。

◆ NHK・民放の並立態勢

　本橋　えーと，個人の発言ということでお願いしたいと思います（笑）。さきほど民放のはじまりの話をしましたが，新聞との関係がすごく大きいかたちで民間放送は始まっています。競合的な申請が一本化され，そのあと田中角栄郵政大臣によりいわゆる"腸ねん転"[1]が解消されて，朝日，毎日，読売，日経，産経というのと分かちがたくすべて系列化されているわけですよね。非常になにか，動かしにくい形になっている。制度をいじったからといって，簡単には解消しようがない，非常にソリッドなかたちになっていると思います。

　このことを東京大学大学院情報学環の水越伸さんが，すごく上手に図に書いて，ご著書に出していらっしゃいます[2]。5つのネットワークが，新聞社と結びついて非常に強固な形になっているので，人為的とおっしゃいますが，歴史的に形成されたものであって，簡単に変えられないようになっているとは思います。それを既得権益だと批判をされれば，たぶんそうなんだろうなとは思いますが。

　それから，地域性の問題について言うと，戦後すぐの放送というのは，民放を地域性の代表者にして，NHKを全国的なメディアとして設定をしたはずなんです。さきほど漸進的なという話がありましたが，腸ねん転が解消されてネットワー

---

[1] 同一系列の東京キー局と大阪準キー局で新聞資本との関係が異なっている状況。TBSと朝日放送，日本教育テレビ（現テレビ朝日）と毎日放送がネットを組んでいた。1975年4月に解消。
[2] 水越伸『メディア・ビオトープ　メディアの生態系をデザインする』（紀伊國屋書店，2005年）48-49頁。

クが整ったところで民放の地域性が薄くなる一方で，そうではないHNKにも総務省が地域性を求めるという形になってしまった。もし制度を何か少しでも変えるのであれば，性格分けが課題です。

　公共放送は本当は2つあった方が良くて，地域性を重視した公共放送と，もう1つは全国的な公共放送という，ドイツのような形にした方が良いのではないかなと思っています。そうしないと，民放だけで放送の公共性を上手く実現できるのかというと，そうはいかないのではないかと思います。

　もう少し細かく民放のことについていうと，僕が今から30年ほど前に民放連に入ったときには，1県2波か3波のところが相当あった。そうすると地域放送局は，全国ネットの番組を自分たちで選択できた。4つの系列から流れてくる番組を自分たちで選択するというある種の自主性がありました。それが（平成新局の設置で各エリア4局体制になると），東京からの4つの流れ，テレビ東京さんを0.5と考えると4.5の流れができてしまったことによって，地域民放局はほとんど自主的な編成ができなくなった。また，ネットワーク協定があって，ニュースの選択についてもやはり，かなり東京から拘束されているという状況になっています。もちろん規模のメリットはあると思います。ネットワークが強固になることで，十分なカバーができている部分があるのに対して，地域性が少し悪くなっている，というところがあります。

　このように歴史的に形成されたものを，新しい状況の中で，革命があれば別ですけれど（笑），それはないとしますと，少しずつしか変えることができないのではないかなと思っています。

◆**放送制度の漸進的な改革**

　山田　3人の登壇者のお話をいまここで，横で聞かれていて，濱田さん，どういうご感想をお持ちかなという，非常に雑駁な質問の仕方で，申し訳ありませんが。制度の中で，あるいは近くで，制度のありようというものを眺めていらっしゃって，どういうふうにお感じになったりしますでしょうか。

　濱田　はい。感想という程度になりますが，放送制度がわかりにくいというと，本当にこの10年，15年，とくにわかりにくい。私がちょうど，その間，勉強をしていなかったものですから，今さっぱりわからなくてというと言い過ぎですが，本当にわかりにくくなりましたね。

　ただ，他方では，漸進的という言葉が出ましたけれど，少しずつ変わるという話もありましたけれども，なんとか放送という社会制度の基本の筋は守り続けようという形で動いてはきていると感じます。ですから，10年，20年で，妙に法律

や規則等が細かくなっていると思いますけれど，根幹の放送という発想は変わっていない。それはたぶん，やはり私たちの生活の中で馴染んでいるという，ポジティブに言えばそういうことだろうし，もう少しネガティブな言い方をすれば，他の組織設計の選択がなかなかやりにくい，ということなんだろうと思います。

　放送というと，どうしても一種の装置産業ですね。ハード・ソフトが分離したところで，ソフトづくりでたいへんなネットワークや組織が必要ですので，そう簡単に，「じゃあ，代わりの人がやる」というわけにはいかない。ですから漸進的であるというのはやむをえないと言いますか，中途半端に大きく改革するということができない分野だと思います。

　もし，漸進的であるということがいやであれば，もう，根本的に変えるということを考えるしかない。例えば，たくさんプラットフォーム事業者をつくって，制作会社というものを全く自由競争で，それぞれが自由に番組提供をしていく。それは，かつては夢物語でしたが，今は夢物語でもなんでもなくて，今ある放送の概念を使うかどうかは別としても，そういうメディアが必要だということであれば自由に設定できる段階には来ている，と思います。

　ですから，私たちの選択としては，今あるものを大事にしながら少しずつ変えていくか，それとも，いやもう大きく変えてしまうのか。どちらかしかたぶんないというのが，私の思いで，中途半端の大きな改革というのは，なかなか難しいと私は思っています。

Ⅲ　行政権との関係

　山田　ここで宍戸さんに，お伺いしたいのですけれども，濱田さんの話の中にも，漸進的という言葉がキーワードで流れているのですが，漸進的であることがやむを得ないとしてもですね，例えば，最初に話されたような，免許でいうならば事前審査も厳しいし，一方で事後的な行政指導も強まってきている。それは漸進的といえば漸進的かもしれませんけれども，免許ということでいえば，まさに放送の自由が今，その免許制度によって狭まってくるとするならば，どこかで，その漸進的な状況というのは止めて，宍戸さんがさっき言われたように，そもそも論で，どっかきちんと線を引かないと，止まらないじゃないかっていうことも考えてしまうわけです。どうでしょう，その辺は例えば制度の問題として考えた場合に，日本は事前も厳しい，事後も厳しいという状況になるわけですけれども，このあたりのありようというものについてお考えを聞かせていただければと思います。放送の，いわゆる公権力との関係をどのように考えていらっしゃいますで

しょうか。

　宍戸　さきほど私がずいぶんラディカルなことをいったように思われるかもしれませんけれども，私は人間の理性を信頼することが難しいというか，自分が信頼できないので他人も信頼しないんですが，更地から設計するのは実際にはやっぱり難しいだろうと思います。ただ，今までやってきたことの筋が，現実のメディア環境やその変化の中で，どういう意味を持つんだろう，という議論を，我々研究者はずっとし続けていくべきだと思っているので，あのようなものの言い方をしました。

　その上で，放送の自由の筋，核になるべきものについて議論を深めよというご指示だろうと思いますので，3点ほど申し上げたいと思います。

　1点目は，さきほど濱田先生の基調講演についてです。これまでのご研究を踏まえて，非常にわかりやすく問題提起をしていただいたと思います。

　ここでは，放送の自由と，表現の自由の関係自体を議論しないといけないだろう，と思います。我々は，表現の自由の本質を実は決めていないわけですね。いくつかの機能はあるけれども，それは機能であって，あえて定義するとすれば，言いたいことを言い，言いたくないことを言わない，という消極的な自由である。それがどういうことに奉仕するかは，表現の自由の主体の自由な使い方に基本的に委ねてきた，と思います。

　他方，我々は民主主義社会に生きて，健全な社会を運用しなければいけない。それは，かなりの部分，言論の自由や情報の流通に頼っている。しかし，表現の自由自体の本質は定義しない，ということになると，専門的に表現活動をするマスメディアに多くを期待して，負担をかけているのだと思います。

　言い換えますと，放送を含むマスメディアに，過剰な期待をしない，過剰な負荷をかけない場合には，表現の自由全体，その担い手である我々全体が，表現の自由とは，自分が自由に行使して良い自由ではなくて，一定程度社会から課せられた自由なんだ，と考えるかどうか，そこがまず大きな変数です。それとの関係で，放送の自由のあり方は決まってくるという印象を，濱田先生の話を伺って受けました。

　2点目は，私自身は，基本的には放送の自由はこれまでどおり制度的自由と考えるしかないのではないか，あるいは国民の知る権利に奉仕する自由の1つだと考えた方が良いと，思っています。そのことの意義を，もう少し深掘りしていえば，自由にみんなが表現活動をする，コンテンツを市場に出す。何がフェイクか否か最初はわからないのですが，市場の中で争いがあって，何が真実か決まってくるというような情報発信，情報技術の流れが一方にある。それとは別に，市場

に出る前に，一定の組織が一定の確立した手続の中で，情報を整備・集約して，一応これは標準的な規格化されたものだよという形で市場に出ていく。もちろん，「それは間違っているじゃないか」という批判も受けることもある。そういう，質的に豊富に，市場の流れを複雑化するところに，マスメディア，とりわけ法的に規律された放送の自由の意義があり，その意味で，制度的な自由，課せられた自由であるべきではないか，と思っております。

　3点目に，濱田先生がかつて放送の自由というのは未成熟な自由ではないかという議論をされたことがありますが，これからは，むしろ放送の自由が「枯れた自由」，成熟しきって発展の可能性がない自由になっていないか，真面目に考える必要があると思います。

　つまり，現状の放送の自由を，基本的には制度的な自由と理解すべきだと先ほど申し上げましたが，西土先生の講演の問題提起でいえば，もう1つの理解，消極的自由ととらえることが現実的に何を意味するかです。それは，放送が輝かしかった時代の，組織的な情報の集約・生産の構造・手続を，絶対的なものとして，現実において保存するということを意味します。

　さきほどから言っているメディア環境の変容の中で，放送が本来，制度として果たすべき機能や役割に，適合・変化するということをそのような理解が妨げるのではないか，ということを，私は恐れています。

　インターネットが普及してきたから，マスメディアが批判されるようになった。しかもネット上の批判に政府がくっついていて，政府によるマスコミ批判への根拠になっているといった問題状況は，山田先生が分析されたとおりです。

　しかし，私にはもう一面があると思うのです。ICTの普及によって，社会の中に実は多様な情報・意見があり，なんとなく今まで見えなかったものが，ICTによって見えるようになってきた。あるいはICTの発達によって多様性が社会の中全体に拡大してきている。そのような状況に，華やかだった時代の放送ジャーナリズムのあり方，情報の切り取り方が十分対応できていない，という側面もあるのではないかと思います。

　最近，小口日出彦さんの『情報参謀』（講談社新書）という本が話題になりました。放送番組の作り方を徹底的に分析して，必ずこの時期にはこういう報道をするとか，タレントの報道が先行して，政治報道は下がるはずだとか，こういうプレスリリースの仕方，問題の切り上げ方を先行してすればみんなが着目するとかですね。完全に手の内を見られている，読まれているわけですね。それで本当に放送が果たすべき機能が果たせているのかなと思います。

　放送の自由という問題を考えるときには，今のように動態的な，開いていく方

向に議論をしていかなければいけないと私は思っています。

　山田　引き続き曽我部さんにも，お話を聞きたいのですが，最近はBPO委員もされて，現場の人たちの，放送現場いわばジャーナリズムの世界の近くにいらっしゃって，改めて放送の自由の意義とか，あるいは放送ジャーナリズムの意味合いが，放送法という制度の中でどういうふうに守られるべきなのか，コメントがいただければと思います。2016年に来日して調査を行った国連特別報告者のデビット・ケイが，「もう放送法4条はいらないよ」といったのも，裏返せばそういうことと思うのですが。

　曽我部　有難うございます。BPOと直接関係がある話ができるか，わからないんですけれども，先ほど話題になりました国際ランキングについて『アステイオン』という雑誌［85号162頁以下］で，佐藤卓己先生がお書きになっています。そこで，各国のジャーナリストなり，専門家の聞き取りをして作成する側面があるといわれている。つまり，あれは要するに客観的な状況というよりは，そのメディアの専門家の見方である。要するに悲観的な見方をしているとランキングは下がる，というような仕組みになっているようである，というようなことをお書きになっている。それは，論文の本旨はそうじゃないんですけれど。その一部にそういうことが書いてある。ですから，山田先生のような見方が多いのであろう，ということの反映なんだろうと思います。

　私なんか，わりとこう即物的な人間なので，わりとその背景にどういう法的な仕組みがあるのかとか，そういうところを考えてしまうところがあってですね，いくらかここにお集まりの，皆様方の常識に反するようなことも考えたりもします。

　のちほどまたお話しする予定でもあったことと関係するんですけれども，番組編集準則というのは，やっぱり放送の自由を確保する上で必要なんだと思うんですね。ただし，今ある4原則に基づいて，この放送はこの4原則のこれに反するから，何か警告を出すとかですね，そういうのではダメで，もっときちっとした詳細なルールを設定した上で，警告なりなんなりする，という仕組みにした方が，かえって，その，忖度とか萎縮とかいうのが，少なくなるんじゃないかなという気がしている。

　これは，さきほど冒頭申し上げた通り，仕組み全体がわりと緩くできていて，その非公式な部分に委ねることが多いので，結局「江戸の敵は長崎で」みたいな話になるわけです。明確なルールに基づいて，個別の事案を処理することによって，争うときは争うことができますし，それでいったんその決定が出ればそれでチャラになる，ということの方が，中長期的に見て，放送の自由がインフォーマ

〈パネルディスカッション〉放送法の過去・現在・未来〔濱田・宍戸・曽我部・本橋・山田〕

ルなかたちでどんどん浸食されていくというのを，むしろ防げるのではないかな，というふうに思います。

　このことは，公法の考え方からいうと，非常に普通な法治主義の話ですので，これが放送法制に関しては，必ずしも浸透していなかった。堀部政男先生の話を聞く機会が，最近あったんですけれども，堀部先生の昔の話で，マスコミ関係者と昔，「新聞と法」というようなテーマで研究会をはじめられたときに，非常に違和感をもたれたと。つまり，新聞というのは，法に一切，法拘束されないので，法というのは，マスコミにとって全て敵であり，法律がない，まったくないのがいちばん良いのであるというようなことを言われたと，おっしゃっていました。

　放送の自由についてもそういう発想が，あってですね，なるべく何もない方が良いだろうというような発想につながっているのではないかな，というふうに思います。

　ただ，実際には新聞とは違って，放送というのは，さっき宍戸先生のお話にもあったように，1から10まで制度によって成り立っているわけで，電波の配分や規格の設定から制度によって成り立っているわけですので，新聞とは違って権力とは無縁であればあるほど良い，ということもいえない。そうであれば，むしろ，普通の法治主義を徹底した上で，放送の自由の特殊性を，入れ込んでいくということが必要なのではないかなと思います。

　そういう意味で言いますと，放送の自由というのは，視聴率が高いような場を制度的に設定をし，その代わり，公平性などの特別な規律が加わってきますよ，という制度ですので，結局は，第1部の西土先生の議論でいうと，第2の，国家による自由，知る権利に奉仕するための国家による自由，という以外におそらくないと思います。ただし，これは国家による自由だから，なんでも規律してよいという話にはまったくならなくて，結局，知る権利を最大限に充実するためには，公権力が関与しすぎるとダメなわけです。

　これは，教育の話も同じで，学校が，国が学校を作らなければいけないけれども，教育内容には口を出して良いわけではなくて，そこはちゃんと教育の専門家の知見に基づいて国家は直接的に関与すべきではない，という議論が教育で行われていますけれども，それと全く同じ話で，知る権利に奉仕する放送の自由というものは，制度に基づく点で国家に依存するわけですけれども，だからといって放送内容に，国家は介入できるわけではなくて，そこは自主規制の余地がでてくると。

　ですので，放送番組編集準則は，山田先生の見立てですと，視聴者への約束ということだと思うんですけれども，それを発展させると，結局，その4原則に基

づいて，自分たちでちゃんとルールを作って，そのルールをきちっと執行しなさいと，そういう意味ではないかなというふうに理解をしているところで。その理解の仕方というのは，今あるような制度的な自由，というのと，知る権利への奉仕，知る権利の最大化，というようなところから理解しているというところですので，表現の自由とは違うのだろう，というふうに思います。

　山田　いま，公法的なという言い方をされましたけれども，このことに関しては本橋さん，少しコメントをいかがですか。多少違和感を感じてられるのではないかと。今の放送の自由の問題と，自主規制というところにからめてですね，お話を伺えればと思いますが。

　たしかに，報道界はずっと，制度的なものについては，良くも悪しくもゼロが良いという考えが強かったと思うんですね。例えば，随分前の話になりますけれども，1996年の民訴法の改正案の議論の際にも，法制審議会からは記者の証言拒否権を条文として入れましょうという提案がされたにもかかわらず，新聞協会，ここには形の上では新聞だけではなくNHKも民放も入っているのですけど，事実上拒否をし，法文上で権利化することについては良くないということになった経緯がありますよね。権利じゃなくって，自分たちの心構えで守っていくものなのだという（笑），そういうような考え方が伝統的に強いというのはあるかなと思います。

　翻っていまの時代，BPOや，そのほかのメディアスクラム等の自主規制の仕組みなり，自由の守り方を民放界あるいは放送界はどういうふうにやっているのかというあたりを，本橋さんにお願いできますでしょうか。

◆**公共放送の存在が社会の分断を防ぐ**

　本橋　どうしましょうか。すみません，ちょっと振られたことと違うことを言って良いでしょうか（笑）。スライドを出してもらって良いですか（図2）。

　制度的に，放送の自由を奉仕する自由だと考えた場合に，さっきは民放を持ち上げたんで，今度はHNKを持ち上げようと思うんですけど。公共放送というのは，まさに，つまりそれをめざして人為的に構築されるもの，法に基づいて作られる法人です。

　公共放送の視聴シェアを図にしたのですが，NHKは今だいたい4分の1ですね。イギリスだと3分の1，ドイツも3分の1，フランスが4分の1くらい。これくらい公共放送というのが，社会の中でみられています[3]。今は，このテレビの視聴の外側に，ネットメディアへの接触の状況を加えないと社会的な意味では正確なものにはならないのですが，少なくとも放送メディアにおいては公共空

（図２） テレビの視聴シェア（公共放送対商業放送）

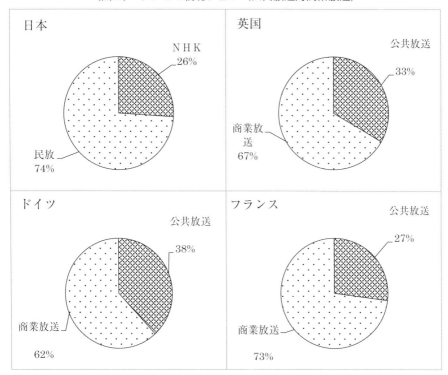

間を担保しようと思って，各国はいろいろやっています。

　ここで，すごく気になるのがトランプ現象です。アメリカでは，この公共放送が事実上ないんです。アメリカの公共放送（PBS）の視聴シェアを調べようと思って，少し調べたんですが，見つけられませんでした。数字が出ないくらいのものなのかもしれません。

　仮に，ヨーロッパや日本のように，力のある公共放送がアメリカに存在したら，トランプさんははたして大統領に当選できただろうか，ということをすごく考えています。

　次のスライド（図３）は，ピュー・リサーチ・センターというところが，2016

（３）日本－NHK 全国個人視聴率調査2016年11月，英国－2014年 BARB 調査，ドイツ－ALM Jahrbuch 2014/2015，フランス－CSA2014年次報告（海外データは，NHK 放送文化研究所編「データブック世界の放送2016」より）

年末にやった調査で，どのニュースを基に有権者が投票したかということです。

トランプさんが当選したのが，SNSの力だといわれているんですけど，これを見ると，トランプのサポーターは実はFOXニュースをすごく見ていると。しかもシングルソースだと。トランプに投票した人たちは，他のソースを参照するみたいな作業をほとんどしていなくて，シングルソースと言うんですね。

もしNHKやBBCのような公共放送があって，それなりのシェアを占めている場合に，果たしてどうなるのかということです。

これに対して，クリントンに投票した人たちは，CNNが多いんだけれども，それだけではなくて，NBCやフェイスブック，ローカルのテレビニュースなどを多様に見ている。彼らはシングルソースではなくて，複数のソースを，参照しながら判断している。ここに何か分裂があるという話なのだろうと思います。

放送制度を考えるときに，公共放送をどう置くのかというのが，奉仕する放送の自由を考えるときに，すごく重要だと思います。日本は，NHKがあるおかげで，もしかするとバランスが取れている。アメリカでは更にフェアネスドクトリンの廃止によって，偏ったニュースだけを流して良いわけですよね。

（図3） 2016年アメリカ大統領選挙における有権者の投票先別ニュースソース

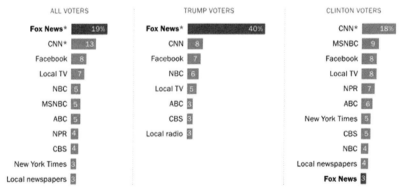

〈パネルディスカッション〉放送法の過去・現在・未来〔濱田・宍戸・曽我部・本橋・山田〕

僕はアメリカにいたわけではないので，FOX がどの程度偏っていたかわかりませんが，アメリカのマスメディアはどちらの側も偏っているのではないでしょうか。反トランプ派も，トランプに対するネガティブな，罵詈雑言に近いような（笑）感じのものを，展開しているような気がします。たとえば，ワシントンポストの論説委員がトランプが当選した後に書いた論説，大統領就任式直前の論説があります。英語が苦手なものですからあまりわからないところがありますが，見たこともないようなネガティブな言葉がバーンと並んでいるという記事でした。ワシントンポストのような高級紙で，外部のライターが書くならともかく，論説委員がそういうものを書き，それがそのまま載っているということ自体にすごく驚きました。

これから放送の自由を考えるときに，分断ではなくて統合するとか，もしくはある一定の信頼できるものを国民にきちんと提供するということを制度的に担保するということが，かなり重要なのじゃないかなと。それが，宍戸さんが 2 つ目に言った奉仕するということだと思うんですが，そこをやっぱりもっと，考えないと。しかも，放送の外側にネットがあるわけです。もちろん，日本の今の NHK と民放が提供しているニュースがどの程度の水準なのだという批判もあるとは思うんですが。

ただ，ではブレグジット（Brexit）はどうなんだということはあります。BBC があれだけシェアがあって，ちゃんとやっているにもかかわらず，嘘の情報によって国民投票のあり方が左右されたことをどう考えるかというのが，もう 1 つ別の問題としてあります。

山田　今，ちょうどそういう質問しようかと思っていた（笑）。

本橋　今いったのは，ちょっと論証不能なところがあり，細かい状況を調べてみないとわからないのですが，それが最近考えていることなんです。

◆ BPO による自主規制

山田　今の問題は，まさに公共放送のありよう，ということに関係してきて，あとで宍戸さんには，総務省の諸課題検での議論も含めて，お話を披露してもらいたいと思っています。

その前にせっかくですから，BPO のお仕事も経験された本橋さんに，この場でもう少し，その自主規制というものについての考えを披露いただきたいと思います。BPO は，過去には政治の世界からこれでは不十分だという声もあり，それだけではないにせよバージョンアップして今のかたちにたどり着いたということがあろうかと思います。今のかたち以外にどのようなかたちがありうるのか，

そもそも本来，放送の自主規制がどうあるべきなのか，本橋さんはどのように考えていらっしゃるのでしょうか。

　本橋　この本の内容を紹介するような形になってしまうんですが，もうこれ以上ないというのが僕の主張ですね。BPOの放送倫理検証委員会ができたことで，日本の自主規制の仕組みが完成したと思っています。これ以上何かすると，それはもう他律だと思うんですね。自律ではなくて他律になってしまう。

　法律との関係も，今回少し調べて併せて書いてみたんですが，日本の今の自主規制の仕組みは，放送業者が自分で好きで作ったわけではなくて，政治からの圧力とか，行政からの圧力，それから市民からの圧力の，合成された力によって，構築されているものだと思うんですね。

　独立行政委員会がないことで欠けていたんですね。電波監理委員会がなくなったあと，不完全な法社会制度だったんだけど，漸進的に，少しずつ少しずつ変わってきて。大きな丸があったとして，円の4分の1くらいが欠けていたんだけれど，欠けたところを埋めるような作用がだんだんに働いて，BPOというのが生成された気がするんですね（笑）。したがって，もうこれ以上はないという考えです。

　山田　まさに今お話しになったようなことだとするならば，ちょうど今，イギリスのプレスカウンシルのやりとり等々をみていると，結局次に来るのは，他律的な，法制度の中に組み込まれた自主規制というですね，そんな形にならざるをえないというふうに思わざるを得ないんですけれども。

　そうすると，本橋さんからすると，今のこれが，自主規制というならば，限界点に来ていると，そういうことになるのでしょうか。

　本橋　その通りです。

　山田　これ以上は言うことはないですね（笑）。

　せっかく濱田さんがこの場に並んでいらっしゃいますので，ここは一言聞かなければいけないかなと，思うんですけれども。

　このBPOについて，あるいは，さらに，その前の話にあった放送法4条について，どういうふうにお考えになっていらっしゃるか，4条をやめるというのは選択肢になりうるのか，その辺についてお話しいただければと思います。

　濱田　はい。有難うございます。これは，私自身の言論の自由という微妙なところに関わりますが（笑），それはさておいても，BPOは，自主規制という枠組みの中の第三者機関として，ほぼベストに近い形で機能していると，私は思っています。

　実は，私はBPOに来るまで，そんなに意識はしていなかったんですが，BPOがああいう第三者的な形で判断を下すという，それぞれの決定等をやるというこ

と自体，それに意味があるのは当然ですけれども，さらに，同時に，その決定を消化する，消化してもらうための取組みというものもやっているんですね。つまり，決定を出して終わりではなくて，それを各局がうまくこなして，そしてどういうふうに今後番組作りに活かしていくか，そういうことを含めてやっている。意見交換会や事例研究会，講師派遣などの仕組みを用いて，そうしたプロセスが機能している。これが私は非常に大事だと思っています。

そういう議論の中で，決定に対する疑問が出されたりですね，あるいは，よりよく理解いただくところのきっかけになったりしていく。

これが，仮に公的な機関が決定をするということになると，そうしたプロセスを動かすのは難しいでしょうね。判断は下せても，消化をするためのやりとりをしていくというのは，裁判など典型的ですが，公であることの足かせというか，権威やプライドも絡まって，柔軟で実質的な取組みはなかなか難しいということになると私は思います。

それから，もう1つは，さきほど講演の中でも申し上げた，BPOについては放送事業者がつくった団体じゃないかという意見もあるという点で，これは自主規制だから当たり前ですが，ただ放送事業者が作っても各委員会の委員は独立的に，第三者的に選任されている。公権力がその一環として設けるのではなくて，広い意味での市民社会の中で，なんとか自分たちで問題を解決していこうとするシステムとしてつくりあげている。この点は，市民社会の望ましいあり方としての意味が小さくないと，私は思っています。

仮に，法的な組織ができて，ある結論を出し，そしてそれがBPOが出してきた結論と全く同じだとしても，その結論に至るプロセス，その結論を消化していくプロセスそのものに，私は自由の社会哲学としての意味がある，そういうふうに感じます。

それから，番組編集準則とか放送の自由の話で言えばですね，個別の論点というのは，いろいろ私はありうると思いますが，やはりさきほど講演の中で申し上げたことに絡んできますけれども，今の放送，それから放送の自由というものを成り立たせているもの，それを支えている社会的な要素，基盤というのは何なのか。それを，私はもっと議論すべきだろうと思っています。

私は，法律系の出身ですので，できるだけ法律の枠組みで考えたい，対処したいというふうに思いますが，ただ，今出ている放送にかかわる問題というのは，かなり社会全体のあり方に影響されている部分がある。たとえば，トランプ現象みたいなことが社会の中に広がってくると，対応できないからじゃあ法的に何とかという話が出てくる。

もちろん，一般的には，法的な議論，枠組みを考えるとき，極端な事例があるというのは良いことです。当たり前のことが起こっているようじゃ，法律はそんなに用事はなくて，極端なケースがあるのは，いわば試金石としてルールを鍛えるうえではとても大事なのですが，他方で，今の時代が生み出している固有の問題に引きずられて，本来の放送に期待すべき姿というものを見失わないこと。抽象的な言い方になって恐縮ですが，そういう姿勢も大事だろうと思います。

そういう意味で，今申し上げたように，日本で放送というもの，それから放送の自由というものをこれまで成り立たせてきたものが，いったい何なんだろうと。その社会的基盤ということをもっと議論するのも，実は大切なことだなあと最近思っています。

V デジタル時代を迎えて――公共放送を中心に

山田 ちょうど今までの話のまとめのような発言をいただきましてありがとうございます。そこでここから先は，少し，未来についての話をしていきたいと思っています。

この本の中でも，扱ってはいるのですが，まさにそのデジタル時代を迎えて，放送制度あるいは放送法が，どう変わっていかなければいけないのか，あるいはどうあるべきなのか，そもそも変わらなければいけないのか，ということもあろうかと思います。これに関しては，まさに政府内でも議論を進めているところでありますし，それ以外の，民放連やNHK，あるいは組合レベルまで，さまざまな議論が今，はじまっているところだと理解しております。まずはとっかかりとして，このNHKあるいは公共放送というものについて，少し絞って話ができればと思いますがいかがでしょうか。あるいは，それにプラスして，今の放送全体の話にしていただいても結構です。

先ほど予告をした宍戸さん，どうでしょう。今，議論になっている受信料とか，常時同時配信とか，とりわけNHKはどうしていくのか，非常に大きな問題だと思いますけれども。

宍戸 第1部のときから話題に出ている総務省諸課題検に私はメンバーとして入っていますが，ヒラの一委員として，多賀谷一照先生の下で参加しているだけです。一般的に諸課題検がこう議論しているということと，私自身がどう考えているかということを分けてお話したいと思います。

諸課題検の「第一次とりまとめ」は，すでに確定して公表していますけれども，放送を取り巻く環境の現状を認識する。さきほど濱田先生からお話のあった，放

〈パネルディスカッション〉放送法の過去・現在・未来〔濱田・宍戸・曽我部・本橋・山田〕

送を支え，放送の自由を支えてきた社会的基盤，あるいは視聴者の受け止め方，あるいはテレビ離れといった問題を踏まえて，放送を取り巻く環境が揺らいできているのではないか，というのがそもそもの問題認識，状況認識です。

　もちろん放送の環境変化，基盤が揺らいできているのではないかという認識が誤っているのではないかということ自体1つの論点ではありますが，そのような認識の下，視聴者利益の保護という課題を，今後はますます，放送事業者も放送政策もしっかり打ち出していかなければいけない，というのが2つ目の柱です。

　3つ目は，対応の方向性として，放送事業者がネットを含めて，広く，放送通信が融合・連携した新サービスを展開していっていただく必要がある。また，地域に必要な情報の流通を確保していく必要がある。このように考えたうえで，3つ目の対処として，新しい公共放送のありかたについて問題提起し，第一次とりまとめの後，NHK，民放連，それからCM業界，さらにはキー局各社に，ヒアリングをして議論を深めているという状況です。

　ここまでが公式の説明ですが，私自身がどう見ているかをお話ししますと，本橋さんからお話があったとおり，現在のICT社会の中でマスメディアの機能，とりわけ世論を認知するとか，課題を発見するといった機能を，インターネットの空間においても果たさせる。それはもちろん様々な事業者がやるんですが，公共放送に最低限期待するのが大きな議論の流れであり，私自身も諸課題検でその方向の発言をしてきました。

　この関係で，本橋さんのさきほどの議論について1点だけ，私の感想を申し上げますと，どういうメディアを見ているかと，どういう特定の政策判断をするかを，ダイレクトにひもづける議論は，私は危険だと思うのです。

　むしろ重要なのは，どういうメディアを見ている人は自分が世論と距離があると思っているかとか，あまりメディアを見ない人は，アジェンダについて特定のメディアに左右されるかどうか，という点だと思います。個々の政策や個々の政治家，政党支持とは違うところで，メディアの機能を測った上で，トランプ現象等も分析していかないと，方法論的には危ないという気がいたします。

　その点で言えば，メディアに多く接触する人が，逆に非常に多様な情報に触れてしまうために認知の限界が起きる場合に，一定の羅針盤的な役割を果たす役割。それから社会の中で，「基本的な情報として共有しておくべきものは，これだよ」ということを示す役割。これらを民放の方々に義務づけるわけにはいかないので，公共放送にひとまずその役割を期待する。これは今までの放送界で，公共放送NHKがやってきた役割を，その延長線上に期待することだと思っています。

　その場合に，個別の番組を，インターネット上で視聴者がプル型で見るのは，

169

結局はフィルターバブルを加速させるだけですので，むしろ総合放送の番組を提供する．そういう意味ではNHKが，公共放送から，公共メディア事業体になる，という大きな方向が見えてくると思います．

　もちろんこれは理論的に，そういう方向が見えるというだけのことであって，現実問題としてそれを一気に推し進めれば，民間放送，およびICTにおけるコンテンツの多様性・多元性を一気に損なうことによって，国民の知る権利がかえって損なわれる．あるいは，NHKは受信料で担われていますので，受信料の問題がきちんと制度的に整理されない中で，NHKの業務を野放図に拡大していくことは，非常に良くないわけです．

　NHKがしっかりした公共性を担うのは大切なことなんですけれども，私の理解では，NHKが公共性を担えるのは，民間放送が場合によっては厳しい批判をすることがあればこそ，ですね．

　その意味ではNHKと民間放送が，それぞれ違った役割，やり方で放送の公共性に貢献するのであって，NHKが大きな役割を果たすべきだと同時にNHKがひとり勝ちにならないような仕組みが必要だとも思います．そういう意味ではさきほどの議論の中に出てきましたが，ガバナンスの問題としてみたときに，NHKの場合によっては分社化であるとか，業務と受信料制度の一体性をちゃんと判断する仕組みも必要ではないかと思います．

　従来はNHKの予算は国会承認という形で，受信料の仕組み，受信料の財源のあり方が政治的に判断されてきたので，NHKがいかなる機能を果たすべきか，そしてそのために，どれだけの業務をすれば良いのか，それに対して，どういう形で受信料をもらってリソースとして投入していったら良いのかという，ファクトベースの議論になりにくかった．そこについて，どういう法的な仕組みを導入していくかが課題ではないか，と思っています．

　山田　今の話だと，NHKが公共放送から公共メディアへ，というふうに変わっていくのでしょうけど，それは，さらに大きくなるという意味なのですか．それとも，当然ながら，放送という，現在の古典的な放送というマーケットが小さくなるから，相対で見れば同じなんだと，そういうことなのでしょうか．

　宍戸　これは基準の捉え方次第だと思うのですけど，私自身は，相対的に変わらない，絶対的大きさは変わらないが，どっちにしろ小さくなるし，もともと小さくなってきている，という認識です．

　山田　宍戸さんからNHKの将来像の1つのイメージが提示されましたけれども，本橋さんから見るとどうなのでしょう．さきほどは，公共放送の必要性ということを，あえてお話しになり，2つあったら良いという話までされたわけです

けれども。公共放送などいらないという話にはなかなかならないですか。公共放送としての民間放送はどうですか。

　本橋　民放のビジネスにもかかわりますが，若者があきらかにテレビから離れていっていて，若年層のテレビ視聴時間がすごく短くなってきています。何らかのかたちで，ネットやスマホの世界の中に，いわゆる公共的な情報空間というものがきちんと確立されて，それが若者にとっても存在するということが，今後の民主主義のありように，非常に重要だと思います。

　それをNHKが果たしうるのであれば，ぜひすべきだし，逆に言うとNHKは我々みんなのものなので，そうしなければいけない。変なふうにならずに，ちゃんとまっとうに（笑），NHKらしさを失わず，かつ，インターネットの双方向の世界に適応できるようなNHKになってほしいと思っております。

　もう一方で民間放送が，公共メディアとしてネットの中で存在感を持つことがあり得るのかどうかについては，これは放っておいてもだんだんなっていくと思いますし，そこは制度的にやる作業ではないのではないでしょうか。ビジネスベースで成り立つかどうかだと思います。

　ただ，もう1つ大きいのは，新聞が非常に大きなベーシックな情報供給者として，日本では存在していることですが，そこが民放以上に右肩下がりになっていることは心配です。先ほどのアメリカ大統領選のデータ——有権者が何で判断したかというニュースソースを尋ねられた世論調査——で，新聞は一番の最後のところにしか入っていません。もし，日本もそうなってしまうと，いろいろな問題が生じると思うので，もう少し幅広く，公共的な情報空間がインターネット時代において，とくに若者において，どのように構築し得るのか，しないのかをきちんと考える必要がある。単純にNHKがネットメディアに，公共メディアになれば良いということではないと思っています。

　昨日，メディアリテラシーの勉強会があって，そこで大学の先生たちと話しているときに出たのですが，その中である人が言って，「ああそうだな」と思ったのは「存在することが大事だ」ということです。

　若者は確かにNHKを見ないかもしれないけども，いざ何かあったときに「あっ，NHKがこう言っているということは，こう考えられるのかな」という一種の軸として存在することが大事だろうと思います。「NHKだったら，さすがに虚偽情報は出さないだろう」「企業の宣伝情報みたいなものを，ニュースに潜り込ませるようなことはしないだろう」という，最低限の信頼感を得るメディアが存在するという意味です。

　若者に媚びてNHKがどんどん自分らしさを失って，見られるように，見られ

るようにといくよりは，あるということが大事です。でも見られなくなってしまうと，受信料を払ってもらえなくなるからどうするんだという話にまた続くんですが，NHKさんは「あることが大事」と主張していくのが良いのではないかと傍目からは感じています。

　濱田　あの……。

　山田　はい。どうぞ。

　濱田　ちょっとだけ突っ込ませていただいて。本橋さんが，公共的な情報空間という言葉を使われるのにリンクしているのですが，これは，なぜ放送という分野でだけなのか。新聞の場合，そこに公共的な情報空間って，必要ないですか。

　私はむしろネガティブな，人為的に作る必要はないというスタンスで言っているんですけれども。でも考えてみると，なんで放送の世界だけ，そういう議論がありがちなんだろうと。いうのが，ずっと気にはなっているんです。

　本橋　突っ込まれると弱いんですけれど。歴史的に形成された状況の中では，放送の方にそれは認めやすいのではないかという答えになると思います。新聞への助成制度という話はあり得ます。新聞をどうやって保護するかという議論と組み合わせて，考えるべきですが，日本ではそれは馴染まないのではないでしょうか。これは，コーディネーターの山田さんに聞いてみたいところです。

　山田　僕は常々，宅配の新聞と受信料のNHKは「お布施ジャーナリズム」だ，といっているように，きちんと意識しているかどうか別に，社会全体として公共的空間を維持してきたと思っています。それはそうと，日本の場合には，どうしてもNHK頼りの民間放送，民放というところがなくはないだろう。しかしそれは，仕方がない部分があって，技術的にどうしても同じ道を進まざるを得ないとか。例えば今からはじまる4K・8Kにしても，やりたいやりたくないとは関係なく，ほとんどそれは全員一緒にやらなければいけないみたいなところがあるわけですよね。そうなってくると，みんなが安心して跡を追っていけるメディアがあった方が良い。それが，今は偶然，公共放送と呼ばれているNHKという側面があるんじゃないかという気がしている。

◆「放送」とは何か？

　山田　どうしてもしょうがないというところがありませんか（笑）。曽我部さんに振りたいと思うんですけれども，そう考えるとですね，「そもそも放送ってなんなの」ってことに行き着きますよね。

　ヨーロッパではかつてから，放送とは何かという議論が多少は進んでいると思うのですが，日本の場合はどうしても既得権益としての地上放送が頑として存在

し，なおかつ NHK と民放の二元体制がテレビ放送の最初から厳然として存在しているというのがありますよね。現実が最初にある中で，放送理論というものが，少し停滞気味になっているということはありませんか。あるいは，未成熟な部分がまだいろいろあると思うのですが，その辺を含めて話をしていただけますでしょうか。

　曽我部　はい。非常に難しい問題を，いただいたと思うんです。

　私もヨーロッパ，そんなに詳しいわけではないんですけれども，印象論的に申し上げると，やはり日本の場合，これが放送なのか放送でないのかとか，放送と通信の違い，とか，いうところの違いがむしろ強調されて，やっぱり放送は非常に独自のものであるという考え方が強いように思うんです。放送文化基金というのがありますけれど，あれも，放送は文化という，放送は１つの文化になっているというところがあってですね，放送の独自性，その今のネットとは違うんだという意識が非常に強いようと思いますね。

　ヨーロッパをはじめとして，公共放送といわれるところでもネットでなにごともないように同時配信していたりしますし，そういう意味では垣根が非常に低いですね。

　日本だと放送と通信の規制が，同じ総務省が所管されているのですけれども，その総務省の中でも違う部署で所管されていて，そういう意味でも，壁があるのかなというふうに，思うんですね。

　今，放送制度的なことを申し上げると，放送法が2010年に改正されて，一応，有線のものも，放送になり得るということで。『放送制度概論』には放送法の条文が全部ついていて，非常に便利になっています。そこの２条に「『放送』とは，公衆によって直接受信されることを目的とする電気通信の送信をいう」という定義があります。

　これでも，いわゆるオンデマンドのものは，これに入らない。なぜならば，普通に考えれば別にインターネット，誰でもクリックすれば見られるわけだから，「公衆によって直接受信される電気通信」じゃないかと，いうふうに，一瞬，思うわけですけれど，一般的な解釈ではそうなっていない。それは公衆の中の１人が，個別に要求して，その人のために送信しているんだから，放送じゃない，という解釈になっている。

　したがってその，オンデマンドについては，放送法は全然適用されなくて，別体系の，法制度が適応されるとそういう建付けになっている。ただし，流れてくる番組は同じ場合もあるということですね。

　この制度，こういう建付けが，分析的に考えるとある意味当然で，放送の規律っ

ていうのか，放送の特殊性というのがあって，その特殊性に応じて，放送独自のこういう規制がされるということになっていて，放送に当たらない限りは，表現の自由の一般論で，何も規制がないのがデフォルトであるということになっています。

ただ，問題はおそらくその先でですね，放送に当たらないということになると，完全に一般法が適用される世界で，名誉毀損とプライバシー侵害のような，民事あるいは刑事などの一般法の規制は受けますけれども，例えば，青少年保護とかですね，ヘイトスピーチとかいったところでは規制はない。最近は，非常に影響力の強いプラットフォーム，ネットフリックスですとかね，そういうものが出てきていて，彼らは，実は，一般法しか適用されないわけですけれども，この先，老若男女みんなが見るようなプラットフォームになっていくとなると，青少年保護ですとか，品位の問題というのも出てくるのだろうと思います。

しかし，現状は，おそらく，その法制度的にそこはカバーされていない，というわけです。もちろん法制度的にカバーすべきかどうかも争点で。まあ，おそらく基本的に自主規制が望ましい，ということになっていくかと思いますけれども。

まあ，そこは，なんというんですか，いわゆるOTTといわれる人たちが，民放連とか，新聞協会とかみたいにかっちりした組織の下にやっているわけではないので，自主規制が，非常に見えにくいものになる可能性があると思うんですね。

なので，そこは自主規制と言いながら，今までBPOに代表されるような自主規制とは違って，もう少し見えにくいものになってしまう可能性もあったりして，そこは，研究者の側で，きっちり調査なりをして何かアイデアを出していく，というような必要もあるのかな，というふうに思っています。

冒頭申し上げたように，やっぱり，垣根が非常に意識されすぎているところがあるので，ほんとにそんなに高い壁を立てる必要があるかという方面からも議論していく必要があるのかな，という気もしております。

VI おわりに──今後の課題

山田 やっぱりメディアって，自分たちの原体験がどうしても，思考を左右するというのはあるのかもしれませんね。

テレビ1つとっても，濱田さんや私では，生まれたころは当然白黒テレビで，小さいちゃぶ台かタンスにのってるテレビを眺めたりという世代だったんですけれども。宍戸さんや曽我部さんは，当然ながらカラーテレビの時代ですよね（笑），世代が違うわけでして。先日，来年の授業のありようについて，教員間で相談を

〈パネルディスカッション〉放送法の過去・現在・未来〔濱田・宍戸・曽我部・本橋・山田〕

していてですね，学生から「この映画，音が出なくて壊れています」と言われた先生がいたんです。もちろん，無声映画の話なんですよ。無声映画を知らない学生がいるのは当たり前ですけれども，すでにいま現在でも，放送番組というものの捉え方が世代間に差があります。そんな中で放送をどう捉えているかを考える場合，どうしても昔の原体験に引きずられているのかなと思いながら，話を聞いたりもしました。

すでに，おしまいの時間が近づいております。今から議論がはじまるというところで，こういうシンポジウムは終わらなければならないというパターンが多いですけれども，この続きは鈴木先生にお任せして，「メディア法研究会」で引き継いでいただくことになると思います。あるいは，この『放送制度概論』のベースになった，放送法研究会は，実はまだ続いておりますので，引き続き研究集団として意見を発表していきたいと思います。

それを前提としまして，最後に，言い残したこと，あるいは，「これをやっていくぞ」という決意表明があればそれでも良いのですが，順番に一言ずつお話しいただいて，締めたいと思います。よろしくお願いいたします。

本橋 そうですね。僕は学者でないのですが，思想の自由市場というものがインターネットで誰でも発信できるということで，ある種実現したと見ることができると思っています。そうした時代状況のなかで，公共放送という仕組みが含まれてないアメリカで，トランプ大統領の誕生というようなことが起きた。そのことをどう考えたら良いのか。日本の放送制度にとって，どのような教訓になるのかを考えていかなければいけないと思っています。

曽我部 本日はどうも，お付き合い有難うございました。本日は，今のメディア状況というお話の中で，制度的な要因があるかと申し上げてきたわけですけれど，それと違う話をすると，これは宍戸先生の二番煎じ的な話になってしまって恐縮なんですけれども，メディアの手の内を見られているという状況になってきています。『情報参謀』の話もありましたが，権力者が選択的に記者会見をして，操作をしている。ただ，選択的に記者会見をするというのは別に普通のことだとも言え，それが操作になってしまうとうのはメディアの側に問題があると思います。

つまり，制度的というか，慣行的な要因ということなんですかね。横並び指向というようなところがあって，メディアの側が何か考えることがあるんじゃないかなという気がします。

権力者の側が，非常に戦略的にやってきているわけですから，メディアの側もそのことを意識して動く必要があります。その辺をメディア法の研究会の場でど

こまで取り扱えるかわからないですけれども，そういう側面からも考えていく必要があるんじゃないかなという気が，いたしました。

宍戸　言いたいことはだいたい出し尽くしたのですけれども，あえて曽我部先生の二番煎じをしますと，高速通信の革命を，オールドメディアの方が恐がり過ぎるんじゃないか，という意識を持っています。

フェイクニュースやステマの問題も，むしろFacebook等のSNSやインターネット事業者の方が，オールドメディア化していき，社会的責任を引き受けて変な情報はカットしていく。それはある意味で編集権を行使していくということだろうと思います。

そうなってくると，放送事業者はまさに編集の自律を確保する，これまで確立した表現の担い手であったという気概を持って，むしろ，新しいメディアと言いますかIT企業に，範を示すような形，意識の上で連携していく。そういう意味でも垣根を下げていって，同じ国民の知る権利，表現の自由の担い手として連携していく，そういう前向きな事業経営，事業戦略をぜひやっていただきたい。そういうことをサポートできる制度や運用をこの場で研究できれば良いなと思っております。

濱田　何を言えるかなということで，なんか結局学長時代に学生に言っていたのと一緒だなあ，というような（笑）2点，申し上げたいと思います。1つは，これは私，今日の基調講演のトーンでもあったと思うのですが，今あるものを当たり前だと思わないことの利点というのは，やはり，現在の延長上，これまでの思考の延長上では得られない概念や論理，そういうものが生まれてくる可能性があるということです。実際に大きく今の放送制度を変えられるかどうかわからないにしても，何か変だなあ，何かもっと良い放送の仕組みってあり得るんじゃないだろうか，そういうことを更地で考えることも大切だと思うんですよね。今の状況や制度から少し飛躍をして思考実験してみるということは，私は学問的にも必要なことだろうと感じます。

それからもう1つ，学生たちに，狭いところへ閉じ込められて問題を考えていてはいけないと言っていたことともかかわりますが，放送法の仕組み，法の枠組みの中だけで解決をしよう，あるいは課題設定をしようとしても，どうしても無理が生じてくる，硬くなってしまう。それを，社会全体を見渡して，法律，法制度だけでなく，社会の中にあるいろいろな力や仕組みを借りて解決していく。あるいは，新しい仕組みを作り出していく。そういうことができる可能性というものも考えていくことが放送の世界でも大事だろうと思っています。

山田　有難うございました。

〈パネルディスカッション〉放送法の過去・現在・未来〔濱田・宍戸・曽我部・本橋・山田〕

　最後に，今日のパネルディスカッションには『放送制度概論』の執筆者から，私を含めて 4 名が登壇させていただいておりますけれど，この他に多くの執筆陣がおります。今日は，その中からお 2 人が会場に来ておりますので，お名前だけご紹介させていただければと思います。お 1 人が，日本民間放送連盟〔2017 年 4 月より日本大学法学部准教授〕の笹田佳宏さんです（拍手）。もうお 1 人が，甲南大学〔2017 年 4 月より関西学院大学大学院司法研究科教授〕の丸山敦裕さんです（拍手）。

　放送制度のこれからについては，まずは議論しないと何もはじまらないと思います。今日がその 1 つの機会でありますけれども，この『放送制度概論』が，そういう議論の素材になればよいなと思っております。

　約 2 時間のパネルディスカッションにお付き合いいただきまして，有難うございました。改めまして，お礼申し上げます（拍手）。

　鈴木　皆さん，今日は，13 時からお付き合いいただきまして，どうも有難うございました。私自身も，第 1 部のご報告や，第 2 部の基調講演とパネルディスカッションのお話を伺って，いろいろな新たなヒントをいただいたように思っています。今日のご登壇者の皆さま，ご会場にお集まりの皆さま，そしてシンポジウムの運営を手伝ってくれた帝京大学助教の水谷瑛嗣郎さんと慶應義塾大学の院生の石塚壮太郎さん〔2017 年 4 月より北九州市立大学法学部専任講師〕，山本健人さん〔2018 年 4 月より大阪経済法科大学法学部助教〕，吉川智志さん〔2018 年 4 月より帝京大学法学部助教〕，瑞慶山広大さん〔2018 年 4 月より日本学術振興会特別研究員〕），ほんとうに今日はどうも有難うございました（拍手）。

海外動向　ドイツ連邦憲法裁判所の放送負担金判決

鈴木秀美

　　　I　はじめに
　　　II　事件のあらまし
　　　III　放送負担金判決
　　　IV　インターネット時代の公共放送の役割

I　はじめに

　ドイツ連邦憲法裁判所は，2018年7月18日，2013年に公共放送の財源として導入された放送負担金制度[1]の大枠を合憲とする判決[2]を下した（以下では，「本判決」）。この制度の根拠法律は，すべての州の間で締結された放送負担金州際協定と，それを承認した各州法である。ドイツに暮らすすべての人は，放送受信設備を持っているか否かとは無関係に，1つの住居ごとに放送負担金1件分（判決の時点で，17.50ユーロ）を毎月支払わなければならない（州際協定2条1項）。また，事業所については，従業員数と保有している事業用車両の台数に応じて放送負担金の額が決まる仕組みになっている（州際協定5条1項，2項）。ホテル等の宿泊施設の場合には，客室数も放送負担金の額に反映される。

　本判決は，このような制度の大枠は合憲であるが，個人の場合，複数の住居を所有していると，放送負担金を1件分よりも多く支払わなければならないという限りにおいて，平等条項（基本法3条1項）に違反するとの判断を示し，2020年6月30日までに関連する規定を改正するよう立法者に要請した。

（1）この制度について詳しくは，杉内有介「始まったドイツの新受信料制度」放送研究と調査63巻3号（2013年）31頁以下，鈴木秀美「ドイツ受信料制度改革の憲法学的考察」法学研究87巻2号（2014年）449頁以下，齋藤純子「ドイツの新しい放送負担金制度」外国の立法262号（2014年）48頁以下，熊谷洋「ドイツの放送負担金制度導入から1年」放送研究と調査（2014年）60頁以下参照。
（2）BVerfG, Urteil des Ersten Senats vom 18. 7. 2018 - 1 BvR 1675/16-.

Ⅱ　事件のあらまし

　放送負担金制度が導入されるまで，公共放送の財源は放送受信料であった。日本の現行制度と同様に，放送受信設備を設置した者に，放送受信料（ラジオ受信料とテレビ受信料の2段階）を支払う義務が課されていた。これに対し，放送負担金制度においては，受信設備を持っていない人や，ラジオしか聴いていない人も含めて，住居ごとに放送負担金1件分を支払わなければならない。導入時の放送負担金の額は，それまでのテレビ受信料と同額とされたため，自宅でテレビを視聴してきた多くの人たちは，制度変更を抵抗なく受け入れた。これに対し，新制度に対して疑問を感じた一部の人たちが，放送負担金の支払いを拒んで行政裁判所で争い，そこでも敗訴したため，連邦憲法裁判所に憲法異議を申し立てた。憲法異議の直接の対象は行政裁判所が下した判決であるが，それを通じて間接的に放送負担金制度の合憲性も争われた。

　本判決は，4つの憲法異議を併合審理して下された。そのうち3つの憲法異議は個人が，残る1つはレンタカー会社が申し立てた。憲法異議申立人らは，具体的には，①放送負担金は，州に立法権がある「負担金」ではなく，連邦に立法権がある「租税」であり，立法権の観点からみて違憲であると主張した。また，個人の場合，②放送を受信する設備がない住居にも放送負担金を支払う義務が課されることが平等条項違反であるし，③一人暮らしでも，複数の人たちが一緒に暮らしていても，住居ごとに1件分の放送負担金を支払う義務が課されることも平等条項違反であるとの主張がなされた。さらに，とくに問題視されていたのが，④同じ人が2つの住居を所有している場合，放送負担金2件分を支払わなければならないということだった。その他，⑤基本法5条1項は情報受領の自由を保障しており，そこには消極的自由も含まれていることから，個人には放送をみない自由があるはずで，その場合にも放送負担金を支払う義務を課すことが，憲法違反になるとの主張もあった。事業所については，⑥職場で放送やインターネットを利用できない場合もあることに加えて，事業用車両の台数に応じて負担金の額が増えることについては，従業員数に応じて負担金の額を決めれば十分であるし，レンタカーの場合はとくに，利用者はすでに個人として放送負担金を支払っており，レンタカー会社に車両台数に応じて放送負担金を支払わせるのは二重取りだという面も指摘されていた。以下では，紙幅の関係もあり個人の放送負担金義務を中心に解説することにしたい。

　なお，この事件については，すべての公共放送協会と負担金サービスを代表し

〈海外動向〉ドイツ連邦憲法裁判所の放送負担金判決〔鈴木秀美〕

て南西放送が意見表明した。また，第2ドイツテレビ，ドイチュラントラジオ，州メディア協会ディレクター会議，連邦を構成する諸州の政府，連邦財務省の学術審議会，ラインラント・プファルツ州議会，北ドイツ放送経営委員会，放送協会財政需要調査委員会，ドイツ納税者連盟も意見表明した。2018年5月16日には口頭弁論が開かれた。

Ⅲ　放送負担金判決

1　判　決　主　文

　放送負担金制度は，個人の場合，複数の住居を所有していると，放送負担金を1件分より多く支払わなければならないという限りにおいて，平等条項（基本法3条1項）に違反する。州の立法者は，平等条項違反を解消するため，2020年6月30日までに関連する規定を改正しなければならない。現行法は，法改正がなされるまでそのまま適用することができる。ただし，本判決が言い渡された日から法改正がなされるまで，個人は，1件目の住居の放送負担金を支払っていることを証明することによって，申請に基づいて2件目以上の住居の放送負担金を免除される。本判決が言い渡された日の時点で，2件目以上の住居の放送負担金の支払いを裁判で争っている者に限って，申請に基づいて，過去の2件目以上の放送負担金も遡及的に免除される。憲法異議申立人に2件目の放送負担金の支払いを命じた連邦行政裁判所の判決は破棄され，事件は連邦行政裁判所に差し戻される。憲法異議はその他の点については棄却される。

2　判　　　旨

　放送負担金は租税ではなく，負担金である。州には，基本法70条1項に基づいて，放送負担金徴収のための立法権限がある。租税と区別される受益者負担金（Vorzugslast）には，料金と負担金がある。「負担金は，それが公の施設又はサービスの潜在的利用のために，あらかじめ徴収される点で，料金とは異なる。それを－いずれにしても潜在的に－利用する者は，負担金を通じて公の施設の費用を負担しなければならない」。利益に見合う負担という考え方が負担金の特徴であり，その点で負担金は租税とは異なっている。このような観点から見て，放送負担金は負担金である。

　基本法の平等条項からみて放送負担金制度は大枠では合憲である。ただし，放送負担金制度は，個人の場合，複数の住居を所有していると，放送負担金を1件分より多く支払わなければならないという限りにおいて，平等条項に違反する。

平等条項は，すべての人を法の前で平等に扱うことを要請する。立法者が異なる取り扱いをするためには，それを正当化しなければならない。平等条項から，租税法のための負担平等（Belastungsgleichheit）の原則が生じる。立法者に広い判断余地があるが，平等条項は，負担金の徴収のために，支払義務を負う者と負わない者の間の異なる取り扱いが，負担金に見合う利用可能性という利益に即していることを求める。そして，負担金を徴収するためには，負担金を課される利益を，個人的・具体的に負担者の集団が利用できることを正当化する十分な客観的根拠が必要である。不特定多数の市民，それどころかすべての市民が，個人的・具体的にある利益を利用できる限り，かつ，その利用が現実的にみて可能と思われる限り，不特定多数の市民，それどころかすべての市民に負担金を課すことができる。立法者には何を手がかりに負担金を課すかについての形成の余地がある。ただし，法律により定義された利益と負担金義務の間に具体的な関連性を認識できない場合は，形成の余地の逸脱である。負担金を課す利益の評価に際して，立法者は，現実基準又は少なくとも代替基準若しくは蓋然性基準によらなければならない。

　これを放送負担金についてみると，放送負担金の徴収は平等条項の要請に大枠では適っている。放送負担金の徴収に見合う利益は，公共放送を利用できるという可能性にある。そして，放送負担金は，個人の場合，住居の所有という要件によって客観的に捉えることができる個人的利益に見合っている。州の立法者は，個人の放送負担金義務を，公共放送の提供する番組が，典型的には，住居において視聴されるということを想定して，住居の所有に関連付けることができる。立法者は，現実基準を選ぶ必要はなく，代替基準又は蓋然性基準によることもできる。受信設備又は利用する意思の有無は問題にはならない。なぜなら，利益に対して負担金を負わせるという関係にとって，設備の必要性は意味を持たないからである。重要なのは，現実的利用可能性があるということであり，それは常に存在してきた。さらに，受信設備を手がかりにすることがもはや有効ではないということも明らかになっている。また，受信設備がないことを確認するのも困難である。

　一人暮らしと複数の同居人がいる場合で1人当たりの負担額が異なることは，憲法上許容範囲内である。なぜなら，すべての人に同様の受信可能性があるため，受信可能性の価値はすべての住居の所有者において抽象的には同じであり，個人に関連する利益は抽象的にしか確定されないからである。立法者には広範な評価の余地がある。

　ただし，放送負担金制度は，個人の場合，複数の住居を所有していると，放送

〈海外動向〉ドイツ連邦憲法裁判所の放送負担金判決〔鈴木秀美〕

負担金を１件分より多く支払わなければならないという限りにおいて，平等条項に違反する。なぜなら，負担金を支払う義務を負う者に，同じ利益を利用することについて，重複して負担金を課してはならないからである。同じ人が２つ以上の住居を所有していても，その人が放送を個人的に利用できる可能性は増えない。住居の所有は，ドイツ国内であまねく放送を受信できる可能性が個人に与えられている状態を法律によって捉えるための手がかりにすぎない。それなのに，同じ人から所有している住居の数だけ放送負担金を徴収することを，徴収の効率性などを理由にして正当化することはできない。

　事業所及び事業用車両に課される放送負担金義務も，負担平等の原則に反しない。事業所は，事業のための情報収集又は従業員や顧客の娯楽のために放送を利用する点で，個人による放送の利用とは別の利益を得ており，その利益を法律で捉えるための手がかりを従業員の数と事業用車両の台数とすることは負担平等の原則に適っている。なお，事業所が事業のために用いる車両には，２台目から住居１件の３分の１の放送負担金が課される。事業所を持たない事業者を放送負担金義務の対象とするためである。放送を集中的に利用する典型的な場所として事業用車両にも，その利用の仕方とは無関係に，放送負担金を課すことができる。その際，一般の事業所とレンタカー会社を区別する必要はない。

　放送負担金はその他の観点からも合憲である。放送負担金義務は，公共放送協会の番組を視聴することを直接にも間接にも強制していないため，そもそも情報受領の自由を制約していない。

Ⅳ　インターネット時代の公共放送の役割

　旧制度の放送受信料は，憲法判例によれば「租税ではなく，受益者負担金」[3]であった。なぜなら，放送受信料は，放送受信設備の設置を手がかりに視聴者としての地位との結びつきにより，公共放送協会のサービスによる受益に対して支払われなければならない，と解釈されていたからである。ところが，住居，事業所の従業員数・車両台数を手がかりに支払い義務を課す放送負担金は，そこで誰でも放送を受信することができるということだけで徴収される。このため憲法異議では，放送負担金は負担金というよりも租税であり，その立法権は州にはないとの主張がなされたが，本判決はこの主張を退けた。

---

(3) BVerfG, Beschluss der 2. Kammer des Ersten Senats vom 22. 8. 2012 - 1 BvR 199/11 -, NJW 2012, 3423.

ドイツにおいて国民が公法に基づいて国や地方公共団体に支払わなければならない金銭給付を公課という。公課は，租税といわゆる受益者負担金に区別される。租税は，租税通則法3条1項によれば，「特別の給付に対する反対給付ではなく，収入を得るため公法上の団体によって，法律が給付義務について定める要件に該当するすべての者に課せられる金銭給付」のことである。憲法判例[4]も租税についてこの定義に依拠している。これに対し，受益者負担金に属する料金と負担金は，一定の反対給付を受ける対価として支払うものである。料金は，公の施設又はサービスを実際に利用したことに対する対価であるのに対し，負担金は，公の施設又はサービスの利用可能性への対価である点で，料金とは異なる[5]。

　そのような理解に立って，本判決は放送負担金を負担金にあたると判断した。なぜなら，放送負担金は，公共放送の財源を賄うため，公共放送の番組を受信する可能性に対して徴収されるからである。本判決は，州議会の立法資料に依拠して，旧制度の受信料が租税ではなかったように，立法者は，新制度においてもその点をまったく変更する意図はなく，受信設備の設置に結びついていた，かつての受信料制度の欠点を回避することのみを意図していたと指摘している。

　そのうえで，本判決は，放送負担金制度の合憲性を一般的平等条項に照らして検討し，大枠では合憲だが，個人の場合，複数の住居を所有していると，放送負担金を1件分より多く支払わなければならないという限りにおいて，平等条項に違反すると判断した。判断基準とされたのが，平等条項に含まれている租税法における負担平等の原則である。憲法判例[6]によれば，負担金を徴収するためには，支払義務を負う者と負わない者の間の異なる取り扱いが，負担金に見合う利用可能性という利益に即している必要がある。その際，負担金を課される利益を，個人的・具体的に負担者の集団が利用できることを正当化する十分な客観的根拠が存在しなければならない。

　公共放送を利用できるという個人的利益について，本判決は，確立された判例[7]に依拠して，民間放送と公共放送からなる二元体制において，公共放送が，市場原理だけでは提供されない内容上の多様性に貢献するなど，放送による報道という古典的機能任務を果たしているとした。さらに，インターネットが普及した現

---

(4) BVerfGE 67, 256 (282); 93, 319 (346).
(5) 料金と負担金の区別について，*Christ/Oebbecke*, Handbuch Kommunalabgabenrecht, 2016, A Rn. 4 ff.
(6) BVerfGE 137, 1 (21 f.).
(7) 公共放送の機能的任務について，西土彰一郎『放送の自由の基層』（信山社，2011年）84頁以下に詳しい解説がある。鈴木秀美『放送の自由〔増補第2版〕』（信山社，2017年）230頁以下も参照。

〈海外動向〉ドイツ連邦憲法裁判所の放送負担金判決〔鈴木秀美〕

状では，そこで流通している玉石混交の情報に対して「多様性を確保し，指針を提供してバランスをもたらすものとなる」という公共放送が担っている役割の意義が増しているとも指摘した。そして，このような役割を果たす公共放送を利用するという可能性にこそ，放送負担金の徴収を正当化する，個人的利益があるとした。本判決が，インターネットによる検索サービスやSNSの特性も視野に入れて，事実と意見の区別や内容と広告の区別がますます困難になっており，さらには情報源と評価の信頼性があらためて不確かになっている中で，公共放送が担う役割の意義が増していると指摘したことは注目に値する。

本判決は，住居を手がかりに徴収することについて，従来の放送受信料制度と放送負担金制度をできる限り一致させるという目標があったと立法者が口頭弁論で述べたことに言及し，立法者が，住居の所有を個人からの放送負担金徴収の手がかりとすることを認めた[8]。そして，放送を受信する設備がない住居にも放送負担金を支払う義務を課すことや，一人暮らしでも，複数の人たちが一緒に暮らしていても，住居ごとに１件分の放送負担金を支払う義務を課すことは，違憲というほどの異なる取り扱いに至っていないと判断した。前述の通り，個人の場合，複数の住居を所有していると，放送負担金を１件分より多く支払わなければならないという限りにおいて，放送負担金制度は，平等条項に違反するとされたが，それに関連して本判決が，住居の所有について，ドイツ国内であまねく放送を受信できる可能性が個人に与えられている状態を法律によって捉えるための手がかりにすぎないと説明している点は興味深い。

放送負担金制度は，パソコン，携帯電話，スマートフォンなど放送受信設備が多様化するにつれて，放送受信設備を受信料支払義務の手がかりとしていた旧制度が，その設置確認の困難さに直面することを回避するために導入された。放送負担金制度は，個人について住居の所有を手がかりにすることで，公共放送の財源を安定的に確保するとともに，公共放送の財源を支える放送負担金義務者の間の負担の公平を相当程度に実現できる点で優れた制度であり，本判決によって制度の大枠の合憲性が確認された。ただし，ドイツがこのような制度に移行できた背景には，公共放送の存続と発展の保障を認めてきた憲法判例の蓄積と，それを支えてきた社会的コンセンサスがあることに注意する必要がある。

---

(8) 本判決は，これに関連して，現行制度とは別に，原則としてドイツに住むすべての人ごとに負担金を課すという方法（Pro-Kopf-Maßstab）の採用も憲法上許されると述べている。

海外動向　ドイツ連邦大臣による AfD 公式批判に
「レッドカード」——ヴァンカ事件

石塚壮太郎

Ⅰ　はじめに
Ⅱ　事件のあらまし
Ⅲ　ヴァンカ判決
Ⅳ　本件判決の位置づけ
Ⅴ　おわりに

Ⅰ　はじめに

　近年，日本においても総理大臣や閣僚が SNS 上で活動することは珍しくない。むしろそれが当たり前のことになりつつある。そこでの活動は多岐にわたり，政務・公務の報告や，個人的な交流にも用いられている。最近では，一般人が行った——必ずしも事実関係が確かでない，または一面的に情報を切り取っているかもしれない——政権批判的ツイートに対し，現役の大臣が引用リツイートした上で，事実関係を示してそのような見方を修正する反論コメントを掲載した事例も見られる。インターネットの発展と SNS の普及により，一般人が発信力を得ると同時に，政府構成員もまた個々の発信力を一層増している。
　このような時代において，政府およびその構成員の情報発信に対して，憲法上の歯止めがかかるのかどうか，かかるとしたら情報発信はどこまで許されるのか[1]，その手がかりを紹介したい。ドイツで起きたヴァンカ事件である。

Ⅱ　事件のあらまし

　ドイツの新興右派政党である「ドイツのための選択肢（AfD）」が，2017年に

（1）国家の情報提供については，土屋武「国家による情報提供と基本権」中央大学大学院研究年報37号（2007年）3頁参照。「政府言論」の問題としては，蟻川恒正「政府と言論」ジュリスト1244号（2003年）91頁参照。

行われた連邦議会選挙において，得票率12.6％で94議席（全709議席）を獲得し，第三党に躍進したことは記憶に新しい。トランプ大統領の就任や，イギリスのEU離脱（Brexit）ほどの衝撃ではないにせよ，予想外の展開であったことは間違いない。AfDは，ユーロ救済策への反発から2013年に設立されて以来，一般的な保守政党（CDU/CSU）と極右政党（NPD）との間でアイデンティティの境界を模索しつづけ，党内の事情は混乱しつつも，一定の支持を得ている。

事の発端は，AfDが，2015年11月7日のベルリンでの集会の開催を申請したことにある。そこでの標語は，「メルケルにレッドカード！──難民には上限を！」であった。（当時の）連邦教育研究大臣ヨハンナ・ヴァンカは，同月4日に同省のホームページ上で，ドイツの国章と「連邦教育研究省」名を掲げ，AfDを非難する以下のようなプレスリリース（151/2015）を公表した。

> AfDにレッドカード
> 2015年11月7日にベルリンで計画されているAfDのデモについてヨハンナ・ヴァンカ
> 「レッドカードが提示されるべきは，AfDであって，連邦首相ではない。同党のビョルン・ヘッケやその他のスポークスマンは，社会の急進化を助長している。公然と民衆扇動を行うペギーダ代表のバッハマンのような極右の人物らは，それにより受け入れがたいほどの支援を受けている。」

これに対して，AfD（申立人）は，ヴァンカ連邦教育大臣（被申立人）を相手取って，連邦憲法裁判所に機関訴訟[2]を提起した。連邦憲法裁判所は，AfDの申立てに基づき，ヴァンカに対して，当面の間プレスリリース（151/2015）をホームページ上から取り除くように，2015年11月7日に仮命令[3]を出し，被申立人はこれに従った。申立ての本案は，同プレスリリースの公表が，政治的競争に同権的に参加する権利（基本法21条1項1文[4]）を侵害したことの確認[5]である。以上が，ヴァンカ事件のあらましである。

（2）政党は，その特別な憲法上の地位から生ずる権利のために闘う場合に限って，連邦最高機関と対等な準憲法機関とみなされ，機関訴訟の当事者能力を有する。詳しくは，畑尻剛＝工藤達朗編『ドイツの憲法裁判〔第2版〕』（中央大学出版部，2013年）422頁以下参照。
（3）BVerfGE 140, 225.
（4）「政党は，国民の政治的意思形成に協力する。…」
（5）申立人は，集会の自由（基本法8条）に対する侵害も主張したが，機関訴訟においては直接に主張することができないとして適法性がないとされた。

〈海外動向〉ドイツ連邦大臣によるAfD公式批判に「レッドカード」〔石塚壮太郎〕

Ⅲ　ヴァンカ判決

　連邦憲法裁判所第二法廷は，2018年2月27日に，当該事件に関して違憲判決を下した（ヴァンカ判決）[6]。要旨は，以下の通りである。

　「憲法上要請される政治的意思形成プロセスの公開性を保障するために必須なのは，可能な限り，政党が政治的競争に同権的に参加すること」であり，「基本法21条1項は，政党に，その設立や政治的意思形成の協力の可能性を保障するだけではなく，同等の権利と同等の機会の基礎の上で，この協力がなされることをも保障している」（Rn. 42）。

　また，「政党が政治的意思形成に機会平等に参加するには，国家機関が政党間の政治的競争において中立性を維持することが必要不可欠」であって，「国家機関が中立性原則を無視し，政治集会の告知や実施を，一方的にその集会やこれを実施する政党に反論する機会として利用する場合には，基本法21条1項1文と原則的に合致」しない。「政治デモの実施や潜在的な参会者の行動に影響を及ぼすことは，この場合に該当する」。政治的競争への同権的参加の権利への介入があるのは，「直接ボイコットを呼びかけたり，参加した場合に法的または事実上の制裁を見込んだりする場合に限られ」ず，「萎縮効果を生じさせたり，それにより潜在的なイベント参加者の行動に影響を及ぼしたりする，あらゆる否定的評価が制約となる」。さらに中立性の要請は，国家機関に，競合する個々の政党に対して肯定的または否定的な宣伝を，公然とであれ遠回しであれ出すことを禁じている（Rn. 44, 47-49）。

　「連邦政府が情報・広報活動の権限を行使する場合であっても，政府は中立性要請の遵守から解放されない」。そもそも「連邦政府は執行権の最高権力であり，他の憲法機関と共に政府に課される国家嚮導の任務は，法律で授権されているかとは無関係に，情報・広報活動の権限を含んで」いる。「それは民主的な公共体における基本的コンセンサスを維持し，政治的意思形成への協力を市民に可能ならしめるために，憲法上許されるだけでなく，必要不可欠である」。そこには「関係する措置や将来の計画についての政府の政策の説明や解説，ならびに市民が直接に関わるような問題や重要な事件に関する，客観的にとどまる事柄に即した情報が含まれ」ており，「連邦政府は，推奨や警告を表明することもできる」（Rn.

（6）BVerfG, 27.02.2018 - 2 BvE 1/16, NVwZ 2018, 485. 要旨の中では，連邦憲法裁判所の公式サイトに掲示されている判決に付された欄外番号（Rn.）を示すことにする。

51)。「もっとも，連邦政府に与えられた権限や国家的リソースが，国民の政治的意思形成に影響を及ぼすことで，政党間の政治的競争が歪曲され，国民から国家機関への意思形成のプロセスが逆流するリスクがあることも考慮されなければなら」ず，「政府の行動が広範に，政治的競争をする政党の選挙機会に影響を及ぼすことが受け入れらなければならないとしても，そのことと政党の競争における連邦政府の意図的な介入は区別されなければならない」（Rn. 52-53）。

「連邦政府は，その政策に向けられた攻撃に公に反論することができる」が，「政府行為を説明する場合も，批判に対して反駁する場合も，要請される即事性（Sachlichkeit）が維持されなければならない」。「連邦政府は，その活動が不適切な事実の主張に基づいて，または事柄に即していない誹謗中傷的な仕方で攻撃される場合にすら，それを甘受しなければならないわけではな」く，「連邦政府には，政府からすれば正当化されない攻撃に対して，それが政党によるものであっても，適切な方法で公に反論する権利がある」（Rn. 55-56）。もっとも，「連邦政府には中立性要請が課され」，「その情報・広報活動にも，即事性要請が課されている」（Rn. 58-59）。そのことは，「誤った事実描写や差別的な価値判断に対して，明瞭に反論することを排除するものではない」が，「それを超えてなされる，政府行為の批判と関係ない，貶めるような表現がなされてはならない」。つまり，「国家機関が事柄に即していない，または誹謗中傷的な攻撃に対して，同じような方法で反論できるという『反撃権（Recht auf Gegenschlag）』は存在しない」（Rn. 59-60）。

なお，「連邦政府の個々の構成員の発言権限は，連邦政府全体の場合と何ら変わら」ず，「政府構成員がその省庁を代表して活動する場合には，政党の機会平等の原則を尊重しなければならない」（Rn. 61-62）。「中立性原則は，政府ポストの保持者が通常，連邦大臣と政党政治家という二重の役割を担うことと矛盾するものではな」く，「連邦大臣，政党政治家および政治活動する私人の領域間で，厳格な分離が不可能であるという状況は，大臣の活動領域における中立性原則の不適用をもたらすものではない」（Rn. 63）。「政治的競争における機会平等への干渉があるのは，政府構成員が政治的意見闘争に関与し，その際，政治的競争者には使えずに，政府官庁が使える手段に訴える場合である」。排除されなければならないのは，「官庁の権威から生じる特別の信頼性や重みを与えるために，省庁と結びついたリソースを投入したり，政府官庁との関係を認識できるような形で行ったりすることである」（Rn. 64）。

以上の規準を本件に当てはめれば，「本件プレスリリースは，申立人の機会平等の権利（基本法21条1項1文）を侵害している」。「被申立人に率いられる省庁

〈海外動向〉ドイツ連邦大臣による AfD 公式批判に「レッドカード」〔石塚壮太郎〕

のホームページ上での公表により，被申立人はこの説明を自らの省庁の権威の下に置いて」おり，「その説明の内容は，申立人の権利を無視」し，「この介入は，政府行為を公的に説明したり防御したりする被申立人の権利によって正当化されない」からである（Rn. 67）。

IV　本件判決の位置づけ

実は政府およびその構成員の発話が違憲の疑いをかけられたのは，これが初めてではない。リーディングケースは，1976年の連邦議会選挙の際になされた公的な広報キャンペーンが問題となった事件である[7]。最近では，2013年に当時の連邦大統領ヨアヒム・ガウクが，生徒らとの催しの中で，極右政党であるNPDを指して「頭のおかしい奴ら（die Spinner）」などと発言したこと[8]，また翌年に当時の連邦家族・高齢者・女性・青少年大臣マヌエラ・シュヴェージヒが，雑誌のインタビューで，9月に迫った選挙の「第一目標は，NPDが州議会に選出されないことでなければならない」などと答えたことが問題となった[9]。いずれも2014年に，連邦憲法裁判所で合憲判決が下されている。

ガウク判決では，大統領の統合機能や地位の特殊性から，明白性の規準という非常に緩やかな規準が用いられており，本判決の直接の先例としては，事実に即した政府の反論を肯定しつつも[10]，「公的手段を投入することで政権与党を支援」することを禁じたシュヴェージヒ判決を挙げるべきだろう（ちなみにシュヴェージヒの発言は，公職の権威を用いたものではないとされたため，政府活動の一部ではなく，政党政治家としての意見闘争に分類され，合憲となった）。これら一連の判決に対しては，そもそも公職保持者と政党政治家との厳格な区別は困難であり，市民も中立であることをさほど期待していないとの指摘も多い[11]。この指摘は，議会に対して責任を負うべき政府の行為を「脱政治化」してしまうとか[12]，判断

---

(7) BVerfGE 44, 125. ドイツ憲法判例研究会編『ドイツの憲法判例〔第2版〕』（信山社，2003年）395頁〔本秀紀〕参照。
(8) BVerfGE 136, 323（ガウク判決）．
(9) BVerfGE 138, 102（シュヴェージヒ判決）．村西良太「現職閣僚による政党敵視発言と国家機関の政治的中立性」自治研究93巻2号（2017年）146頁以下参照。
(10) もっとも，同様に攻撃的に非難する「反撃権」は，本判決で否定された（Rn. 60）。
(11) Vgl. *Krüper*, JZ 2015, 417; *Payandeh*, Der Staat 2016, 532 ff. *Putzer*, DÖV 2015, 422 f.; *Tanneberger/Nemeczek*, NVwZ 2015, 216. 逆に，*Gröpl/Zembruski*, JURA 2016, 273 f. は，区別が困難だからこそ疑わしい場合には，公職保持者と同定する方が市民の観点からは納得できるとする。

の法的安定性を欠くなどの批判につながるが，第二法廷はいずれの批判も退けている（Rn. 65-66）。重要視されるのは，発話者が物質的にせよ非物質的にせよ，国家的リソースを特別な仕方で用いたかどうかである。なお，本事件はその規準に当てはまるあまりに明白な事例であったため，帰結において本判決に異論を唱えるものはほとんど見当たらない[13]。

Ⅴ　おわりに

　一連の事件は，政党間競争[14]における国家の中立性に関するものであり，言論市場一般についてのものではない点に注意が必要だが，少なくともこの領域に限っていえば，①公職保持者が発話に際して国家的リソースを用いていないか，②用いている場合には，事柄に即した客観的な情報提供にとどまるかが問われることになる[15]。

　日本においても，政治家であり官職にもある者が，情報・広報活動を行うにあたっては，中立性の観点から，その憲法上の限界が問われることになるのか，更なる検討が求められよう。

---

[12] これに対して判例の示す規律は厳格ではなく，政治家として意見闘争に参加する自由領域が広く残されているとするのは，*Michl*, NVwZ 2018, 491.

[13] *Friehe*, NJW 2018, 934; *Kuch*, JZ 2018, 411; *Muckel*, JA 2018, 397. 例外として，*Gärditz*, VerfBlog, 2018/2/27, https://verfassungsblog.de/steriles-politikverstaendnis-zum-wanka-urteil-des-bundesverfassungsgerichts/.

[14] 林知更『現代憲法学の位相』（岩波書店，2016年）206頁以下参照。アメリカの文脈では，吉川智志「選挙法と政治的競争」法学政治学論究112号（2017年）201頁参照。

[15] アメリカでは逆に，政府言論であるためには顕名でなければならず（229頁以下），政府言論であれば観点差別が許容されること（271頁以下）につき，横大道聡『現代国家における表現の自由』（弘文堂，2013年）参照。他方で本件と似た議論として，同295頁以下参照。

| 立法動向 |

欧州連合における
フェイク・ニュース対策の現在

水谷瑛嗣郎

　Ⅰ　背　　景
　Ⅱ　報告書概要
　Ⅲ　示　　唆

1　背　　景

　世界におけるこれまでの「フェイク・ニュース」対策の中で先駆的な試みとしては，2017年6月30日にドイツで制定されたSNS対策法の存在を挙げることができるだろう(1)。一方で今年に入り，欧州連合（以下，EU）においてもフェイク・ニュース対策が公表された。もともと2015年5月に欧州委員会は，EU加盟各国間のデジタル市場に対する異なる規制の壁を取り払い，デジタル市場をEU内で統合することを試みた「デジタル単一市場（A Digital Single Market for Europe)」戦略を発表していた(2)。本稿で取り上げるEUのフェイク・ニュース対策もまたこの戦略の一環として位置づけられる。

　こうした流れの中，2017年11月13日のプレスリリースで欧州委員会は，フェイク・ニュースとオンライン偽情報に関する公共協議会（public consultation）を開始し，同時に専門家高等グループ（High-Level Expert Group）を立ち上げることを発表した。これに際し，欧州委員会第一副委員長Frans　Timmermansは，「EUの基本権憲章では，情報の受領及び提供の自由並びにメディアの多元的共存が法定化されている。私たちは，情報及び誤情報の流通が圧倒的になっている時代に生きている。だからこそ，私たちは市民にフェイク・ニュースを特定し，オンラインの信頼を向上させ，受け取った情報を管理するツールを提供する必要がある」

（1）同法の詳細については，鈴木秀美「ドイツのSNS対策法と表現の自由」メディア・コミュニケーション68号（2018年）1頁以下を参照。
（2）European Commission Press release, A Digital Single Market for Europe: Commission sets out 16 initiatives to make it happen, 6 May 2015, at http://europa.eu/rapid/pressrelease_IP-15-4919_en.htm（最終アクセス日2018・7・31）.

と述べている[3]。

　その後、幅広い分野から専門家を募り、2018年1月に欧州委員会は、オンライン上で拡散するフェイク・ニュース及び偽情報の対策に関する政策イニシアチブについて勧告を行う専門家高等グループ（以下、HLEG）を正式に設立した。HLEG は Madeleine de Cock Buning 教授が議長を務め、学識経験者、ジャーナリスト、活字報道機関、放送局、市民社会組織、ファクトチェック組織に加えて、オンライン・プラットフォームまでをも含む様々なバックグランドを持った39人で構成された。

　この HLEG の成果の一つが、本稿が取り上げる「偽情報に対する多元的アプローチ――フェイク・ニュース及びオンライン偽情報に関する独立高等グループ報告書（以下、報告書）」である[4]。

2　報告書概要

　2018年3月7日に HLEG によって採択されたこの報告書は、第一章「報告書の射程及び定義の問題」、第二章「様々なステイクホルダーが既に行っている措置」、第三章「基幹原則及び一般的、短期的並びに長期的な目標」、第四章「対応及び行動」、第五章「結論」から構成されている。

　報告書は、まず重要なことに「フェイク・ニュース（fake news）」と「偽情報（disinformation）」という用語の区別から始まっている。「脅威は偽情報であって、フェイク・ニュースではない（The threat is disinformation, not "fake news"）」（P. 10）というタイトルが示すように、報告書は、主として「フェイク・ニュース」という用語の使用を避け、「偽情報」に関する問題に焦点を当てている。ここでいう「偽情報」とは、「意図的に公共に害悪をもたらす目的又は利益追求の目的で、設計、提示及び助長された、虚偽、不正確若しくは誤解を招くような情報」と定義される。その害悪リスクには、民主的な政治プロセス及び価値に対する脅威を含んでいる。

　さらに報告書が、「フェイク・ニュース」という用語を用いないのには理由が二つある。一つは、この問題には、事実上又は完全に「偽」ではなく事実とブレ

（3）European Commission Press release, Next steps against fake news: Commission sets up High-Level Expert Group and launches public consultation, 13 November 2017, at http://europa.eu/rapid/press release_IP-17-4481_en.htm（最終アクセス日2018・7・31）。

（4）A multi-dimensional approach to disinformation – Report of the independent High level Group on fake news and online disinformation, 7 March 2018, at http://ec.europa.eu/newsroom/dae/document.cfm?doc_id = 50271（最終アクセス日2018・7・31）。

ンドされて製作された情報や「ニュース」に類似したものを超えた諸実践が含まれているほか(5)，投稿，コメント，共有，ツイート，リツイートといった情報の生成よりもむしろその流通に関するデジタルな行動様式全体が関係している点である。そのため「フェイク・ニュース」という用語では，これら複雑な問題を捉えきれない。第二に，一部の政治家や支持者たちによって，「フェイク・ニュース」という用語は，彼らが不快だと感じる報道を退けるための用語として私物化され（appropriated）ており，独立した報道機関を脅かす武器になっている。こうした側面への警戒感から，報告書は「フェイク・ニュース」という用語を避け，もっぱら「偽情報」にその焦点を当てるのである。

　重要なことに報告書は，「偽情報」が，関係する諸アクター（国家・非国家的政治アクター，営利目的のアクター，市民個人・グループ）の問題にとどまらず，「循環及び拡散のインフラストラクチャー（infrastructures of circulation and amplification）」の問題でもあることを鋭く指摘する。そこには当然，ニュースメディア，プラットフォーム及びその基礎をなすネットワーク，プロトコル並びにアルゴリズムが含まれ，さらに近い将来には，プライベートメッセージ・アプリ，チャットボット，音声操作システムによる通信，拡張現実，仮想現実及びAIにより生成又は操作されるコンテンツがますます使用されるようになることが示唆される。つまり偽情報の問題は，「情報がどのように生産され，どのように頒布され，どのように人々が公共の場でそれに関与するのかという，より広い文脈で理解されなければならない」（p.11）ものなのである。

　上記のような認識のもと，報告書は，「偽情報」が多面的な問題であることを指摘する。第一に，（外国のそれも含む）政治家や公的機関が積極的に偽情報を流したり，直接間接問わずメディアのコントロールを試みることもあり得る。第二に，すべてのニュースメディアが同じようにプロフェッショナリズムと編集上の独立性を維持しているわけではなく，ニュースメディアが偽情報の原因となり，欧州市民のメディアに対する信頼を弱めている場合がある。それゆえに，偽情報に社会的注意をもたらし，民主的プロセスを支える専門的で独立したメディアとジャーナリズムを強化することが重要となる。第三に市民社会のアクターは多くの分野で重要な監視役を担っているが，同時に，市民が個別又は集団で誤った及び誤解を招くようなコンテンツを共有することにより偽情報のいくつかの問題を

（5）例えば，アストロターフィング（※草の根運動に見せかけたアドボカシー手法のこと）のための自動アカウント，偽フォロワーのネットワークなどの実践，加工又は操作されたビデオ，ターゲティング広告，組織化されたトローリング，ビジュアルメモなどが挙げられる。

活発にしてしまい，高度に分極化した社会（highly polarized societies）がイデオロギー的に動機付けされた偽情報の生成及び流通のための肥沃な土台を提供することもある。そして第四に，欧州市民にとって，プラットフォーム企業は，情報の実現者（enablers）とゲートキーパーとしてますます重要になっている。彼らが提供するツールは，これまで以上に様々な情報源から情報や意見を伝え，受領する新しい方法を生み出し，欧州市民に力を与えてきたが，他方でそうしたツール[(6)]の多くが，偽情報の提供者によっても活用されていることは明らかである。報告書では，こうしたプラットフォーム企業の不透明さが指摘されている。

以上のように，様々な形態の偽情報とそれが社会にもたらす脅威が，デジタルメディアの急速な発展と深く絡み合っているという事実を考慮し，さらには表現の自由，報道の自由及び多元主義といった基幹的原則に準拠しつつ公共の害悪を回避する適切な対応を確保するために，HLEG は，欧州委員会に対し，単純化された解決法を取らないよう勧告を行っている。これは，公的あるいは私的といったいかなる形態の検閲や，インターネットの断片化又はその技術的機能にとっての有害な結論は避けるべきとされたためである。そこで HLEG の勧告は，相互連結され，かつ相互に補強しあういくつかの対応に基づいた多元的アプローチ（multi-dimensional approach）を提示する。同アプローチは，主として次の5つの柱に基づいて，設計されている。

1．オンラインでの流通を可能にするシステムに関する適切かつプライバシー適合型のデータ・シェアリングを含めたオンラインニュースの透明性を高めること。
2．偽情報に対処するためのメディア及び情報リテラシーを促進すること，さらにユーザーがデジタルメディア環境をナビゲートできるようにすること。
3．ユーザーとジャーナリストが偽情報に取り組む能力を高めるツール及び急速に進化する情報技術との積極的な関わりを促進するためのツールを開発すること。
4．欧州のニュースメディアのエコシステムの多様性及び持続可能性を保護すること。
5．様々なアクターが取った措置を診断し，必要な対応を常に適応させ，欧州における偽情報の影響に関する継続的な調査を促進すること。

（6）主として，行動データ収集，分析，アド・エクスチェンジ，クラスタ検出並びにソーシャルメディアセンチメントの追跡用ツール及び様々な形態の AI・機械学習が挙げられる。

〈立法動向〉欧州連合におけるフェイク・ニュース対策の現在〔水谷瑛嗣郎〕

　上記に基づき，欧州委員会において最も喫緊の課題に対する短期的な対応及び偽情報に対する社会的回復力を高める長期的な対応並びにこれらの対応の有効性を継続的に診断するためのフレームワークが具体化されることになる。報告書では，まず短中期的に，オンライン・プラットフォーム，ニュースメディア組織，ジャーナリスト，ファクトチェッカー，独立のコンテンツ制作者及び広告業界を含むすべての関係者が，ステイクホルダー各々の役割と責任を反映した行動規範（a Code of Practices）[7]にコミットすることを求められている。その目的は，様々な種類のデジタル情報チャネルの透明性と明瞭さを発展させることにより，表現の自由を可能にする環境（an enabling environment for freedom of expression）を促進することにある。報告書は同規範に盛り込まれたプラットフォームにとっての明確な目標となる10原則を定式化している（p.32-33）。紙幅の関係上ここですべて挙げることはできないが，同原則は，プラットフォームに対して，ユーザーに高度な設定とコントロールを提供してオンライン体験をカスタマイズできるようにすること，トレンドニュース項目は技術的に可能ならば関連するニュース・サジェスチョンを添付することなどを求めている。

　またメディア組織に関連して，同規範は，ニュースが作成されるメソッドの質を保証するための既存のジャーナリズムの義務論コード（deontological code），倫理及び基準を参照することが提案されている。例えば，国際ジャーナリスト連盟や国家機関などの国際組織が発行したガイドライン，さらには報道評議会（Press Councils）及び欧州独立報道評議会連盟（AIPCE）の役割が強調されている。

　HLEGはさらに，上記の行動規範を具体化し，その実施及び継続的なモニタリング並びに審査を確保する目的で，関係するステイクホルダーを代表する連合会（Coalition）を設立することを推奨している。オンライン・プラットフォーム，ニュースメディア組織及びファクトチェックの専門知を持つ市民団体を代表するこの連合会の設置によって，策定実施プロセスに関連セクターすべてのステイクホルダーを関与させることを目指しているのである。

　これに加えて，欧州委員会は，2019年春に問題を再検討し，上記の措置についての効果と効率の中間的かつ独立した評価に基づき，欧州委員会の次会期でさらなる行動が検討されるべきかどうかを決定するよう推奨されている。これは，同

（7）なお2018年7月に，予定通り，行動規範のドラフトが，オンライン偽情報に関するマルチステイクホルダーフォーラムのワーキンググループより提示されている。最終的な行動規範は9月末までに採択される予定である。A draft code of practice on online disinformation, 17 July 2018, at https://ec.europa.eu/digital-single-market/en/news/draft-code-practice-online-disinformation（最終アクセス日2018・7・31）。

規範の実施についての継続的なモニタリング及び評価を確保する競争的手段又はその他のメカニズムを含む関連する手段を利用して，追加の事実調査及び／又は政策イニシアチブのオプションをカバーする可能性がある。

こうした短中期対応に加えて，長期的対応についても HLEG は勧告を行っている。それは，ニュースメディアのエコシステムの多様性及び持続可能性をサポートしつつ，メディア及び情報リテラシーの分野における適切なイニシアチブを開発し，すべての欧州市民に批判的なアプローチ及び責任ある行動を促進することで社会的回復力の強化を目指している。主として市民や教育者に対するリテラシー教育の強化が推奨されているが，それらと並行して，欧州委員会が，国境を越えたコラボレーションやデータ主導のジャーナリズムを含む，質の高いジャーナリズムのための資金を増強することも推奨されている。また EU 加盟各国に対しては，多国的なニュースメディアの長期的な持続可能性を向上させるための活動について，EU 国家援助規則に沿った公的資金を強化することが推奨されている。

3　示　　唆

本報告書の内容について特筆すべきは，①オンライン・プラットフォームの位置づけに関する点と②既存のジャーナリズムに関する点とが挙げられよう。

①　すなわち，「偽情報」の真の脅威とは，事実を歪められていることそのものではない。現在，私たちが利用するオンライン上のユーザー・インターフェイスは，アルゴリズムによって高度に「個別化」されている。この現象を「フィルターバブル」と名付けたイーライ・パリサーは，その問題点として「公開の論争がしにくくなる」ことを挙げている[8]。すなわち，仮に偽情報が流れたとしても，かつてはテレビや新聞といった「みんな」が触れる一般化されたプラットフォームで，その真偽について論争をし，決着をつけることができた。ところが，アルゴリズムにより高度に「個別化」されて偽情報が流れた場合，そうした公開の議論で真偽の決着をつける機会を持てない。この「思想の自由市場の機能不全」こそが「偽情報」の害悪性を一層高め，問題を複雑化させている要因の一つである。この点，報告書が示した「行動規範」の目的が，表現の自由を可能にする環境の促進にあるという点は，非常に示唆的にうつる。

②　他方で，報告書では長期的対応として，ジャーナリストの育成，強化のた

---

[8] イーライ・パリサー『フィルターバブル　インターネットが隠していること』（早川書房，2016年）209頁。

めの資金投入が示唆されており，個人のリテラシーの限界を補うべく，プロフェッションとしてのジャーナリズムに対する期待が見て取れる。また，行動規範の策定に際して，既存のジャーナリズム倫理などを参照することが提案されている。これは，プラットフォーム企業がオンライン・インターフェイスをデザインする際に，既存のジャーナリズムが培ってきた実践慣行を反映させることと捉えることができよう。すなわち，各プラットフォーム企業の間に通底する「マーケティングの論理」を「ジャーナリズムの論理」にシフトさせる試みといえる[9]。

このように，現代そして将来における「偽情報」対策には，オンライン・プラットフォームと既存のジャーナリズム機関の協働が必要不可欠であり，またそれをいかに担保するかが公的機関に要請されることになる。同時に，そうした一連の動きの中で，表現の自由や報道の自由といった「法」が果たしている嚮導的な役割に注目する必要があるだろう。

（9）こうした二者の協働の必要性とその際に憲法の「プレスの自由」が果たす役割については，拙稿「ネットワークにつながる自由とプレスの自由の『共存』」メディア・コミュニケーション68号（2018年）29頁以下を参照。

〈責任編集〉

鈴木秀美（すずき　ひでみ）
慶應義塾大学メディア・コミュニケーション研究所教授
大阪大学名誉教授

〈編集委員〉
駒村圭吾　慶應義塾大学教授
宍戸常寿　東京大学教授
曽我部真裕　京都大学教授
西土彰一郎　成城大学教授
山田健太　専修大学教授
山本龍彦　慶應義塾大学教授

◆ メディア法研究　創刊第1号 ◆

2018(平成30)年9月29日　第1版第1刷発行　8821-01011

責任編集　鈴　木　秀　美
発　行　者　今井　貴　稲葉文子
発　行　所　株式会社　信　山　社
〒113-0033　東京都文京区本郷6-2-9-102
Tel 03-3818-1019　Fax 03-3818-0344
info@shinzansha.co.jp
出版契約 No.2018-8821-6-01010　Printed in Japan

©編著者, 2018　印刷・製本／亜細亜印刷・渋谷文泉閣
ISBN978-4-7972-8821-6 : 012-012-003-N20 C3332
P208　分類323.903.a001　情報メディア

JCOPY 〈(社)出版者著作権管理機構　委託出版物〉
本書の無断複写は著作権法上での例外を除き禁じられています。複写される場合は、そのつど事前に、(社)出版者著作権管理機構(電話 03-3513-6969, FAX 03-3513-6979, e-mail:info@jcopy.or.jp)の許諾を得てください。